Le feuilleton d'Hermès

헤르메스 이야기
100편의 연속극으로 읽는 그리스 신화

작가 **뮈리엘 자크**는 프랑스 리옹에서 태어나 정치학과 근대문학을 전공하고, 파리 기자양성센터에서 공부했다. 이후 주간지 『레벤느망 뒤 죄디(L'Événement du jeudi)』 기자로 일했으며, 기록영화를 만들기도 했다. 현재 바야르 어린이 출판사에서 출간하는 월간지 편집장으로 활동하면서 여러 편의 단행본을 출간했다. 어린이를 위한 작품으로 『헤르메스 이야기: 100편의 연속극으로 읽는 그리스 신화』 『테세우스 이야기: 100편의 연속극으로 읽는 그리스 신화』 『율리시스 이야기: 100편의 연속극으로 읽는 그리스 신화』 『선생님은 세 번 울었다』 『이야기 나라의 어린이 여행 가이드』 『무거운 침묵』 『파업』 『늑대 루의 일곱 가지 이야기』 『폭발』 『레베카』 『엄마를 기다려요』 등이 있다.

삽화가 **장 마뉘엘 뒤비비에**는 파리 태생으로 벨기에 브뤼셀 라캉브르 국립시각예술학교 시각디자인학과 교수로 재직하면서 프리랜서 삽화가로 특히 광고·홍보 분야에서 활동하고 있다.

옮긴이 **김희경**은 성심여자대학교(현 가톨릭대학교)에서 불어불문학을 전공했으며 프랑스 피카르디 대학에서 불어불문학 석사 및 박사 과정을 마쳤다. 현재 불어 전문 번역가로 활동하고 있다. 역서로 『뚱뚱해도 괜찮아!』 『어린이를 위한 갈리마르 생태환경교실』 『유치원에 처음 가는 날』 『미용사 레옹의 행복』 『소설가 줄리엣의 사랑』 『넌 누구니?』 『처음 그날부터』 『나는 나의 꿈이다』 『명작 스캔들』 『나의 첫 프랑스 자수』 등이 있다.

Le Feuilleton d'Hermès © Bayard Editions, 2006
© Murielle Szac & Jean-Manuel Duvivier. Rights arranged by Sibylle Agency.
Korean translation © Esoope Publishing 2017.

이 책의 한국어판 저작권은 시빌 에이전시를 통해 바야르 출판사과 독점 계약한 도서출판 이숲에 있습니다. 저작권법에 의하여 한국 내에서 보호를 받는 저작물이므로 무단전재와 복제를 금합니다.

헤르메스 이야기
100편의 연속극으로 읽는 그리스 신화

La mythologie grecque en cent épisodes

뮈리엘 자크 지음
장 마뉘엘 뒤비비에 그림
김희경 옮김

펠릭스 에르메스와 에스테르 아르테미스에게
마리 아녜스에게

드디어 아이들에게 소리 높여 읽어줄 수 있는 그리스 신화가 탄생했습니다! 이 책은 복잡하고 어려운 신화를 풍부한 이미지와 쉬운 언어로 이야기합니다.

뮈리엘 자크는 제우스의 전령이며 넘쳐나는 호기심으로 늘 이런저런 사건에 휘말리는 젊은 신 헤르메스의 관점으로 이야기를 풀어갑니다. 그렇게 과거 위대한 작가들이 부분적으로 다뤘던 인물과 사건의 관련성을 찾아내고 서로 연결해서 하나의 흥미로운 작품을 완성한 것입니다. 특히 자신이 태어나기도 전에 일어난 여러 사건에 강렬한 호기심을 품고 그것을 해결하려고 애쓰는 주인공 헤르메스가 활약하는 이 책의 일화들은 우리 마음속 깊은 곳에 감춰진 가장 본질적이고 핵심적인 문제들에 관해 진지하게 생각해보게 합니다.

헤르메스는 자기가 어디에서 왔는지, 어떻게 생겨났는지 알고 싶어 합니다. 사람들이 자기를 좋아하는지, 자기 처지를 어떻게 생각하는지 알고 싶어 합니다. 자신이 태어난 이 세상을 누가 어떻게 만들었는지, 그리고 이 세상에 어떻게 질서가 세워졌는지도 알고 싶어 합니다.

신들의 신인 그의 아버지 제우스가 왜 모든 것을 통제하지 않을까요? 사랑과 아름다움으로 가득 찬 이 세상에 폭력과 증오가 만연한 까닭은 무엇일까요? 우리는 죽은 뒤에 어떻게 될까요? 어른들은 아이들에게 왜 많은 것을 감출까요?

헤르메스는 이 모든 질문에 답을 얻으려고 분주하게 돌아다니고, 모험하고, 관찰하고, 체험하고, 깊이 성찰합니다.

부모든 교사든 아이를 올바른 길로 이끌어야 할 책임이 있는 어른은 아이가 헤르메스처럼 씩씩하게 자기 길을 갈 수 있게 도와줘야 합니다. 장난꾸러기 헤르메스가 여러 갈래의 길을 가며 겪는 다양한 모험을 보여줌으로써 아이가 인간 정신의 바탕을 이루는 여러 근본적인 문제를 활기차고 흥미롭게 해결하는 데 이 책이 훌륭한 길잡이가 되리라고 굳게 믿습니다.

세르주 부아마르
교육심리학자
클로드 베르나르 연구소장

차례

제1화 헤르메스의 탄생　9
제2화 불의 발명　12
제3화 아폴론의 분노　15
제4화 올림포스 궁전　17
제5화 아버지 제우스와의 만남　19
제6화 아폴론과의 화해　22
제7화 보이지 않는 세계를 보는 법　24
제8화 미래를 점치는 법　26
제9화 세상의 탄생　28
제10화 불멸의 존재　31
제11화 헤르메스의 비행 능력　33
제12화 밤과 낮의 기원　36
제13화 백 개의 팔이 달린 거인들　38
제14화 키클로페스　40
제15화 헤라가 낳은 괴물 아기　43
제16화 우라노스에 대한 음모　45
제17화 최초의 범죄　47
제18화 아름다움의 탄생　50
제19화 아르테미스와의 우애　52
제20화 아르테미스의 거절　55
제21화 아르테미스 탄생의 비밀　58
제22화 자식을 삼킨 크로노스　60
제23화 제우스의 탄생　62
제24화 신비한 예술가　65
제25화 헤파이스토스의 승리　67
제26화 출생의 비밀을 알게 된 제우스　69
제27화 크로노스에 대한 복수　72
제28화 아버지를 구한 헤르메스　75
제29화 에우로페에게 반한 제우스　77
제30화 사랑에 빠진 아폴론　80
제31화 아테나의 놀라운 탄생　83
제32화 프로메테우스와의 만남　85
제33화 인간 창조　87
제34화 프로메테우스의 지략　90

제35화 불을 훔친 프로메테우스 92

제36화 첫 여인 판도라의 탄생 94

제37화 벌을 받은 프로메테우스 97

제38화 판도라의 호기심이 부른 대재앙 100

제39화 프로메테우스를 찾아간 헤르메스 102

제40화 프로메테우스의 미래 104

제41화 아버지의 허벅지에서 태어난 디오니소스 107

제42화 쫓기는 이오 109

제43화 필레몬과 바우키스 부부의 사랑 112

제44화 고약한 저녁 식사 115

제45화 대홍수 118

제46화 구원받은 데우칼리온과 피라 120

제47화 돌로 만든 새로운 인종의 탄생 123

제48화 다시 도둑이 된 헤르메스 125

제49화 벌받은 헤르메스 128

제50화 불가사의한 카이론 130

제51화 무시무시한 케르베로스 133

제52화 죽은 자들의 왕국 136

제53화 타르타로스의 심연 138

제54화 헤르메스의 새로운 임무 140

제55화 별이 된 어머니와 아들 142

제56화 사라진 젊은 여신 145

제57화 어머니의 절망 147

제58화 지상에 퍼진 데메테르의 슬픔 149

제59화 어려운 임무를 맡은 헤르메스 151

제60화 모녀의 재회 154

제61화 사랑하는 사람과의 이별, 죽음 157

제62화 불신의 대가 160

제63화 모이라이 162

제64화 페르세우스 165

제65화 위험에 처한 페르세우스 168

제66화 끔찍한 세 노파를 만난 페르세우스 170

제67화 고르고노스와 맞선 페르세우스 172

제68화 아름다운 젊은 여인을 구한 페르세우스 175

제69화　죽음을 피하고 적을 벌한 페르세우스　178
제70화　페르세우스의 운명　180
제71화　날개 달린 말 페가수스와의 재회　182
제72화　벌을 받은 오만한 벨레로폰　185
제73화　헤르메스, 첫사랑을 경험하다　188
제74화　아빠, 헤르메스　190
제75화　이아손　192
제76화　아르고 원정대의 배　194
제77화　여인들의 섬에 정박한 아르고 원정대　197
제78화　거인 그림자들과 싸운 헤라클레스　199
제79화　아르고 원정대의 불행　201
제80화　권투 챔피언의 도전　203
제81화　하르피이아와의 싸움　206
제82화　푸른 바위　208
제83화　이아손 사건에 개입한 신들　211
제84화　이아손을 기다리는 시련　213
제85화　이아손과 메데이아의 만남　216
제86화　과제에 도전한 이아손　218
제87화　지켜지지 않은 약속　221
제88화　아르고 원정대를 구한 메데이아　223
제89화　제우스의 분노　226
제90화　세이렌에게서 풀려난 아르고 원정대　229
제91화　아폴론의 도움　231
제92화　아르고 원정대의 이별　233
제93화　무시무시한 복수　235
제94화　메데이아의 광기, 살인　238
제95화　헤르메스의 아들 판　241
제96화　원치 않는 아이　244
제97화　헤르메스의 아들 아우톨리코스　246
제98화　헤르메스를 똑 닮은 아우톨리코스　249
제99화　헤르메스의 증손자 오디세우스　251
제100화　헤르메스의 가장 멋진 발명품　253

헤르메스의 탄생

해가 막 떠오를 무렵 헤르메스가 어머니의 배에서 나왔습니다. 그리고 기지개를 켜면서 하품을 하더니 곧 두 발로 일어서서 자신이 태어난 동굴 입구로 걸어가 세상을 내려다보며 감탄해서 나직이 말합니다.
"아, 세상은 얼마나 아름다운가!"
정말 기이한 탄생이었죠. 여러분은 태어나자마자 곧바로 걷고 말하는 아이를 본 적이 있습니까? 하지만 그때는 모든 것이 가능한 시대였습니다. 이 아이는 신들의 땅에서 살았습니다. 인간 세상이 열리는 장면도 지켜봤죠.
헤르메스가 태어난 동굴은 험준한 산의 꼭대기 부근에 있었고, 발아래로는 무성한 풀로 덮인 아름다운 언덕들이 펼쳐져 있었죠. 그가 태어난 5월 4일은 봄이 무르익은 시기였습니다. 아이는 떠오르는 태양에 눈이 부셔 손으로 햇빛을 가리고 아래를 굽어봤습니다. 언덕을 뒤덮은 초록색 풀밭 여기저기에 있는 양 떼가 희고 작은 점처럼 보였습니다. 또 보라색 꽃이 만발한 나무들도 점처럼 작게 보였습니다. 하늘에서는 새 한 마리가 커다란 원을 그리며 날아갔습니다. 대기에 향기가 진동했습니다. 헤르메스는 갑자기 웃고 싶어졌습니다. 큰 소리로 웃고 싶을 만큼 삶은 너무도 아름다워 보였습니다.
그때 동굴 안쪽에서 그를 부르는 다정한 목소리가 들렸습니다. 그의 어머니 마이아였습니다. 긴 머리카락은 비단처럼 부드러웠고, 눈길은 꿀처럼 달콤했습니다. 어머니에게선 좋은 냄새가 났습니다. 헤르메스는 동굴 안으로 들어갔습니다.

"아버지는 어디 계시죠?" 그가 물었습니다.
그러자 마이아는 묘한 미소를 지었습니다. "네 아버지는 모든 곳에 계시기도 하고, 어디에도 안 계시기도 하단다."
헤르메스는 갑자기 어머니에게서 떨어져 나와 발을 구르며 졸랐습니다. "아버지가 보고 싶어요!"
"모든 것에는 다 때가 있단다." 마이아는 아들의 곱슬곱슬한 머리칼을 손가락으로 빗겨주며 대답했습니다.
헤르메스가 배고픔을 느끼고 눈을 떴을 때 해는 이미 하늘 높이 떠 있었습니다. 어머니는 잠들어 있었고, 그도 어머니 곁에 누워 함께 잠들었던 모양입니다. 소리 없이 어머니의 팔에서 빠져나온 그는 모험을 떠나야겠다고 생각했습니다. 이토록 아름다운 세상에는 분명히 그의 마음에 드는 무언가가 있을 것만 같았습니다. 헤르메스는 어머니가 잠에서 깨지 않게 살금살금 양가죽 옷을 입고 어깨에 보따리를 둘러멨습니다. 그리고 동굴을 나와 뒤도 돌아보지 않고 험준한 산비탈을 달려 내려갔습니다.

그는 휘파람을 불며 성큼성큼 걸었습니다. 그러다 갑자기 초록색 돌멩이 같은 것이 그의 발에 부딪히며 몇 발치 앞으로 굴러갔습니다. 헤르메스는 걸음을 멈추고 그 돌멩이를 주워 들었습니다. 자세히 보니 그것은 돌멩이가 아니라 거북이 등껍데기였습니다. 그는 '언젠가 쓸모 있을 거야!'라고 생각하며 그것을 보따리에 넣었습니다.
헤르메스는 조금 더 걸어가다가 길가에 있는 작은 관목의 반짝이는 잎사귀를 봤습니다. 그 잎사귀에서 후각을 강하게 자극하는 냄새가 났습니다. 그것은 아폴론 신의 성스러운 나무 월계수였지만, 헤르메스는 아직 그것이 무엇인지를 모르고 있었습니다. 그는 향기에 이끌려 월계수 가지 하나를 꺾어 보따리에 넣으면

서 '언젠가 쓸모 있을 거야!'라고 생각했습니다.
조금 더 걸어가자 이번에는 연못이 나타났습니다. 가까이 다가가 보니 연못가에 빽빽이 들어찬 흰 갈대들이 바람에 살랑살랑 흔들렸습니다. 마치 "안녕, 안녕, 안녕…" 하고 속삭이는 것만 같았죠. 천성적으로 공손한 헤르메스는 기다란 갈대들에게 머리 숙여 인사했습니다. 그리고 '언젠가 쓸모 있을 거야!'라고 생각하며 갈대 몇 줄기를 꺾어 보따리에 넣었습니다. 다시 길을 걸어가는데 암소 무리가 나타났습니다. 아직 다 자라지 않아 갈대숲에 몸을 숨길 수 있었던 헤르메스는 몰래 암소들을 향해 다가갔습니다. 이마에 끝이 구부러진 멋진 뿔이 달린 암소들은 햇빛을 받아 몸이 번들번들했습니다. 가끔 고개를 들어 우아한 자태로 주변을 둘러보는 이 흰 암소들은 자존심이 무척 강해 보였습니다. 헤르메스는 세상에서 가장 멋진 암소들을 발견한 것이 분명하다는 생각이 들자, 문득 암소들과 함께 놀고 싶어졌습니다. 등에 올라타고 왕처럼 으스대며 몰아보고 싶었고, 배로 파고들어 젖을 빨아 먹는 상상도 했습니다. '그래! 젖은 분명히 따뜻하고 부드럽고 맛있을 거야!' 배가 몹시 고팠던 헤르메스는 입안에 군침이 돌았습니다. 그는 사방을 둘러보며 목동이 어디 있는지 살펴봤습니다. 소 떼를 지키는 사람이 어디에도 보이지 않자, 암소의 젖을 빨아 먹기로 했습니다. 하지만 그러려면 작전이 필요했습니다. 헤르메스는 신선한 풀로 덮인 비탈에 등을 대고 잠시 누웠습니다. 나비들이 그의 주변에서 팔랑팔랑 날아다녔고, 햇볕은 그의 목을 간질였습니다. 그는 생각했습니다. '어떻게 해야 남의 눈에 띄지 않고 이 소들을 훔칠 수 있을까?'

– 다음 편에 계속

불의 발명

전편 요약: 헤르메스는 태어난 바로 그날 세상을 탐험하고 싶은 마음에 동굴에서 나왔습니다. 그리고 가는 길에 세상에서 가장 아름다운 소 떼를 발견하자 그중 몇 마리를 훔치기로 작정했습니다.

커다란 소들과 비교하면 헤르메스는 아주 작아 보였습니다. 하지만 그는 한순간도 주저하지 않고 소 떼 한가운데로 슬그머니 들어갔습니다. 그가 무리의 우두머리로 보이는, 뿔이 가장 긴 암소에게 다가가서 살며시 손을 뻗자, 암소가 갑자기 그를 향해 고개를 돌렸습니다. 헤르메스는 엉겁결에 뒷걸음질했습니다. 암소가 그를 뿔로 들이받으려는 걸까요? 소의 눈은 호의적이었습니다. 헤르메스는 까치발을 하고 소에게 오랫동안 귓속말을 했습니다. 아이가 소에게 무슨 얘기를 했는지는 알 수 없지만, 헤르메스의 말을 알아들었다는 듯 암소가 고개를 세 번 끄덕였습니다. 암소는 무리에서 가장 아름다운 소 50여 마리를 불러 모으더니, 함께 뒷걸음질로 방목지를 떠났습니다. 헤르메스는 좋아서 깡충깡충 뛰며 소 떼 곁에서 길을 안내했습니다. 그는 소들이 도망가는 반대 방향으로 발자국이 나도록 뒷걸음질하게 한 자기 계략이 마음에 들어 웃음을 멈출 수가 없었습니다. 이렇게 멋진 짐승들이 누구 것인지 궁금해하던 헤르메스는 불현듯 이 소들의 주인이 신일지도 모른다는 생각이 들었습니다. 만약 그렇다면 신은 무섭게 화를 내겠죠.

조금 지친 헤르메스는 계곡 후미진 곳에서 잠시 쉬었다 가기로 했습니다. 골짜기를 따라 구불구불 흐르는 물에서 짐승들이 목을 축이는 사이, 그는 물수제비를 떴습니다. 놀이에 너무 열중한 나머지 시간 가는 줄도 몰랐습니다. 갑자기 몸이 부르르 떨리자 깜짝 놀란 그가 중얼거렸습니다. "무슨 일이지? 깜깜하고 추운데?" 어느새 밤이 되자 난생처음 밤을 겪는 헤르메스는 갑자기 두렵고 불안해졌습니다. 아무리 눈을 크게 떠도 어둠 속에서는 아무것도 보이지 않았습니다. 소 떼의 윤곽만 어렴풋이 가늠할 수 있었습니다. "도대체 빛은 어디로 갔을까? 돌아오긴 할까? 이렇게 어둠에 잠겨 있을 순 없어. 너무 무서워!" 그는 무서움을 떨쳐버리려고 소들에게 다가갔습니다. 다른 짐승들은 바닥에 누워 쉬고 있는데, 뿔이 긴 암소는 혼자 서 있었습니

다. 암소는 헤르메스를 바라보며 돌투성이의 바닥을 발굽으로 찼습니다. 온 힘을 다해 차고, 또 찼습니다. 그러자 갑자기 소의 발굽 아래서 작은 불꽃이 일었습니다. 그것을 본 헤르메스는 자신의 발아래를 더듬어 나무토막을 찾았습니다. 나무토막을 발견한 그는 여행 중에 챙겨두었던 월계수 가지를 보따리에서 꺼내 나무토막에 대고 비볐습니다. 헤르메스는 비비고, 또 비볐습니다. 한참을 비벼대자 연기가 나기 시작하면서 불이 붙었습니다. 그 위에 마른 풀을 조금 얹은 후, 작은 나뭇가지를 얹고, 그리고 큰 나무를 얹자, 불꽃이 너울너울 춤을 췄습니다. 헤르메스는 지구에서 사람들에게 가장 유용할 불을 발명한 것입니다! 불은 추위를 쫓았습니다. 불은 어둠을 쫓았습니다. 불은 두려움을 쫓았습니다. 헤르메스는 행복했습니다.

그는 길을 가며 채취한 딸기와 라즈베리, 그리고 편도나무에서 채취한 쓴 열매 외에는 아침부터 아무것도 먹지 못했습니다. 다시 배고픔을 느낀 그가 긴 뿔 암소에게 다가가자 멋진 암소는 마치 모든 걸 허용한다는 듯 옆으로 누웠습니다. 헤르메스는 암소 곁에 누워 젖을 실컷 먹었습니다.

암소의 젖을 맛있게 먹은 헤르메스는 다시 길을 떠났습니다. 달이 친절하게 길을 밝혀줬습니다. 그날 아침 자신이 태어난 산기슭에 다다르자 그는 훔친 소들을 감췄습니다. 그리고 소들에게 잘 자라고 인사한 후, 동굴로 올라가서 조용히 자신의 요람에 누웠습니다. 그를 기다리고 있던 어머니 마이아는 그가 돌아오는 소리를 듣고 물었습니다. "이렇게 깊은 밤에 어디 갔다 오니?" 피곤한 헤르메스는 한 손에 이불을, 다른 손에 거북이 등껍데기를 쥔 채 투덜거렸습니다. "엄만 날 어린애처럼 혼내지만, 나도 이제 컸다고요." 마이아는 그에게 너무 일찍 엄마 곁을 떠나지 말라고 얘기하고 싶었으나 아무 말도 하지 않았습니다. 모험을 하고 돌아온 그는 다시 아기가 됐습니다. 마이아는 요람으로 다가가 달콤한 노래를 불렀습니다.

"헤르메스, 사랑스러운 아가, 넌 가장 큰 사랑을 받을 거야. 헤르메스, 다정한 아가, 넌 아무것도 두렵지 않을 거야. 넌 강한 자 중에서도 가장 강한 자의 아들이며, 신들의 신의 아들이란다."

헤르메스는 엄지손가락을 입에 문 채 중얼거렸습니다. "엄마, 내 아버지는 누구예요?" 마이아가 몸을 기울여 속삭였습니다. "제우스 신이시지. 그분은 신들의 왕이시란다." 하지만 헤르메스는 이미 잠들었습니다. 다음 날 겪을 엄청난 일을 생각하면 그에게는 휴식이 필요했죠.

– 다음 편에 계속

아폴론의 분노

전편 요약 : 갓 태어난 헤르메스는 세상을 탐험하려고 길을 떠났습니다. 그는 도중에 만난 멋진 암소 떼를 훔쳐 집으로 데려갔습니다.

태양이 다시 떠올랐을 때, 헤르메스는 스스로 힘이 더 세지고, 더 성장했다고 느꼈습니다. 그는 동굴 입구에 앉아서 거북이 등껍데기를 가지고 놀고 있었습니다. 그는 그것이 배라고 상상하며 입김을 불었습니다. 점점 세게 입김을 불자 마침내 거북의 배가 뒤집어졌습니다. 다음엔 그것을 모자처럼 머리에 썼습니다. 마치 왕관이라도 쓴 듯이 그는 지상의 왕이 되어 모든 생명체에게 명령하는 자기 모습을 상상했습니다. 한참 동안 그렇게 놀았습니다. 상상의 나래를 펴면 펼수록 놀이는 더욱더 재밌었습니다.

상상놀이를 하던 헤르메스는 주머니에서 가느다란 줄을 꺼냈습니다. 줄은 모두 일곱 개였습니다. 그가 그 줄을 거북이 등껍데기에 팽팽하게 묶고 줄 하나를 팅기자, 그때껏 지상에서 아무도 들어보지 못한 신기한 소리가 울려 퍼졌습니다. 무언가 마음 깊은 곳을 흔들어놓는 소리였습니다. 깜짝 놀라 다른 줄을 팅겨보자 또 다른 소리가 들렸습니다. 역시 아름답지만 약간 다른, 더 무거운 소리였습니다. 헤르메스는 자신의 발명품에 깜짝 놀랐습니다. 그가 일곱 개의 줄을 차례차례 점점 더 빨리 팅기자, 아름다운 선율의 음악이 만들어졌습니다. 그 음악은 듣는 이를 행복하게 해주는 마력이 있는 것 같았습니다. 그 음악을 듣고 감동한 어머니 마이아가 다가와 그를 바라봤습니다. 헤르메스는 자기 내면에 있는 즐거움을 큰 소리로 외치고 싶었습니다. 그는 아름다운 음악에 맞추어 노래를 불렀습니다. 그의 노래는 사나운 강처럼 거침없이 흘렀습니다.

그는 자신의 삶이 시작됐을 때 마음을 사로잡았던 세상의 아름다움을 노래했습니다. 그는 어머니가 쓰다듬어주시는 손길을, 목덜미에 닿는 어머니의 숨결을 노래했습니다. 나뭇가지 사이로 지나가는 바람을 노래했습니다. 나뭇잎의 속삭임을 노래했습니다. 대양에 반짝이는 태양을, 들에 나는 새의 반짝이는 깃털을 노래했습니다. 오렌지 나무 향기와 레몬의 신맛을 노래했습니다. 자신이 조금 전 발명한 멋진 불과, 자신을 비추는 희미한 달빛을 노래했습니다. 비릿한 아몬드와 밝은 새벽을 노래했습니다. 밤의 어둠과 아버지의 부재를 노래했습니다.

어머니의 눈에서 눈물이 흘렀습니다. 그렇게 헤르메스는 마음을 달래주기도 하고 조이기도 하는 악기, 리라를 발명했습니다. 그리고 세상에서 영원히 지속될 음악을 선물했습니다.

그때 그림자 하나가 불쑥 나타나더니 태양을 가렸습니다. 거대한 남자가 동굴 입구에 서 있었던 것입니다. 그는 어깨에 은으로 만든 활을 메고 있었고, 겉에 걸친 튜닉이라는 긴 옷이 멋진 몸매를 감추고 있다는 걸 짐작할 수 있었습니다. 정신이 혼미해질 만큼 아름다운 모습이었습니다. 하지만 그를 자세히 살펴볼 겨를도 없이 재빨리 자기 요람에 숨은 헤르메스는 갓난아기처럼 이불 속에서 둥글게 몸을 말았습니다.

"꼬마 악당, 감히 내 소 떼를 훔치다니!" 그 남자는 무섭게 화를 내며 외쳤습니다. 그의 목소리가 동굴 안에서 찌렁찌렁 울렸지만 헤르메스는 놀라지 않았습니다. "지금 무슨 말씀을 하시는 겁니까? 난 어제 태어났어요. 그런데 어떻게 당신의 뿔 달린 짐승을 훔치러 갈 수 있겠어요?" 그러자 멋진 젊은이는 그의 뒷덜미를 잡아 침대에서 들어 올렸습니다. "요람에서 나와라, 이 못된 놈아!" 그는 분노를 삭이지 못하고, 아이를 위아래로 마구 흔들었습니다.

그때 마이아가 외쳤습니다. "너는 어떻게 네 동생을 그렇게 괴롭힐 수 있니?" 젊은이가 깜짝 놀라 어린 헤르메스를 손에서 놓는 바람에 아이는 바닥에 떨어져 엉덩방아를 찧었습니다. 마이아가 달려가 헤르메스를 품에 안으며 물었습니다. "네가 아폴론이지? 빛과 아름다움의 신, 위대한 아폴론, 그렇지?" 그녀가 자신을 알아보자 그는 우쭐하여 의기양양하게 대답했습니다.

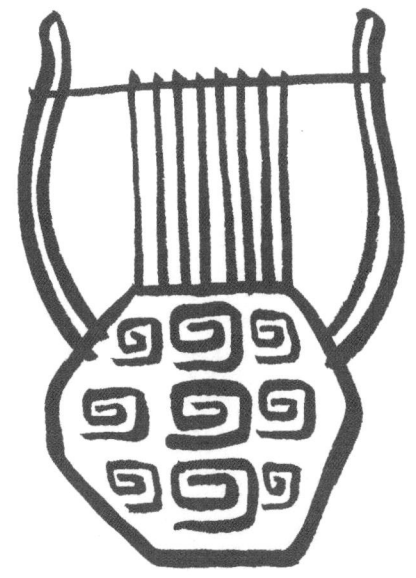

"네." 마이아가 계속 말했습니다. "네 어머니는 레토, 네 아버지는 제우스지?" 아폴론이 그렇다고 대답하자 마이아가 미소 지으며 말했습니다. "그렇다면 너희 둘은 형제고, 헤르메스는 네 동생이야."

헤르메스는 어머니가 입고 있는 튜닉 옷자락 뒤로 숨으며 더 어리고 더 약한 아이처럼 보이려고 했습니다. 그러면서도 조금 전 알게 된 사실로 헤르메스는 무척 행복했습니다. 그러니까 자신은 신들의 신 제우스의 아들이고, 따라서 자신도 신이라는 사실을 알게 된 것이죠! 아폴론은 새롭게 알게 된 동생에게 뭐라고 말해야 좋을지 몰라 묵묵히 서 있었습니다.

엄청나게 힘이 센 형의 분노를 어떻게 잠재워야 할지 몰라 쩔쩔매던 헤르메스에게 갑자기 좋은 생각이 떠올랐습니다. "형, 우리끼리 싸우지 말고, 아빠에게 가서 우리 중에 누가 옳은지 말해달라고 하자." 빛의 신은 한숨지었습니다. 하지만 거절할 이유가 전혀 없었던 아폴론은 아버지 제우스의 판결에 맡기자는 동생의 의견을 받아들였습니다. 그렇게 해서 헤르메스는 아버지를 만나러 길을 떠났습니다.

– 다음 편에 계속

올림포스 궁전

전편 요약 : 헤르메스는 자신이 신들의 신인 제우스의 아들이라는 것, 그리고 자신이 훔친 소 떼가 형인 아폴론의 소유라는 것을 알게 됐습니다. 두 형제는 벌어진 싸움에서 누가 옳은지 판결해줄 것을 부탁하려고 아버지 제우스를 만나러 길을 떠났습니다.

헤르메스와 아폴론이 걸음을 옮길 때마다 메마른 대지의 흙이 잘게 부서지는 바람에 그들은 붉은 먼지로 뒤덮였습니다. 우주의 모든 신이 사는 올림포스를 빨리 보고 싶어 안달이 난 아이는 가만히 있지 못하고 형에게 물었습니다. "아버지의 궁전은 어떻게 생겼어?" 하지만 아폴론이 대답하지 않자, 그가 재차 물었습니다. "올림포스는 여기서 멀어?" 그러자 아폴론이 투덜거렸습니다. "조용히 걷기나 해!" 그들은 아무 말 없이 몇 시간을 걸었습니다.

헤르메스는 배가 고파지자 자신에게 달콤한 젖을 준 멋진 암소가 몹시 그리웠습니다. 어제처럼 암소에게 다가가서 귓속말을 속삭일 수만 있다면 무엇이라도 내줄 수 있을 것 같았습니다.

침묵을 지킨다는 것은 그에게 너무나 힘겨운 일이었습니다. 아폴론은 헤르메스가 성가셨습니다. 그는 자신의 소 떼를 도둑맞은 것도 불만스러웠지만, 새로 어린 동생이 생겼다는 사실이 짜증스러웠습니다.

그의 아버지인 신들의 신 제우스가 새로운 여인과 또다시 사랑에 빠져 또 새로운 아이를 태어나게 한 것입니다! 이런 일이 처음은 아니지만 마지막 또한 아니라는 것을, 아폴론은 잘 알고 있었습니다. 제우스는 쉽게 사랑에 빠졌습니다. 그리고 어떤 여인도 그의 매력을 거부할 수 없는 것 같았습니다. 하기야 아폴론의 어머니도 제우스의 부인이 아니었으니까요. 그러나 아폴론은 새로운 형제들이 자꾸 나타나는 것이 전혀 달갑지 않았습니다. 그는 곁에 있는 어린 사내아이를 슬쩍 흘겨봤습니다. 그러자 더 화가 치밀었습니다.

점심때가 되자 두 형제는 식사를 하기 위해 걸음을 멈췄습니다. 아폴론은 보따리에서 이상한 음식이 가득 든 그릇을 꺼냈습니다. 그것은 금갈색 수프 같았습니다. 수프에서 나는 달콤한 향기 때문에 헤르메스의 입에 침이 고였습니다. 그는 형에게 부탁했습니다. "나도 조금만 맛보게 해줘!" 하지만 아폴론은 거절했습니다. "안 돼, 이건 암브로시아야, 신들에게만 허용된 음식이라고." 잠시 말이 없던 헤르메스가 중얼거렸습니다. "나도 제우스의 아들이니까 형처럼 나도 신이잖아. 나이는 어려도 신은 신인데…." 아폴론은 아무 대답도 하지 않았습니다. 식사가 끝나자 그는 자리에서 일어나 보따리와 지팡이를 집어 들었습니다.

그들은 마침내 매우 험준한 산의 기슭에 다다랐습니다. 그 산은 그들이 걸어오면서 봤던 다른 모든 산보다 훨씬 더 높았습니다. 산꼭대기가 마치 두건을 쓴 것처럼 흰 구름에 둘러싸여 있었고, 그 구름 속에 신들의 궁전이 가려져 있었습니다. 두 형제는 걸음을 재촉하며 산을 올랐습니다. 아버지의 집을 보게 된다는 즐거운 기대에 다시 마음이 다급해진 헤르메스는 산꼭대기에 도착하자 감탄하지 않을 수 없었습니다.

궁전의 벽은 대리석과 금은보화로 뒤덮여 있었습니다. 걸음을 옮길 때마다 점점 더 멋진 방이 나타났죠. 암브로시아가 가득 든 그릇들이 여러 개 낮은 테이블에 놓여 있었습니다. 그중 하나를 골라 손가락으로 찍어 맛을 본 헤르메스는 감탄하여 자기도 모르게 큰 소리를 질렀습니다. 포석이 깔린 멋진 안뜰에는 매혹적인 향기가 풍기는 호박색 액체가 흐르는 샘이 여러 개 있었습니다. 이 금색 음료에 매료된 헤르메스는 아폴론이 그에게 말하지 말라고 했던 것을 잊고 물었습니다. "이건 뭐야?" 아폴론이 퉁명스럽게 대답했습니다. "때가 되면 알게 될 거야." 그때 커다란 회의실의 문들이 활짝 열렸습니다. 신들의 회의가 열리고 있었습니다. 모든 신과 여신이 올림포스의 왕 제우스를 반원형으로 둘러싸고 앉아 있었습니다. 헤르메스는 두려움에 몸을 떨었습니다. 헤르메스가 도둑질했다는 사실을 아버지 제우스가 알게 된다면 그의 운명은 과연 어떻게 될까요?

- 다음 편에 계속

제5화

아버지 제우스와의 만남

전편 요약: 헤르메스와 아폴론은 신들의 궁전이 있는 올림포스를 향해 긴 여행을 했습니다. 올림포스의 멋진 광경에 매료된 헤르메스는 제우스를 만날 준비를 합니다.

신들의 회의실에 들어서자 헤르메스의 심장이 쿵쾅쿵쾅 뛰었습니다. 그는 회의실 중앙에 앉아 있는 분이 자신의 아버지라는 것을 알 수 있었습니다. 어머니를 사랑해서 헤르메스를 잉태시킨 바로 그분이었습니다. 그는 발까지 내려오는 흰 튜닉을 입고 있었습니다. 긴 수염, 무성한 머리털, 짙은 눈썹이 인상적인 그는 엄격해 보였지만, 헤르메스는 그의 그런 외모가 마음에 들었습니다. 그는 눈이 멀 정도로 강한 빛이 나오는 물건을 손에 들고 있었는데, 그것은 바로 폭풍우를 일으키는 삼지창이었습니다. '저분은 분명히 왕 중의 왕이시다!' 헤르메스는 아버지의 힘을 상징하는 번개를 바라보며 괜히 자기가 으쓱해졌습니다.

그 순간, 제우스가 아폴론에게 물었습니다. "잘 있었느냐, 아폴론! 네가 데려온 아이는 누구지?" 아폴론이 무뚝뚝하게 대답했습니다. "아버지 막내아들이에요. 전 아버지에게 항의하려고 왔어요. 이 악동이 태어나자마자 제가 기르던 소 떼를 전부 훔쳐 갔어요!" 아폴론은 아버지에게 사건을 상세히 설명했습니다. 헤르메스가 증거를 없애려고 소들을 뒷걸음질치게 했지만 자기가 영리하게도 그 흔적을 찾아내서 어린 도둑이 잠들어 있던 동굴까지 찾아갔던 일까지 전부 이야기했습니다. 제우스는 놀리는 듯한 미소를 머금은 채 아들의 이야기를 들었습니다. 아이의 어머니 마이아를 떠올리자 제우스의 눈에 다정한 빛이 스쳐 지나갔습니다. 헤르메스는 그에게서 눈을 떼지 않았습니다. 무슨 일이 있어도 아버지가 자기에게 호감을 품고, 자기를 아들로 받아들이게 해야만 했습니다. 헤르메스는 자기가 말할 차례가 되자 어떻게 하면 아버지 마음을 움직일 수 있을지 생각하며 이야기를 시작했습니다. "친애하는 아버지 제우스 신이시여, 전 아버지를 무척 좋아합니다. 하지만 아폴론의 말을 믿어선 안 됩니다! 어떻게 저처럼 작은 아이가 50마리나 되는 소를 훔칠 수 있겠습니까? 전 어제 태어났는걸요! 전 아폴론 형이 무섭습니다. 형은 제게 심술궂게 굴었어요. 왕

중의 왕이신 아버지! 제발 저를 구해주십시오. 전 형보다 약합니다. 아버지는 약자를 보호하시는 분이 아니십니까?" 헤르메스는 이마까지 내려오는 갈색 곱슬머리에, 매혹적인 미소를 띠고, 눈을 반짝이며 한껏 매력을 발산했습니다. 왕 중의 왕, 신 중의 신이 웃음을 터트릴 때까지 그는 계속 말했습니다.

신과 인간 세계의 모든 것을 알고 있는 제우스는 헤르메스가 도둑이라는 사실을 이미 알고 있었습니다. 하지만 그는 자신을 즐겁게 해주는 이 막내둥이가 마음에 들었습니다. 자신에 찬 아폴론은 한 번쯤 실패해도 진정한 패자가 되지는 않을 것입니다. 헤르메스는 자기가 아버지의 마음을 움직였다는 것을 느꼈습니다. 이제 다른 신들의 마음도 사로잡아야 했던 그는 왕좌를 둘러싸고 있는 다른 신들과 여신들을 바라봤습니다. 그들은 모두 헤르메스를 냉정하고 엄격한 시선으로 바라보고 있었습니다. 도대체 이 당돌한 아이는 신들의 신에게 어쩌면 그토록 대담하고 친근하게 이야기할 수 있을까요?

그 순간, 제우스가 말했습니다. "나는 너희가 평화롭게 지냈으면 좋겠다. 헤르메스는 소들을 돌려주고, 다시는 이런 짓을 하지 않겠다고 약속해라. 그리고 아폴론은 이 아이를 용서해라. 이제 가거라, 그리고 이 일이 마무리되면 그때 다시 오너라!" 헤르메스는 기뻤습니다. 그는 곤란한 상황에서 벗어났을 뿐 아니라, 다시 올림포스로 돌아오라는 아버지의 초대까지 받았습니다. 하지만 회의실에 있던 신들은 불만스러운 표정으로 중얼거렸습니다.

헤르메스는 불현듯 다른 신들을 진정시킬 수 있는 방법이 떠올랐습니다. 그는 전에 보따리에 넣어두었던 갈대를 꺼냈습니다. 그리고 그 갈대 대롱에 조심스럽게 숨을 불어 넣자 맑은 소리가 흘러나왔습니다. 경쾌하고 아름다운 선율의 즐거운 속삭임이 회의실에 울려 퍼졌습니다. 새의 지저귐 같기도 하고, 기쁨과 해방의 노래 같기도 한 이런 곡은 지금껏 아무도 들어본 적이 없었습니다. 헤르메스는 그렇게 플루트를 발명했습니다. 영혼을 위로하는 그의 곡은 신들을 미소 짓게 했습니다. 헤르메스는 원하던 것을 얻었습니다.
연주가 끝나자 제우스가 손뼉을 쳤습니다.
어린 소년은 정중하게 인사하고 나서
기쁜 마음으로 아폴론과 함께 회의실을 떠났습니다.

하지만 그는 아폴론의 찡그린 얼굴을 보자, 집으로 돌아가는 길이 몹시 고단하리라는 것을 깨달았습니다. 어떻게 해야 형의 마음도 사로잡을 수 있을까요?

– 다음 편에 계속

제6화

아폴론과의 화해

전편 요약 : 헤르메스는 아버지 제우스의 마음을 얻고, 자신의 발명품 플루트를 이용하여 올림포스의 다른 신들의 마음도 사로잡았습니다. 이제 그는 형 아폴론의 마음도 사로잡고 싶었습니다.

두 형제는 동굴을 향해 걷기 시작했습니다. 아폴론은 기분이 몹시 나쁜 듯 다시 침울해졌습니다. 고집스러운 얼굴로 검은 눈동자에 한껏 힘을 주고 걸으면서 동생에게 단 한 마디도 하지 않았습니다. 그는 자신이 당한 모욕을 곱씹었습니다. 어떻게 아버지는 갑자기 나타난 이깟 어린 녀석에게 마음을 뺏겨, 도둑질한 것이 분명한데도 아무런 벌도 주지 않았을까요? 제우스의 마음속에 있던 자기 자리를 빼앗긴 것은 아닐까요? 아폴론은 난생처음 '질투'라는 감정에 시달렸습니다.

하지만 헤르메스는 행복에 겨웠죠. "다시 오너라!"라는 아버지의 마지막 말씀이 그를 기쁨에 들뜨게 했습니다. 그는 기쁨을 주체할 수 없어서 노래를 하려고 가방에서 리라를 꺼냈습니다. 누구나 행복을 주체하지 못해 춤을 추거나 소리를 지르고 싶을 때가 있습니다. 헤르메스는 이번에도 기쁨을 음악으로 표현했습니다. 그는 올림포스 궁전의 아름다움을 노래했습니다. 아버지를 알게 된 행복을 노래했습니다. 자신이 사랑받는다는 것을 느끼며 마음 깊은 곳에서 전해지는 따뜻함을 노래했습니다. 제우스의 능력과 권력을 노래했습니다. 또한 흠모할 만한 형이 생긴 행운을 노래했습니다. 그러다가 자신이 그토록 좋아했던, 긴 뿔이 달린 멋진 암소들을 생각하자 그의 노래는 갑자기 침울해졌습니다. 그리고 동굴에 혼자 남아 그를 기다리고 있을 어머니 마이아를 노래했습니다.

아폴론은 걸음을 멈췄습니다. 그는 동생의 노래를 들으며 엄청난 충격을 받았습니다. 음악과 시의 신이며 예술의 수호자인 그는 동생의 서정적인 노래를 들으며 눈에 눈물이 고였습니다. 그가 헤르메스에게 물었습니다. "헤르메스, 넌 비록 어리지만 놀라운 재주를 갖고 있구나. 내게도 연주하는 법을 가르쳐줄 수 있겠니?" 이 말을 들은 헤르메스는 귀까지 빨개졌습니다. '이게 사실일까? 위대한 아폴론이 태어난 지 이틀밖에 되지 않은 어린 나에게 그가 모르는 무엇인가를 가르쳐달라고 부탁하다니!' 그는 아폴론에게 대답했습니다. "형은 아버지의 큰아들이고, 아버지가 가장 사랑하는 자식이지. 형은 나보다 엄청나게 많은 것을 알고 있지만, 그래도 형이 원한다면 리라 연주법을 가르쳐줄게. 그리고 이 리라도 선물로 줄게…." 아폴론은 떨리는 손으로 리라를 받아 들고, 한 줄 한 줄, 현을 튕겼습니다. 헤르메스가 그의 손을 잡고 손가락으로 부드럽게 현을 건드릴 때마다 리라에서 아름다운 음악이 흘러나왔습니다. 아폴론은 감동했습니다. 분노는 말끔히 사라졌습니다. 그는 동생에게 말했습니다. "이 금 몽둥이를 가져라. 네게 주는 감사의 선물이야. 그리고 널 내 소 떼의 목동으로 임명하겠어. 그러면 넌 뿔이 긴 멋진 소들을 언제든지 실컷 볼 수 있을 거야." 아직 어려 키가 작은 헤르메스는 이 말을 듣고 기뻐서 폴짝 뛰어 아폴론의 품에 안겼습니다. 아폴론은 조금 놀랐지만 아이를 품에 꼭 안아줬습니다.

두 형제가 다시 길을 가는데 길가 빽빽한 풀숲에서 무언가가 스치는 것 같은 소리, 휘파람 같은 소리가 들렸습니다. 그곳으로 달려가 보니 커다란 뱀 두 마리가 사납게 싸우고 있었습니다. 그들은 아가리를 벌려 이빨을 드러내고, 혀로 휘파람 소리를 내며 몸을 비틀고 서로 물려고 했습니다. 평화로운 것과 아름다운 것만을 사랑하는 아폴론은 이 싸움이 무서웠습니다. 하지만 헤르메스는 이런 폭력적인 장면에 매혹됐죠. 그가 두 마리 뱀을 향해 형이 준 금 몽둥이를 겨누자, 뱀들은 싸움을 멈추고 몽둥이를 향해 달려들어 몸으로 칭칭 감았습니다. 그렇게 몽둥이와 몸이 하나가 된 두 마리 뱀은 얼굴을 마주 봤습니다. 헤르메스는 만족한 듯 미소 지었습니다. 그는 화해한 뱀들이 감겨 있는 몽둥이를 들었습니다. 그리고 이후로 이 몽둥이를 절대 손에서 놓지 않기로 마음먹었습니다. 그는 아폴론을 돌아보며 말했습니다. "형, 이제 가자!"

그날 저녁 두 형제는 강 근처에서 걸음을 멈추고 밤을 보내기로 했습니다. 낮엔 열기가 강했지만, 밤의 선선함이 외투처럼 그들을 감쌌습니다. 아폴론은 헤르메스가 불 피우는 모습을 바라보며 감탄했습니다. 헤르메스는 책상다리를 하고 불 가까이 앉더니, 플루트를 꺼내 연주를 시작했습니다. 아폴론은 이 악기도 무척 탐났습니다. 그가 물었습니다. "헤르메스, 뭘 주면 이 플루트를 내게 줄 수 있겠니?" 잠시 생각에 잠긴 헤르메스가 밝은 목소리로 대답했습니다. "형은 엄청나게 많은 걸 알고 있으니까, 앞으로 내게 어떤 일이 일어날지도 알고 있을 거야. 그걸 내게 말해줘." 아폴론은 잠시 망설이다가 대답했습니다. "그래, 난 물론 알고 있지만, 내가 그걸 네게 직접 알려줄 순 없어. 미래를 읽는 법을 내게 알려준 여인들만이 네게 그걸 알려줄 수 있어." 호기심으로 가득 찬 헤르메스가 안달하며 물었습니다. "그 사람들이 누군데? 어디로 가면 그 여인들을 만날 수 있어? 날 거기에 데려다줄 수 있어?" 형이 미소 지으며 말했습니다. "진정해, 진정하라고. 내게 미래를 예언하는 법을 가르쳐준 여인들은 '트리'라고 부르는 신들의 유모들이야. 그들은 파르나스산에 사는 세 노파지. 그들을 찾아가서 내가 보냈다고 해. 그러면 네게 비밀을 알려줄지도 몰라…." 헤르메스는 당장 파르나스산에 가고 싶어 어쩔 줄 몰랐습니다. 그는 과연 세 유모에게서 비밀을 얻어낼 수 있을까요?

- 다음 편에 계속

제7화

보이지 않는 세계를 보는 법

전편 요약 : 헤르메스는 형 아폴론과 친해졌습니다. 자기가 태어난 세상을 더 자세히 알고 싶은 호기심으로 가득 찬 그는 미래를 읽는 법을 배우려고 신들의 유모인 노파들을 찾아가기로 했습니다.

이 세상을 더 자세히 알고 싶어진 헤르메스는 뱀 두 마리가 감긴 금 몽둥이를 들고 곧바로 파르나스산을 향해 떠났습니다. 그는 길을 가는 내내 노래를 불렀습니다. 푸른 벌판을 건너고, 꽃이 핀 과수원을 지나갔습니다. 장미색과 노란색 꽃이 핀 나무들이 서 있는 숲과 들을 보자 아주 기분이 좋아졌습니다. 헤르메스는 순식간에 파르나스산 기슭에 도착했습니다. 이 산은 신들이 사는 올림포스산만큼 높지는 않았지만, 안으로 들어가자 봄날인데도 으슬으슬하고 컴컴했습니다. 산꼭대기를 향해 오를수록 풀도 꽃도 적어지더니 금세 자갈밭이 나타났습니다. 모퉁이를 돌자 작은 시내가 졸졸 흐르고, 거기서 한 노파가 쭈그리고 앉아 포대기를 빨고 있었습니다. 회색 머리를 단단하게 쪽 진 노파는 나이가 무색하게 얼굴이 매끄럽고 아름다웠습니다. 하지만 초롱초롱 빛나는 눈은 웃고 있지 않았죠. 노파가 냉정하게 말했습니다. "여기에 무엇 하러 왔느냐?" 헤르메스가 대답했습니다. "유모님, 저는 당신을 매우 사랑하는 위대한 아폴론이 보내서 왔습니다. 미래를 예언하는 법을 배우고 싶습니다." 노파는 그를 차갑게 내려다보며 물었습니다. "왜 앞으로 일어날 일을 알고 싶지? 미래보다 네 주변에 있는 것들이나 제대로 볼 줄 아느냐?" 젊은 신은 주저하며 말했습니다. "아니, 몰라요. 가르쳐주세요."

노파는 근엄한 얼굴로 헤르메스에게 가까이 오라고 손짓했습니다. "이 시냇물을 들여다보고 거기서 무엇이 보이는지 말해보아라." 헤르메스는 흐르는 물을 내려다보고 대답했습니다. "자갈 위로 흐르는 물밖에 보이지 않아요." 그러자 노파가 말했습니다. "네가 여길 떠날 때쯤이면, 거기 숨어 있는 수천 가지 보물을 보게 될 게다." 노파는 소년의 보따리를 들고 그녀가 기거하는 동굴로 그를 데려갔습니다.

헤르메스는 첫 번째 유모 안탈리아와 함께 일곱 번의 낮과 밤을 지냈습니다. 노파는 그에게 세상을 보는 법을 알려줬습니다. 노파는 풀잎 아래에 있는 생명을 관찰하고, 꽃향기를 맡고, 꿀맛과 소금 맛을 가려내고, 태양과 바람의 감촉을 즐기고, 땅이 내는 온갖 소리와 별들의 속삭임을 듣는 법을 알려줬습니다.

일곱 번째 날이 끝나자 안탈리아는 헤르메스와 함께 시냇가로 돌아와 그에게 물었습니다. "이 시냇물을 들여다보고 거기서 무엇이 보이는지 말해보아라." 헤르메스는 웅크리고 앉아 시냇물을 뚫어지게 들여다보며 말했습니다. "물이 춤추듯 아름답게 구비치며 흘러요. 수면에 반사된 햇빛이 황금처럼 반짝이고, 돌 아래 작은 물고기가 숨어 있어요. 초록색 물풀이 물이 흐르는 대로 일렁이고, 벌레가 스케이트를 타는 듯이 수면을 미끄러지네요. 시냇가에는 물을 마시러 왔던 짐승들 발자국도 있어요. 신선한 이끼 냄새, 히아신스 향기가 느껴지고요, 물방울이 바위에 부딪히는 소리가 음악처럼 들려요. 잠자리가 날개를 떨며 물을 스치는 소리도

들리고요. 작은 개구리들이 풀잎 뒤에 웅크리고 앉아 노래하고 있어요." 헤르메스는 잠시 말을 멈추고, 손가락으로 물을 찍어 입술을 적셨습니다. "이 순수한 물에서 땅과 태양의 맛이 나요." 마침내 헤르메스는 기다리고 볼 줄 아는 자만이 얻을 수 있는 것을 얻었습니다. 그것은 바로 보이지 않는 세계로 들어가는 열쇠였습니다. 안탈리아가 미소 지으며 말했습니다. "헤르메스, 넌 이제 네 주변에 있는 것들을 볼 줄 알게 됐구나. 가거라, 계속해서 이 산을 올라가면 더 높은 곳에 나의 언니가 있단다. 가서 두 번째 유모를 만나라. 그녀가 널 도울 수 있을 게다." 젊은 신은 노파에게 머리 숙여 인사하면서 자신에게 가르쳐준 모든 것에 진심으로 감사했습니다. 그리고 금 몽둥이를 손에 들고, 이 세상의 또 다른 비밀을 어서 배우고 싶어 안달하며 길을 떠났습니다.

- 다음 편에 계속

미래를 점치는 법

전편 요약 : 헤르메스는 '안탈리아'라는 늙은 유모를 만났습니다. 노파는 주변에서 보지 못하던 것들을 보는 방법을 가르쳐줬습니다. 이제 헤르메스는 미래를 예언하는 법을 가르쳐줄 두 번째 유모를 찾아 길을 떠났습니다.

헤르메스가 한참 길을 걸었을 때 길모퉁이에서 한 노파가 보였습니다. 그녀는 흰 아기 포대기를 줄에 펼쳐 널고 있었습니다. 높은 산에서 부는 강한 바람에 젖은 천들이 부딪치며 소리를 냈습니다. 이 노파는 헤르메스가 조금 전 헤어진 여인과 닮았지만, 나이가 더 많았습니다. 흑발보다 백발이 더 많은 머리카락을 한데 모아 단단히 쪽 진 노파는 안탈리아와 마찬가지로 얼굴이 매우 아름다웠지만, 주름이 훨씬 많았습니다. 눈에서 웃음도 찾아볼 수 없었습니다. 노파는 소년에게 냉정하게 말했습니다. "여기에 무엇 하러 왔느냐?" 헤로메스가 대답했습니다. "유모님, 저는 당신을 매우 사랑하는 위대

한 아폴론이 보내서 왔습니다. 또한 제게 현재를 보는 법을 가르쳐준 유모님의 동생도 절 보냈습니다. 미래에 제게 어떤 일이 일어날지 알고 싶습니다. 미래를 예언하는 법을 배우고 싶습니다." 노파는 엄격한 표정으로 그에게 물었습니다. "앞으로 일어날 일이 왜 알고 싶지?" 헤르메스가 대답했습니다. "제가 누구인지 알기 위해서입니다." 그러자 노파가 물었습니다. "넌 그 대답이 미래에 있으리라고 진심으로 믿느냐?" 그 말에 헤르메스는 밝게 미소 지으며 대답했습니다. "유모님께서 제게 가르쳐주시면 알게 되겠죠."
헤르메스는 두 번째 유모 로잔나와 함께 일곱 번의 낮과 밤을 지냈습니다. 노파는 그에게 미래를 예

언하는 법을 가르쳐줬습니다. 로잔나는 둥글고 매끄러운 작은 돌멩이들을 커다란 저수지에 던졌습니다. 그러자 돌멩이들은 허공에 포물선을 그리며 떨어져 수면에 예쁜 동그라미들을 만들어놓았습니다. 유모는 이런 여러 가지 모양을 보고 앞으로 일어날 일을 예언했습니다. 첫날 헤르메스가 자기 미래에 관해 물었을 때 노파는 이렇게 대답했습니다. "너는 네 아버지 곁에서 많은 사랑을 받으며, 중요한 역할을 하게 될 게다. 평생 멋진 여행자가 될 것이고, 호기심이 무척 많을 게다." 둘째 날 헤르메스는 어머니의 미래가 궁금해서 노파에게 물었습니다. "마이아는 평생 너를 자랑스러워하고, 네가 올림포스 신들과 함께 있다는 걸 알고 행복해할 게다." 헤르메스는 둥글고 매끄러운 작은 돌멩이들을 던져 물에 떨어지는 모양을 보고 앞으로 일어날 일을 예언하는 법을 배웠습니다. 일곱 번째 날이 끝나자 그는 뛰어난 예언자가 됐습니다. 하지만 젊은 신은 만족할 줄 몰랐죠. 로잔나가 미소 지으며 그에게 물었습니다. "이제 만족하느냐? 이제 네가 누군지 알겠느냐?" 헤르메스는 한숨을 쉬고 고개를 저으며 말했습니다. "아니요, 유모님 말씀이 옳았어요. 전 현재와 미래를 읽을 수 있지만, 그래도 아직 뭔가 부족해요. 그런데 그게 뭔지 모르겠어요." 유모가 대답했습니다. "네게 부족한 건 과거를 아는 것이야. 네가 오늘 체험한 것과 이전에 다른 사람들이 체험했던 모든 것이 모여 너를 만든단다. 그러니 네가 누군지 알려면 네가 어디서 왔는지 알아야 해." 이 말을 듣자 헤르메스의 얼굴이 환해졌습니다. 그렇습니다, 바로 그것이었습니다! 그가 찾는 것은 만물의 기원을 아는 것이었습니다. 로잔나가 말했습니다. "계속 가거라. 이 산 더 높은 곳으로 올라가면 나의 언니가 있단다. 가서 만나보아라. 언니가 널 도울 수 있을 게다."

헤르메스는 자신이 배운 모든 것을 가르쳐준 로잔나에게 진심으로 고마움을 표시하고 나서 금 몽둥이를 들고 또다시 길을 떠났습니다. 그가 한참 걷고 있을 때 길모퉁이에서 드디어 세 유모 중 가장 나이가 많은 유모가 나타났습니다. 노파는 등받이도 없는 작은 돌 의자에 앉아서, 커다란 흰 포대기를 개고 있었습니다. 노파의 주름투성이 얼굴에서 은은한 광채가 났습니다. 노파는 아주 옛날부터 신들의 아기를 맡아 기저귀를 채우고, 젖을 주고, 재웠습니다. 노파의 팔은 아기들을 너무 많이 안아서 약해졌고, 손은 아기들을 너무 많이 쓰다듬어서 닳았습니다. 목은 아기들에게 너무 많이 노래를 불러주어서 쉬었지만, 노파야말로 이 세상의 살아 있는 기억입니다. 노파의 눈은 옛날부터 모든 것을 봤습니다. 노파의 이름은 포자니아입니다. 헤르메스는 말없이 노파를 바라보고 있었습니다. 고개를 들고 그에게 먼저 말한 쪽은 늙은 유모였습니다. "어서 오너라, 널 기다리고 있었다."

헤르메스는 노파의 발밑에 엎드려 늙은 유모의 무릎에 머리를 대고 빌었습니다. "세상이 어떻게 해서 생겨났는지 제발 제게 가르쳐주세요." 노파는 주름진 손을 아이의 머리에 올려놓고 물었습니다. "아가야, 진정으로 그걸 알고 싶으냐? 그건 선과 악이 싸운 이야기, 지금까지 우리가 변해온 이야기란다." 헤르메스는 겁이 나서 몸을 떨며 속삭였습니다. "네, 알고 싶어요."

그러자 노파가 희미하게 미소 지었습니다. 그리고 자기 발치에 있는 헤르메스에게 마치 운명을 던지듯 손을 들어 의미를 알 수 없는 동작을 하자, 그는 곧 깊은 잠에 빠졌습니다. "네가 그토록 원하는 것이니, 직접 세상의 시작에 참여해보아라."

– 다음 편에 계속

세상의 탄생

전편 요약 : 신들의 세 유모들 중 가장 나이가 많은 포자니아는 헤르메스에게 만물의 기원을 알려주기로 했습니다. 세상의 시작에 참여할 준비가 된 헤르메스는 포자니아에 의해 과거로 던져졌습니다.

헤르메스가 눈을 떴을 때 세상은 깜깜했습니다, 빛 한 줄기 없는 깊은 어둠에 뒤덮여 있었죠. 자기가 어디 있는지조차 알 수 없었습니다. 아무 소리도 들리지 않았습니다. 커다란 정적밖에는 아무것도 없었습니다. 젊은 신은 끝없이 허공을 떠다녔습니다. 그때 정적 속에서 어떤 물질이 움직이는 것 같은 느낌이 들었습니다. 허공에서 어떤 힘들이 동요하는 것만 같았습니다. 포자니아가 그의 귀에 속삭이며 헤르메스를 안심시켰습니다. "넌 지금 카오스에 있는 거야. 알겠니? 처음엔 이렇게 아무것도 없었어. 거대한 검은 구멍인 카오스 말고는 아무것도 없었지. 그리고 왜 어떻게 그렇게 됐는지는 모르지만 갑자기 땅의 여신이 카오스에서 나타났단다. 봐라! 저 여신이 바로 가이아란다."

마침내 아찔할 정도로 깊고 어두운 구멍에서 단단하고 튼튼한 무언가가 생겨났습니다. 온통 빛으로 넘치는 가이아는 이 세상의 바탕이 됐습니다. 가이아의 출현에 마음을 뺏긴 헤르메스는 여신에게서 눈을 떼지 못했습니다. 그는 어머니 품에 안겨 있는 것처럼 안전하게 보호받는 듯한 기분을 느꼈습니다. 가이아의 몸 일부는 여전히 카오스에 빠져 있었지만, 나머지 부분은 위를 향하여 서 있었습니다. 가이아는 대지의 여신이고, 우주 만물의 어머니입니다. 그때부터 모든 생물에는 발 디딜 곳이 생겼습니다. 여신이 우아한 동작으로 기지개를 켜고 있을 때 위에서 또 다른 신이 나타났습니다. 포자니아가 헤르메스의 귀에 대고 속삭였습니다. "저 신은 우라노스야. 하늘이지!" 강력한 보호자 같은 분위기를 풍기는 이 거대한 신은 가이아 위에 몸을 눕히고 마치 덮개처럼 여신을 완전히 뒤덮었습니다. 그렇게 우라노스는 영원히 대지 위에 누워 있는 하늘이 됐습니다.

헤르메스가 속삭였습니다. "그런데 저 하늘과 땅은 여전히 비어 있네요. 제가 아는 하늘과 땅과는 전혀 달라요!" 포자니아가 가볍게 웃으며 대답했습니다. "참을

성이 없구나. 우린 이제 겨우 이야기의 시작에 있는 거야. 아직 중요한 이야기가 몇 가지 남아 있단다."
눈앞에서 펼쳐지는 신비한 광경에 온전히 몰입한 헤르메스는 가이아의 뒤를 이어 카오스에서 나오는 또 다른 인물을 알아보지 못했습니다. 등에 한 쌍의 은빛 날개가 달린 그 존재는 헤르메스에게 가까이 다가와 앉아 대지 가이아와 하늘 우라노스의 만남을 애정 어린 시선으로 지켜보고 있었습니다. "정말 아름답군…." 갑자기 들리는 그의 말에 헤르메스는 소스라치게 놀랐습니다. 새로운 동행을 발견한 젊은 신이 물었습니다. "대체… 당신은 누구입니까?" 노인이 대답했습니다. "난 에로스야. 사랑의 신이지." 에로스의 목소리는 듣기 좋았습니다. 호감을 주는 나이 많은 신의 얼굴은 헤르메스에게 신뢰감을 줬습니다. 그가 세상을 창조하고 있는 두 신에게로 다시 시선을 돌렸을 때 가이아는 대지에 산, 언덕, 계곡, 동굴을 낳고 나서 잠들어 있었습니다. 우라노스는 그녀를 다정하게 바라보며 보슬비를 흠뻑 뿌려줬습니다. 이 비가 대지의 숨겨진 모든 구멍으로 흘러들자 대지에는 풀, 나무, 꽃 등 모든 식물이 나타났습니다. 가이아 위로 부드럽게 흐르는 보슬비는 연못, 강, 운하, 그리고 큰 바다를 채웠습니다.

흥분한 헤르메스가 눈을 반짝이며 포자니아에게 물었습니다. "이렇게 멋진데 왜 제게 이 이야기가 끔찍할 거라고 하셨어요?" 늙은 유모는 침울한 어조로 대답했습니다. "이후에 모든 게 복잡해지거든. 어쨌든 네 첫 질문에 대한 대답은 얻었으니, 이제 집으로 돌아가거라. 다른 질문이 생기거든 그때 다시 오너라."

– 다음 편에 계속

제10화

불멸의 존재

전편 요약 : 유모 포자니아의 도움으로 헤르메스는 세상의 탄생을 목격했습니다. 그는 이제 새로운 자기 삶을 발견하기 위해 올림포스로 돌아갑니다.

헤르메스는 휘파람을 불며 올림포스로 돌아갔습니다. 그는 계곡과 언덕, 바다와 강, 들판과 숲을 지나쳤습니다. 대지는 아름다웠습니다. 포자니아 덕분에 이 모든 것이 탄생하는 장면을 목격하고 나자 대지를 더욱 사랑하게 됐습니다.

헤르메스는 올림포스 궁으로 돌아갔지만 아버지를 만날 수 없었습니다. 아버지는 이미 지상 세계를 둘러보러 떠났던 것입니다. 여드레가 지나도 제우스는 여전히 돌아오지 않았습니다. 아버지를 기다리는 동안 헤르메스는 자기가 새로 살게 된 집을 둘러봤습니다.

제우스의 누이인 화로의 여신 헤스티아가 헤르메스를 가장 먼저 따뜻하게 맞아줬습니다. 남편도 연인도 아이도 없이 사는 헤스티아가 맡은 가장 중요한 임무는 궁전이 가장 좋은 상태로 유지되게 감독하는 일이었습니다. 친절이 몸에 밴 헤스티아는 헤르메스에게 달콤한 목소리로 말했습니다. "피곤해 보이는구나. 네 방으로 안내해줄 테니 편히 쉬어라." 궁전의 다른 신들처럼 헤르메스도 곧 그녀를 좋아하게 됐습니다. 둥근 얼굴, 은은한 미소, 포동포동한 팔, 특히 달콤한 목소리가 인상적인 헤스티아는 마치 자장가를 부르기 위해 태어난 여신 같았습니다. 헤르메스는 그녀에게서 신들의 궁전 예법을 배웠습니다.

헤르메스는 미식가였습니다. 그는 궁전의 모든 요리를 하나하나 맛봤습니다. 헤스티아와 하녀들은 그가 원하면 언제든지 맛난 음식을 차려줬습니다. 또 헤르메스는 신비한 샘 주변을 맴돌며 궁전 안뜰에 넘쳐흐르는 용연향 액체를 즐겨 바라봤습니다. 그는 용기를 내어 샘에 담갔던 손가락을 입술로 가져갔습니다. 샘물은 감미로웠습니다. 그는 곁눈질로 주변을 살피고 아무도 보지 않는다는 것을 확인하자, 두 손으로 샘물을 마음껏 퍼서 꿀꺽꿀꺽 마셨습니다. 음료는 그의 목을 타고 배 속으로 흘러 내려갔습니다. 그러자 갑자기 힘이 불끈 솟는 것 같았습니다. 헤르메스는 오래지 않아 궁전에 거주하는 모든 신이 이 샘물을 마신다는 것

을 알게 됐습니다.

어느 날 헤르메스가 이 금빛 음료를 들이켜고 있을 때 한 소녀가 지나가며 부러운 듯 그를 바라봤습니다. 그녀는 헤스티아의 하녀였습니다. 그가 가까이 와서 같이 마시자고 손짓하자, 그녀는 안 된다는 듯이 고개를 가로저으며 달아났습니다. 헤르메스는 그녀와 여러 번 마주쳤고, 그럴 때마다 그녀에게 이 맛있는 음료를 같이 마시자고 했지만, 그녀는 항상 거절하며 말없이 달아났습니다.

어느 날 다정한 헤스티아가 조카에게 물었습니다. "얘야, 넌 여기서 행복하게 지내고 있니? 필요한 건 없어?" 그러자 헤르메스가 대답했습니다. "네, 고모님, 고맙습니다. 그런데 궁전의 모든 샘에 흐르는 이 신기한 음료가 무엇인지 말씀해주실 수 있나요? 왜 고모의 하녀들은 이 음료를 마시지 않죠?" 여신의 입술에 미소가 번졌습니다. "너 지금 우리의 소중한 넥타에 관해 말하는 거냐? 그건 우리 신들에게만 허락된 음료란다. 그래서 하녀들은 맛볼 수 없는 거지. 이 음료가 우리를 죽지 않게 해주는 거란다." 헤르메스는 깜짝 놀라 물었습니다. "죽지 않는다고요? 그러니까 신들은 절대로 죽지 않는 거예요?" 헤르메스는 할 말을 잊은 채 서 있었습니다. 그렇다면 헤르메스 자신도 절대 죽지 않는 걸까요?

— 다음 편에 계속

헤르메스의 비행 능력

전편 요약 : 헤르메스는 올림포스 궁전에 흐르는 불멸의 음료인 넥타 덕분에 신들은 절대 죽지 않는다는 놀라운 사실을 발견했습니다. 그는 자기 운명에 관해 알고 싶어 아버지 제우스가 돌아오기를 기다렸습니다.

아흐렛날 아침이 되어서야 제우스는 마침내 올림포스로 돌아왔습니다. 그는 즉시 자기 거처로 헤르메스를 불렀습니다. 제우스가 물었습니다. "그간 잘 있었느냐, 아들아. 여기서 지내는 기분이 어떠냐?" 헤르메스가 대답했습니다. "좋아요, 아버지, 아주 좋아요. 하지만 아버지가 보고 싶었어요." 제우스는 내심 놀라면서도 감동했습니다. 부인 헤라를 제외하면 아무도 그에게 그토록 친근하게 말한 적이 없었으니까요. 그뿐 아니라 아무도 자기를 그리워하며 기다리지 않았으니까요. 다른 신들은 올림포스에 그가 있든 없든 아쉬울 것 없이 매우 흡족하게 잘 지냈으니까요.

그러나 사실 위대한 제우스는 외로웠

습니다. 그래서 더욱 헤르메스의 애정은 그를 기쁘게 했습니다. 그가 다시 물었습니다. "여기서 지내기가 지루하지 않으냐?" 헤르메스는 아버지의 눈을 똑바로 바라보며 말했습니다. "사실 전 잠시도 가만히 있지 못하는 성격이에요. 여기는 모든 게 멋진 곳이지만 전 더 넓은 세상을 보고 싶어요." 그러더니 눈을 내리뜨고 덧붙였습니다. "저도 무언가에 쓸모 있는 존재였으면 좋겠어요." 제우스는 막내아들의 말이 무척 마음에 들었습니다.

그 순간, 좋은 생각이 떠올랐습니다. 제우스는 자리에서 벌떡 일어나 상자 안을 뒤적여 태양빛에 반짝이는 금빛 물건 두 가지를 꺼냈습니다. 그것은 금 날개가 달린 납작한 모자와, 역시 금 날개가 달

린 샌들 한 켤레였습니다. 제우스는 그것을 헤르메스에게 내밀었습니다.

"아들아, 이 모자와 이 샌들만 있으면 네가 가고 싶은 곳은 어디든 자유롭게 갈 수 있을 것이다." 제우스는 기뻐서 어쩔 줄 모르는 소년의 모습을 보자 마음이 흡족했습니다. 그가 계속 말했습니다. "나의 전령이 돼 주겠니? 온 세상 곳곳에 전해야 할 나의 메시지를 네가 전해줬으면 좋겠다." 제우스는 남의 의견을 묻지 않고 오로지 명령만 하는 최고의 신이었지만, 기뻐서 깡충깡충 뛰는 어린 아들에게만큼은 아무것도 강요하고 싶지 않았습니다. 헤르메스는 대답 대신 아버지의 목을 끌어안고 쪽! 소리가 나도록 볼에 뽀뽀했습니다. 제우스는 흠칫 놀라면서도 기뻤지만, 그 기쁨을 겉으로 드러내지 않으려고 짐짓 엄격한 척하며 말했습니다. "자, 진정해라, 아들아, 진정해. 이제부터 너는 어디든 언제든 내 메시지를 전달할 수 있게 늘 대기해야 한단다, 알겠니? 자, 지금은 일단 갔다가 5시에 나를 보러 궁전 작은 후문으로 다시 오너라."

밖으로 뛰어나가던 헤르메스는 아버지가 주신 마법의 모자와 샌들 덕분에 거인처럼 성큼성큼 걷고 있는 자신을 발견하고 너무도 신기하고 놀라웠습니다. 제우스 신의 전령은 깔깔대고 웃으며 궁전 복도를 쏜살같이 달렸습니다. 계단을 급히 내려가기도 하고 이 층 저 층으로 내달리기도 하며 자신의 새로운 능력을 즐겼습니다. 그의 앞에서 열리지 않는 문은 없었습니다. 헤스티아는 그날 아침에도 이른 시각에 서둘러 기름이 가득 든 항아리를 들고 궁 안의 모든 램프에 기름을 채우고 있었습니다. 그런데 헤르메스가 너무 빨리 달리는 바람에 여신을 피하지 못하고 부딪혔습니다. 하녀들이 들고 있던 항아리가 바닥에 떨어져 깨지면서 기름이 바닥에 쏟아졌습니다. 기름에 미끄러진 헤르메스는 달리기를 멈추지 못하고 껑충껑충 뛰다가 균형을 잃고 계곡의 절벽을 향해 나와 있는 발코니를 지나 그대로 허공에 내던져졌습니다. 헤스티아와 하녀들은 비명을 지르며 발코니로 달려갔습니다. 하지만 헤르메스는 추락을 느낄 새도 없이 곧 몸이 가벼워지는 것을 느꼈습니다. 모자와 샌들의 금 날개가 펄럭이자 그는 우아하게 공중으로 날아올랐습니다. 그가 소리쳤습니다. "세상에… 세상에… 내가 날아! 내가 날아간다!" 그가 공중에서 몇 바퀴를 돌자, 발코니에 있던 여인들이 박수를 보냈습니다. 헤르메스는 어느새 공중돌기 곡예의 챔피언이 됐습니다. 그는 바람을 타고 날면서도 아버지와 약속한 5시에 무슨 일이 생길지 궁금해서 조바심이 났습니다.

– 다음 편에 계속

밤과 낮의 기원

전편 요약 : 제우스는 헤르메스에게 날개 달린 모자와 샌들을 주며 자신의 전령이 돼달라고 했습니다. 그 날개와 모자 덕분에 헤르메스는 하늘을 날 수 있게 됐습니다.

5시가 되자 헤르메스는 올림포스의 작은 후문에서 아버지를 기다렸습니다. 이 문을 통하면 궁전의 다른 거주자들 눈에 띄지 않고 외부 세계로 나갈 수 있었습니다. 제우스는 평범한 여행객 차림으로 나타났습니다. 왕의 복장을 벗어버리고, 번개 삼지창도 들지 않은 신들의 신은 평소 인상과 사뭇 달랐습니다. 그는 아들과 함께 올림포스산을 내려갔습니다. 전 우주에서 제우스의 메시지를 전하는 전령일 뿐 아니라 여행 동반자로서도 선택받았다는 사실을 그제야 깨달은 헤르메스는 이루 말할 수 없이 기뻤습니다. 헤르메스는 쉴 새 없이 종알거렸고, 궁금했던 주변 모든 것에 관해 그에게 물었습니다. 제우스는 아들의 끝없는 호기심이 재미있었고, 그의 수다에 웃음이 끊이지 않았습니다.

태양이 점점 기울어가면서 낙조의 화려한 빛이 하늘을 붉게 물들였습니다. 아무 말 없이 그 광경을 감상하던 헤르메스가 눈살을 찌푸리며 중얼거렸습니다. "지금 아버진 저랑 같이 계신데, 대체 누가 태양에게 내려오라고 명령한 거죠?" 아버지가 대답했습니다. "이 일은 헬리오스에게 맡겼단다. 마침 잘됐다, 네게 그를 소개해주마."

두 여행자가 바닷가에 이르렀을 때 제우스는 손을 들어 수평선에 보이는 우유처럼 흰 궁전을 가리켰습니다. 금으로 빚은 잔 위에 놓인 듯 바다에 떠 있는 궁전에 다가갈수록 거기서 나오는 빛이 강렬해져서 눈이 멀 지경이었습니다. 그들이 궁전으로 들어가려 할 때 백마 네 마리가 끄는 불타는 금빛 마차가 하늘에서 내려왔습니다. 수레에 태양이 실려 있는 이 마차를 끄는 신이 바로 헬리오스였습니다. 늠름하게 수레에 올라타고 말채찍을 휘두르는 그는 헤르메스의 눈에 너무도 멋져 보였습니다. 태양의 신이 자기 궁으로 들어가려는 순간, 때마침 궁전에서 흑마 네 마리가 끄는 은빛 마차가 달려 나왔습니다. 수레에는 달이 놓여 있었습니다. 제우스가 헤르메스의 귀에 대고 속삭였습니다.

"셀레네란다. 헬리오스의 누이, 달의 여신이지. 아름다운 여신이지?" 젊은 여신의 창백한 얼굴은 차분했지만 우울해 보였습니다. 하늘 높이 올라간 셀레네의 마차는 밤새도록 하늘을 달릴 것입니다. 제우스가 또다시 헤르메스에게 속삭였습니다. "넌 아직 가장 아름다운 걸 보지 못했단다. 네게 소개해주마."

엄청나게 환한 궁전은 매우 인상적이었습니다. 헬리오스가 그들에게 인사했습니다. 태양의 파편들이 그의 기다란 금 망토에 붙어 있었습니다. 그가 하품하려고 입을 벌리자 불똥이 튀어나왔습니다. 땅에서 일어나는 어떤 일도 온종일 하늘을 날아다니는 헬리오스의 시선을 벗어날 수 없었습니다. 그래서 제우스는 헬리오스를 호의적으로 대했죠. "가서 쉬시게 친구. 우린 자네 누이동생에게 인사나 하고 가겠네." 제우스와 헤르메스가 장밋빛과 보랏빛으로 치장된 방으로 들어가자, 그곳에는 한 여인이 긴 의자에 누워 있었습니다. 헤르메스가 가까이 다가가자 생기 있는 얼굴에 손가락이 선명한 분홍빛으로 매력적인, 노란 드레스의 여신이 잠들어 있는 모습이 시야에 들어왔습니다. 그녀의 긴 머리카락은 금관처럼 넓게 펼쳐져 있었습니다. 제우스가 그녀를 바라보며 감동적인 목소리로 속삭였습니다. "장밋빛 손가락의 여신 오로라란다. 언니가 달을 재우고 오빠가 태양을 깨우기 전에 수레를 끌고 나가 새벽을 알린단다." 그들은 오랫동안 그녀를 지켜봤습니다. 젊고 아름다운 처녀가 잠결에 몸을 뒤척이자 신선한 라벤더향과 장미향이 진동했습니다. 그들은 차마 그녀를 깨우지 못하고 발꿈치를 들고 조심스럽게 방에서 나왔습니다.

이제 셀레네가 끄는 희미한 달빛만이 비추는 캄캄한 밤이 됐습니다. 헤르메스는 조금 전에 본 광경에 여전히 마음이 사로잡혀 어둠 속에서도 눈이 흥분으로 반짝였습니다. 해안으로 돌아가자 불을 뿜는 이상한 산이 보였습니다. 대지의 배에서 요란한 소리와 함께 불처럼 뜨거운 돌과 용암이 분출했습니다. 어두운 밤에 갑자기 빨갛고 노란 불똥이 터져 나왔습니다. 폭발과 함께 피어오른 짙은 연기가 주변을 뒤덮었습니다. 그 광경은 장엄하면서도 공포스러웠습니다. 헤르메스는 두려움에 떨며 아버지 팔에 매달려 중얼거렸습니다. "오오… 저게 뭐예요?" 제우스는 대답하지 않았습니다. 헤르메스가 딛고 서 있는 땅이 흔들렸습니다. 산비탈을 타고 구르던 바윗덩어리들이 요란하게 바다에 빠졌습니다. 물이 불처럼 뜨겁고 붉어졌습니다. 제우스가 중얼거렸습니다. "화산이란다." 헤르메스가 물었습니다. "도대체 저런 게 어디서 나오는 거죠? 저렇게 끔찍한 것의 근원이 뭐예요?" 제우스는 화가 난 듯 그의 팔을 잡고 있던 아들의 손을 거칠게 뿌리쳤습니다. "이제 됐다. 돌아가자. 네가 모든 비밀을 알 필요는 없어." 제우스는 심기가 몹시 불편한 것 같았습니다. 자기 통제에서 벗어난 광경이 눈앞에서 벌어졌으니 기분이 좋을 리 없었죠. 더는 헤르메스의 호기심을 자극할 필요가 없었습니다. 헤르메스는 아버지와 헤어지는 대로 이 비밀의 열쇠를 얻기 위해 포자니아를 찾아갈 것입니다.

– 다음 편에 계속

제13화

백 개의 팔이 달린 거인들

전편 요약 : 제우스는 헤르메스에게 태양과 달이 어떻게 하늘에 뜨는지 보여줬습니다. 하지만 화산이 불을 토하며 폭발하는 이유는 설명해주지 않았습니다.

파르나스산으로 찾아간 헤르메스는 즐거움에 들떠 있었습니다. 포자니아는 다시 돌아온 그를 보고도 놀라지 않았습니다. 그는 노파 곁에 무릎을 꿇고 앉으며 부탁했습니다. "유모님, 제게 세상의 비밀을 다시 한 번 보여주세요. 화산이 폭발하고 난 뒤에 땅속에는 무엇이 남아 있나요?" 포자니아가 그에게 물었습니다. "아가야, 그걸 이해하려면 넌 천지창조 직후로 돌아가야 해. 그 원시적인 세상을 감당할 만큼 네가 강하다고 생각하니? 떠날 준비가 됐어?" 헤르메스는 작지만 단호한 목소리로 "네!"라고 대답하며 유모의 무릎에 머리를 기댔습니다.

헤르메스가 눈을 떴을 때, 그는 녹음이 우거진 계곡에 있었습니다. 새들의 즐거운 지저귐, 폭포의 맑은 노래, 바다의 포근한 속삭임이 가까운 곳에서 들렸습니다. 대기는 꽃향기로 가득 찼습니다. 조용하고 차분해진 세상은 드디어 카오스에서 벗어나 질서를 찾은 듯 평온해 보였습니다.

그러다가 갑자기 크르릉! 크르릉! 소리가 나며 땅이 심하게 흔들렸습니다. 귀가 멍할 정도로 어마어마한 굉음이 점점 가까워졌습니다. 크르릉! 크르릉! 살짝 겁이 난 헤르메스가 큰 바위 뒤로 숨자마자 거인 셋이 나타났습니다. 그들은 머리가 쉰 개, 팔이 백 개 달린 끔찍한 괴물이었습니다. 그들의 팔들은 사방으로 움직이며 때리고 부딪고 잡아당기고 손에 닿는 모든 것을 집어 던졌습니다. 나무는 뿌리가 뽑히고, 풀은 짓밟히고, 꽃은 꺾이고, 바위는 사방으로 튀었습니다. 그들이 지나간 자리는 폐허가 됐고, 말할 수 없이 무질서한 상태가 됐습니다. 포자니아가 속삭였습니다. "이들은 팔이 백 개 달린 기게스, 코토스, 브리아레오스란다. 가이아와 우라노스가 낳은 첫 번째 자식들이지." 노파가 곁에 있어서 마음이 놓인 젊은 신은 늙은 유모에게 찰싹 달라붙었습니다.

대지의 여신 가이아는 산과 강과 바다와 식물과 동물을 만들고 나서 우라노스와 결합하여 우주를 가득 채웠지만, 괴이한 생명들만 낳았습니다.

헤르메스는 팔이 백 개 달린 거인과 마주치지 않기를 간절히 바라며 바위 뒤에 웅크리고 있었습니다. 세 거인은 약속이라도 한 듯 그 자리를 떠나지 않고 새로운 놀이를 생각해냈습니다. 그들은 차례대로 한 팔로 바위를 들어 힘껏 바다로 던졌습니다. 그들의 힘이 어찌나 셌던지, 바위가 바다에 빠지면서 거대한 파도가 일었고, 그 파도가 육지로 범람하며 이제 갓 피어오르기 시작한 모든 것을 삼켰습니다. 거품이 많이 생길수록 거인들은 더 크게 웃었습니다. 육지가 황폐해질수록 거인들은 손을 비비며 좋아했죠. 그들에게 무시무시한 해일로 육지를 쑥대밭으로 만들기보다 더 재미있는 놀이는 없는 듯했습니다.

헤르메스는 조화로운 대지가 파괴되는 현장을 속수무책으로 지켜봤습니다. 주변에 있는 모든 바위가 바닷속에 잠겼고, 이제 그가 숨어 있는 바위도 곧 그렇게 될 참이었습니다. 그는 큰 돌덩어리에 매달린 채 바다 깊은 곳에 던져지고 싶지는 않았습니다. 그 순간, 좋은 생각이 떠올랐습니다. 거인들은 힘이 셌지만 아둔하기 짝이 없었습니다. 그는 돌맹이 한 개를 집어 수많은 기게스의 머리 중 하나에 던지고는 곧바로 바위 뒤에 숨었습니다. 돌에 맞은 거인이 다른 형제들을 향해 고함쳤습니다. "이봐, 브리아레오스, 코토스, 너희들 나한테 돌 던졌지? 혼나볼 테야?" 다른 두 거인이 위협적인 말투로 투덜거렸습니다. "생트집 잡지 마, 우린 그런 적 없어!" 세 형제는 서로 돌을 던지고, 치고받으며 험악하게 싸웠습니다! 그리고 모두 기절하여 바닥에 쓰러졌습니다. 헤르메스가 바위 뒤에서 나오려고 할 때 세 아들의 고함에 짜증이 난 우라노스가 성큼성큼 걸어왔습니다. 그리고 바닥에 쓰러져 있는 세 아들을 보며 발로 바닥을 구르자, 땅이 둘로 갈라지며 커다란 구멍이 생겼습니다. 포자니아가 헤르메스의 귀에 대고 속삭였습니다. "저긴 타르타로스야. 지옥 중에서도 가장 깊은 지옥이지. 저 구멍에 커다란 바위를 던지면 아홉 번의 낮과 아홉 번의 밤이 지나야 바다에 닿는단다." 우라노스는 기절한 아들을 한 명씩 집어들어 구덩이로 내던졌습니다. 땅이 다시 닫히고, 세 거인은 대지의 배 안에 갇혔습니다.

지하에 갇힌 무서운 세 거인이 벽을 두드릴 때마다 땅이 흔들리고 산꼭대기가 불을 뿜었습니다. 헤르메스는 타르타로스의 깊은 곳에 갇혀 있는 또 다른 끔찍한 존재들도 곧 알게 될 참이었습니다

- 다음 편에 계속

키클로페스

전편 요약 : 포자니아의 도움으로 과거로 돌아간 헤르메스는 화산의 탄생을 목격했습니다. 그리고 백 개의 팔이 달린 거인들이 지하에 갇혔다는 사실을 알게 됐습니다.

헤르메스는 천지창조의 초기에 일어난 여러 가지 사건을 목격했습니다. 그러고 나서 한참을 걸어 도착한 곳은 검은 산 근처였습니다. 산비탈에 그가 태어난 동굴과 비슷한 곳이 있었는데, 거기서 섬광과 함께 빨간색과 오렌지색 불빛이 새어나왔습니다. 헤르메스는 그곳으로 살금살금 다가갔습니다. 가까이 갈수록 둔탁한 소리가 규칙적으로 크게 들렸습니다. 쿵! 쿵! 소리가 날 때마다 그 충격으로 산 전체가 진동했습니다. 불안하긴 했지만 두려움보다 호기심이 더 컸던 어린 신이 마침내 동굴 입구에 도착하자 뜨거운 열기가 파도처럼 밀려나왔습니다. 동굴 안을 들여다본 그는 머리카락이 쭈뼛 섰습니다.

엄청나게 큰 화덕 주변에서 힘이 센 세 거인이 상의를 벗은 채 부지런히 움직이고 있었습니다. 첫 번째 거인이 커다란 풀무로 불에 바람을 불어 넣었습니다. 두 번째 거인은 커다란 집게로 금속 덩어리를 붙잡고 있었습니다. 세 번째 거인은 커다란 망치로 뜨겁게 달궈져 물러진 금속을 두드렸습니다. 그의 망치질이 어찌나 거친지 산 전체가 흔들렸습니다. 그리고 그가 망치로 금속을 두드릴 때마다 엄청난 양의 불똥이 튀었습니다. 세 거인은 땀을 흘렸습니다. "바람을 더 세게 불어, 브론테스!" 굵은 목소리로 그중 한 명이 소리 지르자, "집게를 더 단단히 잡아, 아르게스!" 다른 거인도 소리쳤습니다. "더 세게 두드려, 스테로페스!" 굉음이 들리는 가운데 세 번째 거인이 소리쳤습니다. 화덕에서 나오는 빛이 동굴 벽을 환하게 비췄습니다. 뜨거운 금속 덩어리는 점차 방패 모양이 됐습니다.

그때 거인 한 명이 얼굴에 흐르는 땀을 닦으며 고개를 들었습니다. 헤르메스는 그의 얼굴 한가운데 눈이 하나밖에 없는 것을 보고 깜짝 놀랐습니다. 그것은 아주 멀리 볼 수 있게 시력이 강화된 큰 눈이었습니다. 포자니아가 속삭였습니다. "이자들은 키클로페스란다. 가이아와 우라노스의 또 다른 자식들이지."

갑자기 스테로페스가 하던 일을 멈추고 형제들에게 조

용히 하라는 신호를 보내더니 동굴 구석구석을 뒤지고 쿵쿵대며 냄새를 맡기 시작했습니다. 그가 중얼거렸습니다. "이상한 냄새가 나. 내가 모르는 냄새야. 누군가 여기 들어왔어." 헤르메스는 그들 눈에 띄지 않으려고 몸을 잔뜩 움츠렸습니다. 키클로페스는 헤르메스가 숨어 있는 동굴 입구로 가더니 하나밖에 없는 눈으로 바위틈을 샅샅이 훑었습니다. 아무도 그의 시선에서 빠져나갈 수 없었습니다. 궁지에 몰린 헤르메스를 발견한 키클로페스는 괴성을 지르며 그에게 달려들었습니다. 그러고는 헤르메스를 두 손가락으로 집어 들고 외쳤습니다. "여기 뭐 하러 왔지? 우리 작업을 방해했으니 널 저 화덕에 넣어 태워버릴 테다!" 헤르메스는 잠시 눈을 감고 기운을 모은 다음, 용기를 내서 조심스럽게 말했습니다. "친애하고 존경하는 키클로페스 님, 저는 여러분이 하고 계신 경이로운 작업을 구경하러 왔습니다. 제가 돌아가면 여러분이 만든 모든 훌륭한 것을 모든 사람에게 말해줄 겁니다. 여러분을 온 우주에 찬양하겠습니다…." 하지만 키클로페스는 이런 아첨에 전혀 감동하지 않았습니다. 그는 위험천만하게 헤르메스를 불 위에서 마구 흔들어대서 당장에라도 불 한가운데로 떨어뜨릴 것만 같았습니다.

그 순간, 회색 장막처럼 짙은 안개가 동굴 안 모든 것을 삼켜버렸습니다. 깜짝 놀란 키클로페스는 무서워하며 아기처럼 울기 시작했습니다. 앞을 볼 수 없게 된 거인은 불안에 떨며 저항조차 하지 못했습니다.
스테로페스는 헤르메스를 바닥에 내려놓고 뭐라도 보려고 필사적으로 눈을 비볐습니다. 그 순간, 엄청난 힘으로 땅이 솟아오르면서 키클로페스도 함께 들어 올렸습니다. 거인들은 비명을 질렀고, 땅이 열리면서 화덕과 함께 모두 구멍 깊숙이 던져졌습니다. 스테로페스, 브론테스, 아르게스는 타르타로스에 있던 백 개의 팔이 달린 거인 형제들과 합류했습니다.
이번에도 역시 우라노스가 자기 세 아들이 대지에 피해를 주지 못하게 막았던 것입니다. 하늘의 신은 만족해하며 키클로페스의 동굴을 떠났고, 곧바로 안개도 걷혔습니다.
헤르메스가 가까이 다가가서 살펴보니 다시 닫혀버린 깊은 구렁에는 작은 틈밖에 남지 않았습니다. 이처럼 헤르메스는 화산에서 나오는 붉은 용암이 지하에 갇힌 거인들과 키클로페스의 분노에서 생겼다는 사실을 알게 됐습니다. 궁금증에 대한 답을 얻은 헤르메스는 과거를 떠나 집으로 돌아갔습니다.

– 다음 편에 계속

헤라가 낳은 괴물 아기

전편 요약 : 헤르메스는 천지창조 직후에 지하의 가장 깊은 곳에 갇힌 거인들과 키클로페스가 화산으로 불길을 뿜어낸다는 사실을 알아내고 다시 올림포스로 돌아갔습니다.

헤르메스는 아버지가 자신을 찾을지도 모른다는 생각에 서둘러 올림포스로 돌아갔습니다. 젊은 신은 제우스의 메시지를 전하면서 모든 소식을 알게 되고, 또 모든 일에 관여할 수 있어서 무척 즐거웠습니다. 그는 임무를 완수하고 나서도 지칠 줄 모르고 하늘을 날아다녔습니다. 바람을 타거나 구름 속에 숨는 것도 재미있었습니다. 물론 가끔 지상으로 내려와 어머니에게 인사하는 것도 잊지 않았습니다. 그는 자신이 태어난 동굴 가까이 갈 때마다 늘 가슴이 뛰었습니다. 어머니 마이아가 동굴 입구에 나타나면 마치 태양이 뜨는 것처럼 마음속이 환해졌습니다. 그럴 때마다 신들의 전령인 헤르메스는 엄마에게 달려가 갓난아기처럼 품에 안겼습니다. 그러고는 한동안 엄마 어깨에 머리를 기대고 앉아 있다가 작별의 입맞춤을 하고 나서 가벼운 마음으로 올림포스로 돌아가곤 했습니다. 어머니는 그런 아들이 자랑스러웠죠.

제우스의 궁으로 간 헤르메스는 제우스의 아내, 팔이 흰 헤라를 경계해야 한다는 것을 일찌감치 눈치챘습니다. 이 오만한 여신은 항상 턱을 치켜들고 공격할 대상을 찾아 눈을 번뜩였습니다. 그렇게 자존심, 위엄, 냉혹함을 온몸에 드러냈죠. 헤라는 늘 변덕을 부리고 이유 없이 하녀들을 꾸짖고 학대했습니다. 신들의 회의에서도 죄인을 용서하기보다는 처벌하자고 주장했고, 상대와 공감하거나 상대를 이해할 줄 몰랐습니다. 그녀는 질투심으로 똘똘 뭉쳐 자신의 영향력을 과시했고, 다른 여신들의 아름다움을 시기했습니다. 그녀는 제우스가 다른 여인들과 사랑하여 낳은 아이들을 혐오했으며, 남편이 사랑에 빠진 여인들을 증오했습니다.

헤르메스가 올림포스에서 살기 시작한 지 얼마 지나지 않았을 때 헤라는 첫아이를 잉태했습니다. 제우스가 다른 여인들과의 사이에서 얻은 아이들이 수두룩한 올림포스에서 그녀는 무척 기쁜 마음으로 자기 아기의 탄생을 기다렸습니다. 이번에는 다른 누구도 아닌, 바로 자기가 새로운 신을 낳을 참이었습니다. 헤라는 자기 아기가 다른 어떤 아기보다도 총명하고 아름답기를 소망했습니다. 이 아이를 통해 완전한 승리를 꿈꾸는 그녀는 배가 불러올수록 성격도 온순해졌고 다른 신들과 다투는 일도 삼갔습니다. 출산이 가까워질수록 궁전에는 즐거운 기대감이 가득했습니다. 아이를 출산하기 며칠 전 그녀는 "내 아이가 환하게 빛나기를 바라는 마음에서 사내아이가 태어난다면 '불'을 뜻하는 '헤파이스토스'라는 이름으로 부르겠다!"라고 선언했습니다. 헤라는 자기 아이가 우주에서 가장 멋진 아기가 되리라고 확신했죠.

출산일이 되자 헤라 주변은 온종일 신들로 북적였습니다. 이처럼 특별한 순간을 함께하기 위해서 제우스의 형인 포세이돈마저 일부러 바다 깊은 곳에서 찾아올 정도로 많은 신과 여신이 자신의 활동을 멈추고 올림포스로 몰려왔습니다. 하지만 아기가 태어나는 데 시간이 오래 걸리자 신들은 각자 거처로 돌아가서 기다리기로 했습니다.

한밤중이 됐을 때 마침내 산모의 방에서 큰 소리가 들렸습니다. 그것은 즐거움의 함성이 아니었습니다. 갓난아기의 울음소리도 아니었습니다. 그것은 분노한 헤라가 내지른 고함이었습니다. 모든 신과 여신이 그녀의 방으로 달려갔습니다. 헤라는 아기에게 등을 돌린 채 창밖을 뚫어지게 바라보고 있었습니다. 올림포스 최고 여신의 출산을 돕던 님프들이 침대 발치에 웅크리고 앉아 울고 있었습니다. 불길한 예감을 떨치지 못하고 아기에게 다가간 제우스는 포대기를 벌려 보고는 깜짝 놀라 뒷걸음질쳤습니다. 하지만 포세이돈은 옆에서 손뼉을 치며 웃었습니다. 그는 아이를 높이 들어 올려 대중을 향해 흔들었습니다. 혐오스러울 만큼 못생긴 사내아이였죠. 올림포스에서 가장 멋진 아기를 원했던 헤라가 괴물을 낳았던 것입니다.

헤르메스는 기형의 작은 몸에서 눈을 뗄 수가 없었습니다. 포세이돈의 모욕적인 웃음 뒤에 무거운 침묵이 이어졌습니다. 갓난아기는 자신이 모두가 원하던 아기가 아니라는 사실을 깨닫기라도 한 듯 갑자기 울음을 터트렸습니다. 울음소리가 너무도 커서 듣는 이의 귀가 아팠습니다. 헤라의 분노가 폭발했습니다. 그녀는 아기에게 달려들어 "헤파이스토스, 넌 우리와 함께 여기서 살 자격이 없다!"라고 외치더니 다리를 잡아 창문 밖으로 던져버렸습니다. 말릴 틈도 없었습니다. 못생긴 아기는 태어나자마자 그렇게 신들의 왕국에서 쫓겨났습니다.

그 자리에 있던 신들도 서로 얼굴만 바라볼 뿐 꼼짝도 하지 못했습니다. 헤르메스만이 두려움에 떨며 창문으로 달려가 산 아래로 추락하는 아기를 오랫동안 지켜봤습니다. 아기는 까마득히 아래에 있는 바닷속으로 사라졌습니다. 헤르메스의 눈에 눈물이 고였습니다. 어쩌면 이토록 냉혹한 짓을 저지를 수 있을까요? 그는 곧바로 포자니아에게로 갔습니다.

– 다음 편에 계속

우라노스에 대한 음모

전편 요약 : 헤라는 자신이 낳은 기형아 헤파이스토스를 올림포스 정상에서 창문 밖으로 던졌습니다. 헤르메스는 이 끔찍한 사건을 이해할 수 없었습니다. 그는 폭력의 유래를 알기 위해 길을 떠났습니다.

늙은 유모를 찾아간 헤르메스는 괴로워하면서 조금 전 자신이 목격한 장면을 포자니아에게 서둘러 이야기했습니다. 그는 내내 앉았다 일어나기를 반복하면서 안절부절못했습니다. 포자니아가 그를 진정시키며 말했습니다. "로잔나에게서 미래 읽는 법을 배웠지? 이제 그걸 사용할 때가 됐구나." 헤르메스는 로잔나에게서 배운 대로 작고 둥근 돌멩이를 물에 던지고 나서 돌이 떨어지며 그리는 궤적을 관찰했습니다. 그리고 그는 눈앞에 펼쳐진 어떤 장면을 선명하게 보았습니다.

물속 깊은 곳에서 희미하게 형체가 나타나더니 서서히 선명해졌습니다. 한 여인이 침대에 누워 있는 아기의 머리를 부드럽게 쓰다듬으며 다정하게 자장가를 부르고 있었습니다. 아기가 몸을 돌리자 드러난 얼굴은 몹시 추했지만 웃고 있었습니다. 아기는 자신을 살포시 흔들어 재우는 여인을 사랑 가득한 눈으로 바라봤습니다. 여인이 "이제 자야 해, 헤파이스토스, 내 사랑."이라고 말하자, 아이는 "잘자요, 테티스!"라고 대답하며 눈을 감았습니다. 테티스는 "아가야, 넌 하늘이 내게 보낸 선물이야. 네가 내 동굴 바로 옆 바다에 떨어진 건 행운이었어."라고 말하며 아기에게 입 맞췄습니다. 테티스와 헤파이스토스가 있는 장소를 유심히 관찰해보니 그곳은 바닷속 동굴이었습니다. 테티스가 속삭였습니다. "네게 내가 필요 없어질 때까지 널 돌봐줄게."

테티스가 이 말을 마칠 때쯤 헤르메스 눈앞에 보이던 장면이 희미해지더니 이내 사라졌습니다. 그는 이제 더는 헤파이스토스의 운명을 걱정하지 않았습니다. 그가 포자니아에게 말했습니다. "헤파이스토스는 구조될 거예요. 그리고 사랑받을 거예요." 이미 모든 것을 알고 있던 노파는 희미하게 미소 지었습니다.

아이의 미래에 대한 걱정이 사라지자 헤르메스에게 큰 의문이 생겼습니다. 어떻게 타인에게 그런 폭력적인 행동을 할 수 있을까요? 천지창조 이후 무슨 일이 있었기에 이처럼 무자비한 폭력이 생겼을까요? 그는 포자니아에게 우주 최초의 폭력을 보여달라고 졸랐습니다. 포자니아는 처음으로 망설이는 모습을 보이며 대답했습니다. "헤르메스, 이제 넌 우주 최초의 비극적 사건을 보게 될 게다. 그 이후 다른 사건들이 잇달아 일어났지. 하지만 모든 것의 시작은 바로 그 사건이었어. 조심해야 해." 젊은 신은 유모의 무릎에 고개를 얹고 눈을 감았습니다.

다시 눈을 떴을 때 그는 비탈진 땅에 누워 있었습니다. 어디선가 대화하는 목소리가 들려왔습니다. 헤르메스는 꼼짝도 하지 않고 누운 채 기다렸습니다. 대화의 내용은 점점 명확해졌습니다. 화를 참느라고 떨리는 여성의 목소리가 들렸습니다. "당신은 왜 그 아이들을 가둬놓는 거예요? 왜 그 아이들이 빛을 보며 살지 못하게 하느냐고요!" 그러자 이번에는 역시 화가 난 듯한 남성의 묵직한 목소리가 대답했습니다. "그만해! 그 아이들은 괴물이야! 그래서 땅속에 갇혀 지내게 한 거야." 땅과 하늘, 가이아와 우라노스가 말다툼하고 있었습니다. 가이아가 탄식하며 말했습니다. "당신 생각은 옳지 않아요! 키클로페스와 팔이 백 개 달린 거인들은 괴물이지만, 12명의 티탄들은 그렇지 않잖아요. 그런데도 당신은 당신과 나 사이에 그들이 살아갈 공간이 없다는 이유로 그들마저 나의 배 속 깊은 곳에 가둬버렸어요." 우라노스가 아무 대답도 하지 않자, 가이아가 갑자기 외쳤습니다. "내가 진실을 말해볼까요? 그 아이들이 당신 자리를 차지할까 봐 두려운 거죠! 당신이 그 아이들을 이 세상에서 살지 못하게 하는 이유는 바로 그거라고요! 그 아이들은 복수할 거예요, 우라노스. 내 아이들이 햇빛을 보지 못하게 영원히 가둬둘 순 없어요!" 이처럼 무시무시한 협박이 들리고 나서 침묵이 계속됐습니다. 헤르메스는 한동안 바닥에 얼굴을 댄 자세로 엎드려 있다가 피곤해서 그만 잠이 들었습니다.

그날 밤 땅과 하늘의 자녀가 갇혀 있는 땅속 깊은 곳에서 잠든 티탄이라는 거인족 -남자들은 티타네스, 여자들은 티타니데스라고 부르지- 귀에 속삭이는 목소리가 들렸습니다. "오케아노스, 오케아노스, 내 아들아! 이렇게 갇혀 지낼 순 없잖니. 아버지에게 대항해서 반란을 일으켜라!" 하지만 오케아노스는 대답하지 않았습니다. 목소리는 계속해서 또 다른 잠든 티탄의 귀에 속삭였습니다. "테티스, 테티스, 나의 딸, 이렇게 갇혀 지낼 순 없잖니. 아버지에게 대항해서 반란을 일으켜라!" 하지만 테티스는 고개를 젓고 다시 잠들었습니다. 이렇게 가이아는 여섯 딸과 다섯 아들에게 속삭였습니다. 하지만 이 티탄들은 모두 아버지에게 대항하기를 거부했습니다. 이제 막내아들 크로노스만이 남았습니다. 가이아가 말했습니다. "크로노스, 내 아들아! 이렇게 갇혀 지낼 순 없잖니. 아버지에 대항해서 반란을 일으켜라!" 그녀가 크로노스의 귀에 속삭이자, 크로노스는 눈을 뜨고 "어머니, 제가 어떻게 하면 되죠?"라고 물었습니다.

— 다음 편에 계속

제 17화

최초의 범죄

전편 요약 : 헤르메스는 폭력의 기원을 알아보려고 천지창조 시대로 갔습니다. 그리고 우라노스에 대항하는 음모를 알게 됐습니다.

희미한 달빛이 어두운 대지를 비추고 있었습니다. 가이아와 자녀의 대화를 모두 들은 헤르메스는 풀밭에 누워 숨죽인 채 사태를 지켜보고 있었습니다. 갑자기 큰 비명이 밤의 정적을 깼습니다. 부상당한 신이 지른 무시무시한 비명이었습니다. 아들 크로노스에게 공격당한 우라노스의 비명이었죠. 돌낫을 든 크로노스가 어머니의 배에서 나오기 위해 가이아와 우라노스를 갈라놓았습니다. 땅 위에 펼쳐진 덮개가 벗겨지면서, 드디어 가이아와 우라노스의 자녀들은 지상에서 살아갈 수 있게 됐습니다. 잠시 깊은 어둠이 내려앉았습니다. 달빛과 별빛마저 흐려져서 아무것도 보이지 않

았습니다. 그러다가 잠시 후에 다시 달과 별이 빛나기 시작했습니다. 하늘은 영원히 대지 위 아주 먼 곳에 걸렸습니다. 우라노스는 가이아를 다시는 만날 수 없게 됐습니다. 이제 둘 사이에 생긴 공간에서는 땅에 발을 딛고 하늘을 머리에 이고 살아가는 수많은 생명이 생겨나게 됐습니다.

우라노스의 비명에 화답하듯 승리의 함성이 들렸습니다. 지하 감옥에서 풀려난 티타네스가 새로 세상의 왕이 된 크로노스에게 갈채를 보냈습니다. 크로노스 덕분에 땅 위에서 살 수 있게 됐으니까요. 헤르메스는 자기도 모르게 몸이 떨리는 것을 느꼈습니다. 그는 지금 천지창조 이후 최초의 비극을 목격했습니다. 밤은 끝나지 않을 것 같았

습니다. 우라노스의 자녀들이 해방을 기뻐하며 향연을 펼치는 소리가 들렸습니다. 그들의 웃음과 활기찬 함성이 그치지 않았습니다. 그러다가 어느 순간 모두 잠자러 갔는지, 소동이 멈췄습니다. 아버지 자리에서 첫날 밤을 맞은 승리자 크로노스는 거의 잠을 이루지 못했습니다.

조금 전 발생한 범죄로 얼음처럼 차가워진 세계에서 헤르메스는 몸을 덥히려고 불을 피웠습니다. 그때 밤의 어둠 속에서 세 개의 그림자가 나타났습니다. 그들은 각자 횃불을 들고 있었습니다. 온몸을 길고 검은 날개로 감싼 그들은 헤르메스를 뚫어지게 내려다보더니 아무 말 없이 자기들끼리 마주 보며 고개를 저었습니다. 헤르메스는 그들이 찾는 대상이 아니었던 것입니다. 바람에 날려 두건이 벗겨지자 그들의 얼굴이 드러났습니다. 머리에는 머리카락이 아니라 수많은 뱀이 꿈틀거리며 혀를 날름거리고, 눈에서는 피눈물이 흐르고 있었습니다. "내 이름은 메가이라야." 첫 번째 그림자가 말했습니다. "난 알렉토야." 두 번째 그림자가 말했습니다. "난 티시포네야." 세 번째 그림자도 자기 이름을 말했습니다. "우라노스의 피에서 태어난 우리 세 형제는 '에리니에스'라고 불리지. 우라노스를 죽인 크로노스를 찾고 있단다. 넌 그가 어디 있는지 알고 있니?" 그들이 합창하듯 동시에 말했습니다. 헤르메스가 겁에 질려 대답했습니다. "제가 그걸 알 리가 없잖아요." 에리니에스는 서로 신호를 보내고는 말없이 그 자리를 떠났습니다. 그들이 다녀간 흔적으로 역겨운 냄새만 남았습니다. 헤르메스는 거리를 두고 그들을 뒤쫓았습니다.

이제 막 자려고 누운 크로노스가 눈을 감자마자 방에서 역겨운 냄새가 진동했습니다. 그리고 그의 귀에 속삭임이 들렸습니다. "크로노스! 감히 아버지를 공격하다니! 우리가 이 끔찍한 죄를 벌하러 왔다." 티탄은 벌떡 일어나서 검을 들고 사방으로 마구 휘둘렀습니다. 하지만 주변에는 아무도 없었습니다. 악몽을 꿨다고 생각한 그는 진정하고 다시 자리에 누웠습니다. 하지만 눈을 감자마자 다시 여러 목소리가 그의 귀에 속삭였습니다. "크로노스! 넌 세상에서 가장 큰 죄를 지었어! 넌 저주받았다! 너도 네 자식에게 죽임을 당할 것이다!" 미칠 듯이 화가 난 세상의 왕은 다시 벌떡 일어났습니다. 그 순간, 주름진 얼굴 위로 꿈틀대는 뱀들이 소리를 내는 세 그림자가 사라지는 모습이 얼핏 보였습니다. 그는 온 세상을 깨우고 수십 개의 횃불을 밝혀 주변을 샅샅이 뒤지라고 명령했습니다. 하지만 세 그림자는 이미 사라져서 찾을 수 없었습니다. 지칠 대로 지친 크로노스가 불안에 떨며 자리에 누워 눈을 감자 또다시 목소리가 들렸습니다. "크로노스! 넌 너무도 큰 죄를 지었다! 우린 절대로 널 편히 쉬게 내버려두지 않을 것이다!" 크로노스는 에리니에스를 쫓아내려는 듯이 허공에 주먹을 휘둘렀습니다. 거의 미쳐버린 티탄은 자기 얼굴을 쥐어뜯었습니다. 크로노스는 한숨도 자지 못한 채 새벽을 맞이했습니다. 에리니에스는 날이 밝자마자 사라졌습니다. 하지만 그들은 그 후에도 매일 밤 찾아와 크로노스에게 그가 저지른 끔찍한 죄를 떠올리게 했습니다.

그날 밤 헤르메스는 어떻게 죄가 태어났는지, 또 복수는 어떻게 태어났는지, 그 모든 것을 목격했습니다. 하지만 이것이 전부가 아니었습니다. 새벽에 그는 또 다른 놀라운 사실을 알게 됩니다.

– 다음 편에 계속

아름다움의 탄생

전편 요약 : 천지창조 이후 초기의 밤으로 돌아간 헤르메스는 최초의 범죄 현장을 목격했습니다. 그리고 폭력과 복수가 탄생하는 상황도 지켜봤습니다.

날이 밝으며 세 명의 에리니에스가 사라지자 태초의 세상에 조금은 평화가 찾아온 것 같았습니다. 주변을 둘러보니 헤르메스가 있는 곳은 바닷가 절벽이었습니다. 그는 저리는 다리도 풀어줄 겸 주변 탐색에 나섰다가 어느 평온한 해변에 다다랐습니다. 아직 순수하고 투명한 세상이었죠. 그는 샌들을 벗고 부드러운 흰 모래를 밟았습니다. 물은 잔잔했습니다. 헤르메스가 흰 물거품이 다가와 부서지는 가장자리를 따라 발을 물에 담갔다 뺐다 하면서 이리저리 뛰는데, 갑자기 물결이 일면서 파도가 쳤습니다. 고개를 들어 멀리 바다를 바라본 헤르메스는 깜짝 놀랐습니다. 파도에서 거대한 조개가 나타나더니 바닷가로 천천히 다가왔습니다. 배처럼 커다란 조개였습니다. 조개 배는 파도에 밀려 미끄러지듯 해변으로 향하고 있었습니다. 그리고 그 안에는 믿을 수 없을 만큼 아름다운 여인이 타고 있었습니다. 일찍이 지상에서 이처럼 아름다운 여인은 본 적이 없었습니다. 제비꽃으로 장식한 긴 머리카락이 실오라기 하나 걸치지 않은 몸을 부드러운 외투처럼 감싸며 휘날렸습니다. 피부는 우유처럼 희고, 눈은 보석처럼 빛났습니다. 동물들 한 무리가 해변으로 다가오는 그녀 뒤를 따랐습니다. 물고기, 바다거북뿐 아니라 땅에서도 수많은 새가 급히 몰려와 수행 행렬에 합류했습니다. 돌고래 몇 마리가 그녀 앞에서 헤엄치며 여왕의 행렬을 인도했습니다. 파도조차 그녀를 반기며 흰 거품으로 왕관을 만들어 그녀의 배를 얼싸안았습니다.

그녀는 여신임이 분명했습니다. 순식간에 육지에 도착한 그녀는 비둘기들이 내미는 긴 천을 받아 몸을 감싸고, 참새들이 가져다준 넓은 금색 띠를 허리에 묶었습니다. 그렇게 몸단장을 마친 그녀는 조개에서 내려와 땅을 디뎠습니다. 그녀는 우아하게 기지개를 켜며 하품하더니, 갑자기 헤르메스의 존재를 발견한 듯 그에게 인사했습니다. "안녕? 네가 보기에 내가 어떠냐?" 그녀에게 온 마음을 뺏긴 헤르메스는 아무 말도

할 수 없었습니다. 아름다운 여인이 다시 말했습니다. "내 이름은 아프로디테야. 어젯밤 바다에 떨어진 우라노스의 피 한 방울에서 태어났지. 나는 아름다움의 여신이야." 헤르메스는 이 말을 듣자 올림포스에서 전에 한두 번 그녀를 만났던 일이 기억났습니다. 하지만 그녀와 대화한 적은 없었습니다. 신들은 그녀가 변덕스럽고 잘난 체한다고 수군댔습니다. 그녀는 모든 이가 자신을 사랑하게 만드는 금색 장식 허리띠를 매고 있었습니다. 헤스티아가 "그녀에게 가까이 가면 아름다움의 덫에 걸려서 빠져나오지 못해. 조심해라!"라고 그에게 경고했지만 헤르메스는 왜 그녀를 멀리해야 하는지 그때까지 이해하지 못했습니다. 헤르메스는 아프로디테의 탄생을 목격하고 나서야 그녀의 아름다움이 감춘 힘을 알게 됐습니다. 그는 아프로디테의 미모를 감탄하며 바라보다가 문득 '끔찍한 복수의 여신 에리니에스와 아름다움의 여신이 모두 우라노스의 피에서 태어났다니 참으로 이상하다'고 생각했습니다. 남자인 헤르메스가 자신에게 아무 반응도 보이지 않자 실망한 아프로디테는 한 무리의 비둘기와 참새들에 둘러싸인 채 자기 조개로 돌아갔습니다. 여신이 춤추듯 걸어간 발자국을 따라 모래밭에 꽃들이 피어났습니다. 조개에 올라탄 아프로디테는 파도를 타고 떠났습니다. 그녀가 멀어지는 모습을 보며 젊은 신은 그저 "안녕…"이라고 중얼거렸습니다. 아름다움의 여신을 다시 보고 싶어진 헤르메스는 서둘러 궁으로 돌아가야겠다고 생각했습니다.

— 다음 편에 계속

아르테미스와의 우애

전편 요약 : 헤르메스는 아름다움의 여신 아프로디테의 탄생을 목격했습니다. 그는 그녀와 다시 만나기를 희망하며 올림포스로 돌아갔습니다.

헤르메스는 과거 여행을 허락해준 포자니아에게 고맙다고 인사하고 나서 올림포스를 향해 길을 나섰습니다. 그가 우거진 숲을 지날 때 어디선가 희미하게 신음이 들렸습니다. 젊은 신은 가던 길에서 벗어나 소리를 따라 관목 숲으로 들어갔습니다. 그러다가 바닥에 난 커다란 구멍을 발견하고 안을 들여다보니 깊은 곳에 작은 아기 사슴 한 마리가 누워 있었습니다. 추락하면서 다쳤는지 기진맥진한 동물은 이 위기에서 벗어나지 못할 것 같았습니다.

헤르메스는 망설이지 않고 구멍으로 들어갔습니다. 그가 다가오는 것을 바라보며 벌벌 떨던 아기 사슴은 헤르메스가 손가락 끝으로 주둥이를 쓰다듬어주자 두려움이 가시는 듯했습니다. 그가 아기 사슴을 품에 안고 간신히 구멍에서 나왔을 때 갑자기 요란한 소리가 들렸습니다. 개들이 짖어대고, 말들은 발을 굴렀습니다. 헤르메스는 아기 사슴을 가슴에 꼭 안고 그늘에 숨었습니다. 숲 속 공터에 아폴론을 선두로 한 무리가 말을 타고 나타났습니다. 아폴론은 말에서 내려 바닥에 파놓은 함정으로 다가가며 큰 소리로 말했습니다. "제기랄! 함정은 제대로 파놓았는데 짐승이 도망갔어! 대체 누가 도와준 거야?" 그리고 다시 말에 올라타고 사냥을 계속하러 달려갔습니다.

공터는 다시 조용해졌습니다. 작은 아기 사슴을 구하고 아폴론을 골탕 먹인 헤르메스는 두 배로 만족했습니다. 그가 관목 숲에서 나와 조심스럽게 아기 사슴을 내려놓고 살펴보려는 순간, 화살이 날아와 그의 발치에 꽂혔습니다. 헤르메스는 펄쩍 뛰며 누가 공격하는지 찾으려고 주변을 둘러봤습니다. "누구야? 원하는 게 뭐야?"라고 그가 소리치자 마치 포위하듯이 그의 주변에 화살이 쏟아졌습니다. 하지만 정말로 그를 다치게 하려는 것 같지는 않았습니다. "그러지 말고 나와. 비겁하게 무기도 없는 사람을 공격하지 말고!" 헤르메스가 소리쳤습니다.

그러자 그늘에서 어떤 형체가 나타났습니다. 헤르메

스가 전혀 예상하지 못한 존재였습니다. 그는 무시무시한 전사를 예상했는데, 정작 그를 향해 다가온 상대는 가녀린 젊은 여인이었습니다. 창백하고 슬퍼 보이는 얼굴에 머리카락은 곤두서 있었습니다. 허리띠로 졸라맨 짧은 튜닉을 걸치고 발목 위로 끈을 묶은 샌들을 신고 있었습니다. 손에 금 활을 들고 있었고, 등에는 화살통을 지고 있었습니다. 그녀가 몇 걸음 더 다가오자 헤르메스는 곧 그녀가 누군지 알아봤습니다. 아폴론의 쌍둥이 누이이자 사냥의 여신인 아르테미스였습니다. 그는 이미 올림포스에서 그녀와 몇 번 마주친 적이 있지만, 한 번도 대화한 적은 없었습니다. 조심스럽고 조용한 그녀는 동물과 자연의 수호자였고, 동물들과 함께 자연에서 살았습니다. 헤르메스는 그녀가 미소 짓는 모습을 본 적이 없었습니다.

헤르메스는 "안녕 누나. 왜 나한테 활을 쏜 거야?"라고 물었습니다. 그제야 어린 전령을 알아본 아르테미스는 차갑게 물었습니다. "이 가여운 아기 사슴에게 무슨 짓을 한 거지?" 헤르메스는 억울하다는 듯이 과장해서 큰 소리로 대답했습니다. "뭐라고? 난 오히려 저 불쌍한 아기 사슴의 목숨을 구해줬다고!" 아르테미스는 헤르메스의 과장된 말투와 몸짓이 재미있어 은방울처럼 맑은 소리로 웃었습니다. 거의 웃지 않던 여신의 웃음소리에 아르테미스의 부하들이 급히 달려왔습니다. 그들은 여신이 즐거워하자 자신들도 덩달아 기분이 좋아졌습니다. 그때 관목 숲에서 아름다운 큰 암사슴이 나타나 새끼에게 다가가서 주둥이를 핥았습니다. 암사슴은 자기 새끼의 목숨을 구해준 것에 감사하는 눈길로 헤르메스를 바라봤습니다. 암사슴은 늘 아르테미스 곁에 붙어 다니는, 아르테미스가 가장 총애하는 부하였습니다. 곁을 주지 않는 아르테미스도 이날 이후 헤르메스와 무척 친해졌습니다.

그들은 함께 올림포스로 돌아갔습니다. 헤르메스는 아르테미스를 보며 그녀 또한 무척 아름답다고 생각했습니다. 그는 '아프로디테만큼 아름답진 않아도, 미운 곳이 하나도 없어. 그런데 마음속에 지워지지 않는 상처가 있는 것처럼 늘 슬퍼 보여.' 하고 생각했습니다. 헤르메스는 누나의 슬픈 모습 뒤에 숨겨진 비밀을 반드시 알아내야겠다고 생각했습니다.

– 다음 편에 계속

아르테미스의 거절

전편 요약 : 헤르메스는 사냥의 여신이자 동물의 수호자인 누나 아르테미스를 알게 됐습니다. 그리고 그들은 가까워졌습니다.

그들이 올림포스로 돌아온 지 여러 날이 지났습니다. 헤르메스와 누이 아르테미스는 점점 더 은밀하게 서로 잘 통하는 사이가 됐습니다. 그들은 저녁에 궁전 테라스에서 자주 만났고, 젊은 신은 그녀 곁에 꼭 붙어 앉아 낮에 일어난 일들을 들려줬습니다. 나뭇잎 향, 관목 숲의 이끼 냄새 등 헤르메스는 아르테미스가 풍기는 향기를 좋아했습니다. 어떤 때는 숲과 초원의 천연향에 낯선 다른 향기가 섞이기도 했는데, 그것은 시큼한 향이 섞인 꿀과 젖 냄새였습니다. 그것은 헤르메스를 웃고 울게 하는, 달콤하면서도 매콤한 향이었습니다. 그 시기는 탄생의 시기였습니다. 헤르메스는 결국 오랫동안 궁금해했던 것을 그녀에게 물었습니다. "누나에게서 나는 이 향은 대체 뭐야?" 아르테미스가 진지하게 대답했습니다. "아기 냄새야. 오늘 아기가 태어나는 걸 도와줬거든. 난 탄생의 수호자란다, 몰랐니?" 헤르메스는 전혀 몰랐습니다. 아르테미스의 임무를 새로 알게 되자 궁금한 것이 많아졌습니다. 헤르메스의 거듭된 질문에 지친 아르테미스는 아기가 탄생하는 현장에 그를 데려가기로 약속했습니다.

어느 날 밤 누군가가 헤르메스의 방문을 조심스럽게 두드렸습니다. 아르테미스였습니다. 그는 몹시 졸렸지만 벌떡 일어나 물었습니다. "무슨 일이야?" 아르테미스가 대답했습니다. "어서 옷 갈아입고 따라와. 아기가 태어나려고 해." 이 말을 듣자 헤르메스는 정신이 번쩍 들었습니다. 아르테미스를 따라 궁전을 빠져나가는 동안 그는 몹시 흥분해 있었습니다. 얼마 지나지 않아 그들이 어느 궁전 입구에 도착하자 안에서 감미로운 선율이 흘러나왔습니다. 하녀들이 아르테미스와 헤르메스를 영접하며, 그들을 곧장 여주인에게 안내했습니다. 여주인은 커다란 침대에 누워 있었는데, 주변에서 하녀 여러 명이 부산하게 움직이고 있었습니다. 헤르메스가 침대에 가까이 다가가서 보니 누워 있는 젊은 여인은 '무사'*라고 불리는 아홉 명 자매 중

---

* 예술가에게 영감을 주는 아름다운 여신을 무사(Mousa)라고 한다. 복수형은 무사이(Mousai)다. 영어로는 뮤즈(Muse)라고 한다.

하나인 시의 여신 칼리오페였습니다. 아홉 무사는 각자 맡은 예술 분야가 있었고, 그들의 아버지가 여는 대연회에서 아폴론과 함께 노래도 부르고 춤도 췄습니다. 헤르메스는 음악의 여신인 에우테르페가 부르는 노래가 가장 좋았지만, 칼리오페가 읊는 시 또한 즐겼습니다. 그런 칼리오페의 출산을 보게 돼서 그는 무척 흥분했습니다.

아르테미스는 칼리오페 곁에 무릎을 꿇고 앉아서 예비 엄마의 손을 잡고 무언가 다정하게 말하더니, 자리에서 일어나 시녀들에게 몇 가지를 지시했습니다. 시녀들은 곧바로 커다란 솥에 물을 끓였습니다. 그리고 거기에 크고 흰 천을 삶아 소독했습니다. 실내에 김이 가득 찼습니다. 여인들은 놀라울 정도로 분주하게 움직였습니다. 그는 이불로 가려놓은 칼리오페의 둥근 배를 보며 점점 초조해졌습니다.

밤이 깊었습니다. 장미 손가락의 오로라가 마차를 끌고 창문 밖을 지나가는 순간, 산모가 누워 있던 방에서 갑자기 울음소리가 들렸습니다. 헤르메스는 아기 울음소리를 듣자 눈물이 났습니다. 문이 열렸을 때 헤르메스는 슬그머니 하녀 사이에 끼어 침대로 다가갔습니다. 칼리오페의 얼굴은 피곤해 보였지만 기쁨으로 환하게 빛났습니다. 그녀는 흰 천으로 감싼 아기를 팔에 안고 다정하게 젖을 물렸습니다. 아르테미스도 몹시 지친 것 같았는데, 평소의 슬픈 표정으로 아기와 어머니를 번갈아 바라봤습니다. 엄마가 속삭였습니다. "아기의 이름은 오르페우스야." 그리고 그녀는 아기에게서 눈을 돌려 아르테미스에게 말했습니다. "고마워요, 모든 게 다 고마워요." 아르테미스는 가볍게 고개를 끄떡이고 방에서 나왔습니다. 헤르메스도 그녀를 따라 나왔습니다.

아르테미스는 모든 탄생을 보호했습니다. 그러던 어느 날 흰 팔의 헤라에게 또 아기가 생겼습니다. 올림포스 궁전의 모든 신은 헤파이스토스의 비극적 탄생을 벌써 잊은 것 같았습니다. 하지만 헤르메스는 그 아기를 여전히 기억하고 있었습니다. 그는 임무를 수행하면서 바닷속에 있는 그를 찾아보려고 했지만 헛수고였습니다.

헤라는 신들의 주목을 받으며 세상에서 가장 멋진 아기를 낳을 것이라고 또다시 선언했습니다. 궁 전체가 이 행복한 사건을 초조하게 기다렸습니다. 아르테미스만이 유일하게 이 사건에 관심을 보이지 않았습니다. 헤라는 아르테미스의 도움 없이 아들을 낳았습니다. 아기가 태어나면서 어찌나 우렁차게 울었던지, 제우스는 그에게 '전쟁의 신 아레스'라는 이름을 지어줬습니다. 하지만 아르테미스는 아레스를 보기조차 거부했습니다. "이 아기는 누나의 보호가 필요 없어?"라는 헤르메스의 물음에 아르테미스는 "네가 나처럼 태어났다면 날 이해할 수 있을 거야."라고 답했습니다. 헤르메스는 누나의 탄생에 대해 아는 것이 전혀 없었습니다. 그가 어떤 사연이냐고 물었지만 아르테미스는 아무 대답 없이 가버렸습니다. 도대체 아르테미스는 어떤 비밀을 감추고 있을까요?

– 다음 편에 계속

제21화

아르테미스 탄생의 비밀

전편 요약 : 헤르메스는 아르테미스의 도움으로 아기의 탄생을 목격했습니다. 하지만 탄생의 수호자이면서도 아르테미스는 헤라가 낳은 아기만은 보호해주기를 거부했습니다. 바로 거기에 아르테미스 탄생의 비밀이 숨겨져 있었습니다.

이해할 수 없는 아르테미스의 말은 헤르메스의 호기심을 자극했습니다. 그는 날이 밝으면 헤스티아 고모에게 대체 어떻게 된 일인지 물어봐야겠다고 생각했습니다. 그는 부엌에 웅크리고 앉아 불을 피우는 고모를 보자마자 물었습니다. "고모, 무엇이 아르테미스 누나를 슬프게 하는지 알고 싶어요. 누나의 출생에 얽힌 사연을 제게 말해줄 수 있나요?" 그러자 헤스티아는 "네가 궁금해하는 것을 알고 나면 네 아버지를 오해할 수도 있단다."라면서 망설였지만, 헤르메스가 계속해서 고집을 부리자 결국 이야기를 들려줬습니다.

"님프가 누군지 아니? 숲과 초원에 사는 매혹적인 젊은 여신들이란다. 아름답지만 자기들만의 세계가 있고 남들과 잘 섞이지 않는단다. '레토'라는 님프는 티탄 포이베와 코이오스의 딸이야. 어느 날 레토는 친구들과 함께 작은 개울에 가서 물놀이하며 즐겁게 놀고 있었지. 그런데 레토의 웃음소리가 얼마나 컸던지, 올림포스 꼭대기에 있던 너의 아버지에게까지 그 소리가 들렸단다. 당장 지상으로 내려간 네 아버지는 골풀과 갈대 뒤에 숨어서 이 아름다운 님프를 오래도록 지켜봤지. 그리고 더 가까이 다가가려고 작은 메추라기로 변신했단다. 레토는 메추라기를 발견하고, "어머, 저기 좀 봐, 작고 귀여운 메추라기야!" 하고 소리 지르며 잡으려 했단다. 메추라기는 날아가진 않았지만 소녀들 무리에서 조금씩 멀어졌지. 레토는 그것이 제우스의 계략이라는 것을 꿈에도 모르고 메추라기를 따라갔단다. 레토가 다른 님프들에게서 충분히 멀어졌을 때 제우스는 시침 뚝 떼고 잡혀줬지. 그런데 레토가 작은 메추라기를 팔에 안자 그녀도 메추라기로 변해버렸어! 제우스는 그제야 레토에게 사랑을 고백했단다. 두 메추라기는 오랫동안 함께 있었고, 레토의 배 속에 두 아이가 생겼지. 그 후에 제우스는 올림포스로 되돌아갔고, 레토는 다시 님프가 됐단다."

헤스티아는 기억을 더듬으며 잠시 말을 멈췄습니다. 헤

르메스는 고모가 해주는 이야기를 한 마디도 놓치지 않았습니다. 헤스티아가 말을 계속했습니다. "이 사실을 알게 된 제우스의 아내, 흰 팔의 헤라는 불같이 화를 내며 "이미 알려진 어떤 땅에서도 레토는 절대 아이를 낳을 수 없다!"라고 올림포스 정상에서 외쳤단다. 너의 아버지는 레토를 보호해주지 않았고, 모두에게 버림받은 가여운 소녀는 아이를 낳을 곳을 찾지 못해 절망했지. 레토가 홀로 바닷가 바위에 앉아 울고 있을 때 다행스럽게도 바다의 신 포세이돈이 그녀의 눈물에 마음이 흔들렸어. 그가 소녀의 어깨에 손을 얹고 말했단다. "나를 따라오너라." 레토는 커다란 금빛 물고기들이 끄는 바다의

신 마차에 올라탔어. 포세이돈이 바다 한가운데 도착해서 손뼉을 치자 갑자기 바다에서 땅이 솟아올랐단다. 자갈과 마른 땅, 종려나무와 대추야자밖에 없는 섬이었지. "아가야, 이곳은 널 위한 섬, 델로스란다. 이 섬은 지금 내가 만들었으니 '이미 알려진 땅'이 아니야. 그러니 마음 놓고 지내라. 여기서는 헤라가 네게 어떤 해도 끼칠 수 없을 거야." 레토는 섬에 발을 딛자마자 곧 아이를 낳을 때가 됐다는 걸 느꼈단다. 결국, 레토는 종려나무 아래서 먼저 여자아이를 낳았어. 그 아이가 바로 아르테미스란다. 아르테미스는 태어나자마자 어머니와 함께 쌍둥이 남동생 아폴론이 태어나기를 기다렸어. 하지만 사내아이는 아흐레가 더 지나서야 태어났단다. 마침내 그가 태어나자 백조 일곱 마리가 섬 주변을 돌며 날았어. 쌍둥이가 태어난 거야. 헤라도 그들이 신이 되는 것을 막을 수 없었지. 헤르메스, 이제 알겠니? 아르테미스는 자기 어머니를 쫓아내고 외딴 섬에서 홀로 아이를 낳게 한 헤라를 결코 용서할 수 없었을 거야. 그래서 그렇게 슬픈 거란다."

어둠 속에서 불이 꺼지지 않도록 숯을 뒤적이는 헤스티아의 얼굴이 잉걸불의 희미한 빛에 겨우 비쳤습니다. 그녀는 마치 자기 자식들을 보호하지 못한 동생 제우스를 대신해서 사과라도 하듯이 길게 한숨을 내쉬고는 "하지만 네 아버지를 원망해선 안 돼. 제우스도 어렸을 때 무자비하게 핍박을 받았단다…"라고 덧붙였습니다. 헤르메스는 깜짝 놀랐습니다. 어렸다고? 그렇게 강한 아버지에게도 정말 어린 시절이 있었을까? 헤르메스가 다시 한 번 고모에게 간청했습니다. "헤스티아 고모, 아버지 어린 시절 얘기를 들려주세요." 그 순간, 헤스티아는 몹시 불안해 보였습니다. "안 돼, 안 돼, 안 돼, 그 얘긴 절대 해선 안 돼. 내 말은 잊어라. 모두를 위해 그 편이 나아." 헤스티아는 이제 더는 헤르메스의 호기심을 자극하지 말아야 했습니다.

– 다음 편에 계속

자식을 삼킨 크로노스

전편 요약 : 헤르메스는 그토록 강력한 제우스가 어린 시절 핍박받은 적이 있다는 이야기를 듣자 대체 어떤 사정이 있었는지 몹시 궁금했습니다.

헤르메스는 곧바로 파르나소스산으로 갔습니다. 포자니아는 평소처럼 진지하게 그를 맞아줬습니다. 늙은 유모가 미소 지으며 말했습니다. "아가, 모든 것의 시초를 알고 싶어 하는 네 욕구는 끝이 없구나. 오늘은 또 어떤 존재의 탄생을 알고 싶은 게냐?" 헤르메스는 날카로운 시선으로 노파를 뚫어지게 바라보며 말했습니다. "아버지요." 그 순간, 포자니아의 얼굴에서 미소가 사라졌습니다. 그리고 동굴 앞 바위에 털썩 주저앉으며 무심히 말했습니다. "이건 몹시 피곤한 여행이 될 게다." 헤르메스는 유모의 무릎에 머리를 얹고 눈을 감았습니다.

헤르메스가 눈을 떴을 때 그는 한 여인이 자고 있는 방에 있었습니다. 그녀는 티탄 레아였습니다. 그녀 곁에 있는 요람에서 아기가 조용히 움직였습니다. 헤르메스는 방문이 열리자 급히 커튼 뒤로 숨었습니다. 크로노스가 들어왔습니다. 그는 아버지 우라노스의 자리를 빼앗은 뒤에 많이 변해 있었습니다. 초췌해진 얼굴과 붉게 충혈되고 퉁퉁 부은 눈을 보니 여전히 밤새도록 에리니에스가 그의 잠을 방해한 것이 분명했습니다. 크로노스는 매우 흥분한 듯했지만 잠든 부인을 깨우지 않으려고 매우 조심했습니다. 그런데 그가 갑자기 해괴한 행동을 했습니다. 아기를 조심스럽게 들어 올리더니… 꿀떡! 하고 통째로 삼켰습니다. 그러고는 발뒤꿈치를 들고 소리 없이 밖으로 나갔습니다. 얼마 후 잠에서 깬 젊은 엄마는 아기가 사라졌다는 것을 깨달았습니다. "헤스티아, 헤스티아, 내 아가, 어디 있니?" 그녀가 소리쳐 불렀지만, 아기는 사라지고 없었습니다. 헤르메스는 '이상하다, 아기 이름이 화덕의 여신 우리 고모 이름과 똑같네.'라며 의아해했습니다. 그때 포자니아가 자신의 무릎에 얹혀 있는 젊은 신의 머리를 끌어당겼습니다. 그러자 잠이 몰려오며 모든 것이 흐려졌습니다. 잠에서 깬 그는 여전히 같은 방에 있었습니다. 레아는 조금 전 둘째 딸을 낳았습니다. 그녀는 잠들지 않고 자기 아이를 지키려고 애썼지만, 너무 피곤한 나머지 곯아떨어지고 말았습니다. 그때 크로노스가 방에 들어와 아기를 재빨리 낚아채서 통째로 꿀떡! 삼켰습니다. 그러나 서둘러 방에서 나가는 순간, 레아가 잠에서 깼습니다. "내 아기 어디 있죠? 나의 귀여운 데메테르는 어디 있는 거예요?" 가여운 어머니가 소리치자, 음흉한 크로노스가 시치미를 떼고 대답했습니다. "모르겠소. 나도 지금 막 그 아이를 보러 왔단 말이오." 레아는 목 놓아 울었습니다. 헤르메스는 '이상하다, 이 아기의 이름이 계절의 여신 우리 고모 이름과 똑같네.'라며 의아해했습니다. 다시 한 번 포자니아가 자기 무릎을 베고 있는 젊은 신의 머리를 잡아당기자, 그는 잠이 들었습니다.

헤르메스는 레아가 셋째 딸을 출산한 직후 잠에서 깼습니다. 젊은 어머니는 무슨 일이 있어도 이번에는 깨어 있기로 마음을 단단히 먹었습니다. 크로노스가 그녀에게 와서 아기를 안아보게 해달라고 했습니다. 그에게 아기를 넘겨주고 안심한 레아는 그만 깜빡 잠이 들었습니다. 그러자 크로노스는 기다렸다는 듯이 아기를 통째로 꿀떡! 삼켰습니다. 레아가 잠에서 깨자 크로노스는 이번에도 사라진 아기를 찾는 척하면서 탄식했습니다. "헤라! 헤라! 귀여운 헤라! 어디 있니?" 그는 사방에 대고 소리쳤습니다. 아버지가 있을 때 아기가 두 명이나 사라졌으므로 레아는 크로노스를 의심하기 시작했습니다. 헤르메스는 '이상하다, 이 아기의 이름이 우리 아버지의 부인 이름과 같네.'라고 생각했습니다. 그리고 그는 다시 포자니아의 무릎에서 잠들었습니다.

헤르메스가 눈을 떴을 때 레아와 크로노스의 넷째 아기가 태어났습니다. 사내아이였죠. 단 일 분도 아기를 품에서 내려놓지 않기로 작정한 레아가 아기에게 속삭였습니다. "걱정하지 마, 포세이돈. 엄마가 여기 있어. 네겐 아무 일도 일어나지 않을 거야." 헤르메스는 '이상하다, 이 아기의 이름이 바다의 신인 우리 큰아버지 이름과 똑같네.'라고 생각했습니다. 그때 크로노스가 방으로 들어오며 소리쳤습니다. "아기를 이리 주시오." 하지만 그녀가 거절하자 그는 아기를 빼앗아 그녀가 보는 앞에서 통째로 꿀떡! 삼켜버렸습니다. 레아는 드디어 끔찍한 진실을 알게 됐습니다. 자식들을 잃은 가여운 어머니가 울부짖으며 말했습니다. "도대체 왜 이런 끔찍한 짓을 하죠?" 그가 퉁명스럽게 말했습니다. "내 아이 중 하나가 언젠가 내 자리를 차지할 거라고 누군가 내게 알려줬기 때문이오! 내가 우리 아버지를 죽인 것은 내가 살기 위해서였지, 내 자식들에게 내 자리를 뺏기기 위해서가 아니었단 말이오!" 레아는 울며 간청했지만, 잔인한 크로노스는 단호했습니다. 포자니아는 다시 헤르메스를 잠들게 했습니다.

헤르메스가 다시 잠에서 깨었을 때 레아는 다섯 번째 아기 하데스를 출산하고 있었습니다. 하지만 크로노스는 이 아기마저도 삼켜버렸습니다. 하데스는 아버지의 배 속에 있는 형제들을 만났지요. '이상하다, 이번에도 아기 이름이 지옥의 신인 우리 큰아버지 이름과 같아.' 헤르메스는 이 사실에 주목했습니다.

신들의 전령은 매번 아기가 태어날 때마다 눈앞에서 벌어지는 장면에 경악했습니다. 도대체 이 끔찍한 일은 언제 끝날까요? 크로노스는 도대체 언제까지 자기 자식들을 태어나자마자 삼킬까요?

– 다음 편에 계속

제우스의 탄생

전편 요약 : 크로노스는 다섯 명의 자녀를 태어나자마자 통째로 삼켰습니다.

레아가 여섯 번째 아기를 낳던 밤에도 헤르메스는 여전히 커튼 뒤에 숨어 있었습니다. 아기의 탄생을 알리는 울음소리가 널리 퍼졌습니다. 우렁찬 아기의 울음소리를 듣고 달려온 크로노스는 "아기를 이리 주시오."라고 부인에게 말했습니다. 레아는 아기를 향해 몸을 숙인 채 부지런히 움직이며 대답했습니다. "잠깐만요, 준비 좀 하고요…." 크로노스는 자신에게 등을 돌리고 있는 아내가 아기에게 옷을 다 입히기를 초조하게 기다렸습니다. "옷 입힐 필요 없소. 그냥 아이를 내게 주시오!" 크로노스는 화를 냈지만, 레아는 남편이 아이라고 생각한 무엇인가를 계속해서 천으로 쌌습니다. 몸을 숙여 아기를 들여다본 헤르메스는 깜짝 놀랐습니다. 그것은 아기가 아니라 돌덩어리였습니다. 여신이 갓난아기를 치마 속에 숨기고 아기 대신 커다란 돌멩이를 천으로 싸고 있었던 것입니다. 안달이 난 크로노스는 이런 속임수를 눈치채지 못했습니다. 레아가 포대기로 싼 돌을 내밀자 그는 그것을 살펴보지도 않고 통째로 꿀떡! 삼켰습니다. 그리고 방에서 나가기 전 레아에게 물었습니다. "그런데 이 아기의 이름은 무엇이오?" 레아가 대답했습니다. "제우스요." 헤르메스는 이 말을 듣고 뛸 듯이 기뻤습니다. 그는 조금 전 아버지의 탄생을 목격한 것입니다!

레아의 계략은 성공했습니다. 그녀는 밤이 되자마자 치마폭에 숨긴 아기를 데리고 슬그머니 궁을 빠져나가 어머니인 대지의 여신 가이아의 집 문을 두드렸습니다. 사실은 바로 가이아가 아기를 구할 방법을 딸에게 알려줬던 것입니다. 레아는 어머니에게 맡긴 아기에게 말했습니다. "아들아, 넌 왕이 될 거야. 그게 네 운명이야. 안녕!" 아기가 할머니를 바라봤습니다. 그는 자신에게 닥친 일을 이미 모두 이해한 것 같았습니다. 가이아의 입가에 부드러운 미소가 번지자, 아기도 웃음으로 대답했습니다. 할머니는 손자에게 속삭였습니다. "자, 이제 서둘러서 너희 아버지에게 먹히지 않을 안전한 곳으로 널 데려다주마." 그리고 제우스를 팔에 꼭 안고 어둠에 몸을 숨긴 채 길을 나섰습니다. 그리고 바다를 건너 크레타섬의 산꼭대기에 도착했습니다. 서둘러야 했습니다. 벌써 멀리서 장미 손가락의 오로라 모습이 보이기 시작했으니까요. 동굴에서 아름다운 젊은 여인들이 나와 가이아를 에워쌌습니다. 그 중 한 여성이 말했습니다. "정말 귀여운 아이예요!" 다른 여성이 덧붙였습니다. "착하게 생겼어요!" 세 번째 여인이 속삭였습니다. "이 아이는 정말 사랑받겠는 걸요!" 가이아가 그들에게 말했습니다. "고맙네, 님프들. 이 아이를 잘 돌봐주게. 잘 숨겨서 이 아이의 아버지가 땅에서도 하늘에서도 절대 발견하지 못하게 해야 해." 할머니는 손자를 마지막으로 한 번 더 들여다보고 나서 곧 어둠 속으로 사라졌습니다.

헤르메스는 나무 뒤에 숨어 계속해서 엿봤습니다. 님프들은 기이한 동물을 데려왔습니다. 그것은 아말테이아라는 커다란 염소였는데, 이마에는 기다란 뿔이 달려 있었습니다. 님프들이 이 동물을 아기에게 가까이 데려가자 아기가 게걸스럽게 젖을 빨았습니다. 헤르메스는 갓난아기인 아버지를 보며 깊이 감동했습니다. 님프들은 아기에게 금 요람을 만들어주고, 크로노스가 땅에서도 하늘에서도 절대 아들을 찾지 못하게 요람을 나뭇가지에 매달았습니다. 그때 제우스가 울기 시작했습니다. 아주 멀리까지 들리는 우렁찬 아기의 울음소리에 혹시라도 크로노스가 눈치챌 위험이 생기자 님프들은 수호 요정들을 불러 모았습니다. 그들은 무거운 청동 방패를 창으로 두드리며 시끄럽

게 소리를 내서 제우스의 울음소리를 덮어버렸습니다. 그렇게 크로노스가 자기 아들을 발견할 위험은 사라졌습니다.

포자니아가 헤르메스의 귀에 속삭였습니다. "이제 눈을 감아라. 염소 아말테이아는 네 아버지의 훌륭한 유모였어. 제우스는 그렇게 염소의 젖을 마시며 자랐지. 이제 우리는 20년 후의 그를 만나러 갈 거야." 헤르메스가 다시 눈을 떴을 때 잘생기고 강하고 키가 큰 젊은이가 님프 하나하나와 포옹하고 있었습니다. 제우스가 그를 정성껏 키워준 님프들 곁을 떠나는 순간이었습니다. 제우스는 자신에게 젖을 충분히 줬던 염소 아말테이아에게 작별 인사를 하며 마법의 뿔을 줬습니다. 그것은 염소의 이마에 달린 것과 비슷한 뿔이었습니다. 제우스가 염소에게 말했습니다. "이 뿔을 받아줘, 나의 훌륭한 유모, 아말테이아. 그 뿔에는 맛있는 과일과 향기로운 꽃들, 그리고 네가 먹고 싶은 것들이 항상 가득할 거야. 네가 곁에 있어줘서 내게 부족함이 없었던 것처럼, 이 풍요의 뿔이 있는 한 네게 부족한 건 아무것도 없을 거야." 그리고 나서 제우스는 이다산의 목동들과 함께 어엿한 어른의 삶을 시작했습니다.

헤르메스는 아버지의 어린 시절을 알게 돼서 정말 기뻤습니다. 하지만 그는 무엇이 헤스티아를 그토록 겁먹게 했는지는 여전히 알 수 없었습니다. 헤스티아가 어린 시절에 겪었던 가혹한 일은 무엇일까요? 포자니아가 말했습니다. "헤스티아 고모가 차마 네게 말하지 못한 것은 나중에 알게 될 게다. 이제 올림포스로 돌아가야 할 시간이구나. 네 동생 헤파이스토스에게 네 도움이 필요하단다. 네 아버지 과거는 다음에 더 알아보기로 하자. 내가 기다리고 있을 테니 걱정하지 마라. 자, 이제 그만 가거라."

– 다음 편에 계속

신비한 예술가

전편 요약 : 헤르메스는 아버지의 탄생과 어린 시절을 목격하고 나서 동생 헤파이스토스를 도우러 올림포스로 돌아갔습니다.

헤르메스는 올림포스로 돌아가면서 동생 헤파이스토스를 어떻게 도와야 할지 곰곰이 궁리했습니다. 생모가 창문으로 던져버린 어린 동생을 잊을 수 없었던 것이죠. 동생을 맞아준 님프 테티스의 동굴이 어디 있는지 찾아보려고 했지만 끝내 성공하지 못했습니다. 그날 헤르메스는 바닷가 바위에 앉아 사라진 동생 헤파이스토스를 생각했습니다. 미풍에 잔잔한 물결만 일 뿐, 바다는 고요하고 맑았습니다. 그런데 바다에서 갑자기 무언가 반짝이는 것이 눈에 들어왔습니다. 눈이 아플 정도로 반짝이는 그것은 멋진 브로치였습니다. 헤르메스는 '아, 이건 틀림없이 훌륭한 장인이 만들었을 거야.'라고 생각하며, 해초를 타고 물위를 떠다니던 브로치를 집어 들고 올림포스로 돌아갔습니다.

헤르메스는 자신의 튜닉에 그 브로치를 달고 궁 안을 돌아다녔으니 그 보석이 다른 신들의 눈에 띄지 않을 수 없었습니다. 누구도 그토록 멋진 보석을 본 적이 없었으니까요. 여신들과 님프들이 서로 밀치며 다가와 그 보석을 보려고 다투는 바람에 헤르메스는 우쭐해졌습니다. 그때 흰 팔의 헤라가 지나가다 이 광경을 보고 소리쳤습니다. "그 브로치 이리 내놔." 헤르메스가 시큰둥하게 대답했습니다. "왜 그래야 하죠?" 화가 나서 얼굴이 붉게 달아오른 헤라가 소리쳤습니다. "왜냐면 나는 신들의 신의 부인이고, 아무도 내가 가진 것보다 더 멋진 보석을 가져선 안 되니까!" 헤르메스는 언짢았지만 헤라에게 보석을 건네줬습니다.

다음 날 아침 신들의 회의에 한 여신이 완벽하게 세공된 티아라를 쓰고 나타났습니다. 모든 시선이 찬란하게 빛나는 티아라로 향했습니다. 아주 멋진 브로치를 달았는데도 다른 여신이 쓴 관만 바라볼 뿐 아무도 자신을 보아주지 않자 화가 난 헤라는 남편에게 그 여신을 가까이 부르라고 했습니다. 그 여신은 님프 테티스였습니다. 그녀가 왕좌로 다가오자 제우스가 물었습니다. "그토록 아름다운 티아라를 만든 장인이 누구지?" 그러자 테티스가 대답했습니다. "신 중의 신의 부인이 달고 있는 브로치를 만든 장인입니다." 제우스가 탄복하며 큰 소리로 물었습니다. "그의 이름이 무엇인가?" 테티스가 침묵하자, 헤라는 짜증을 냈습니다. "나는 그자를 내 곁에 두어 세상에서 가장 아름다운 장신구들을 만들게 할 것이다. 어서 그의 이름을 대라." 테티스는 입가에 슬며시 미소를 머금고 속삭였습니다. "정말 그가 누군지 알고 싶으신가요, 여신님?" 헤라가 대답했습니다. "물론이지!" 그러자 테티스는 귀금속을 그토록 완벽한 장신구로 만드는 장인을 데리러 잠시 다녀오도록 허락해달라고 요청했습니다.

궁전의 홀에 모여 있던 신들은 모두 호기심에 사로잡혀 그녀가 돌아오기만을 기다렸습니다. 그 장인은 신이 분명하다고 모두 생각했습니다. 하지만 누구일까요? 갑자기 육중한 문이 열리더니, 작고 혹이 달린 인물이 절뚝거리며 걸어왔습니다. 아직 젊은 그의 얼굴은 무성한 털로 뒤덮여 있었습니다. 몹시 추하게 생긴 그를 보고 군중이 놀라 웅성거렸습니다. 어떻게 이렇게 역겹게 생긴 자가 그토록 아름다운 것을 만들 수 있을까요? 그는 제우스와 헤라의 왕좌에 가까이 다가가서 무릎을 꿇었습니다. 황소같이 단단한 어깨와 거친 털만 보였습니다. 그가 말했습니다. "여기 대령했습니다. 올림포스의 왕과 왕비시여! 제 이름은 헤파이스토스입니다."

– 다음 편에 계속

헤파이스토스의 승리

전편 요약: 전 우주에서 가장 멋지게 금은보화를 세공할 수 있는 장인이 올림포스에 왔습니다. 그는 바로 오래전 헤라가 버렸던 아들, 헤파이스토스였습니다.

아들의 이름을 들은 헤라가 입을 틀어막으며 비명을 질렀습니다. 제우스는 자리에서 일어나 무릎을 꿇고 있는 젊은이에게 다가가 다정하게 그를 일으켰습니다. "내 집에 온 것을 환영한다, 아들아. 넌 누구보다도 금속을 잘 다루는구나. 내가 널 불과 대장장이의 신으로 임명한다. 이제부터 내 궁에서 살아라." 제우스는 엄숙하고 감동적인 목소리로 말했습니다. "네가 태어났을 때 네 어미의 분노로부터 널 지켜주지 못한 것이 죄스럽다. 사죄의 의미로 네가 원하는 것을 들어줄 테니 소원을 말해라." 그러자 헤파이스토스가 고개를 들었습니다. 그의 소름 끼치는 얼굴에 미소가 번졌습니다. 그는 오랫동안 이 순간을 기다렸습니다.

기쁨의 눈물이 헤르메스의 볼을 타고 흘러내렸습니다. 동생이 가족의 품으로 돌아오게 된 것이 너무도 다행스러웠습니다. 헤르메스는 헤파이스토스가 아버지 제우스에게 무엇을 요구할지 궁금했습니다. 동생은 추한 얼굴을 신과 여신의 무리로 향했습니다. 그의 시선은 미의 여신 아프로디테에게서 멈췄습니다. "저는 저 여인을 제 짝으로 맞이하고 싶습니다." 그가 말하자, 그 자리에 모여 있던 신들이 웅성거렸습니다. 과연 제우스는 아들의 요구에 뭐라고 대답했을까요?

아들이 원하는 것이면 무엇이든 들어주기로 약속한 아버지는 한순간도 망설이지 않았습니다. 제우스는 항상 약속을 지켰으니까요. 그는 아프로디테에게 가까이 오라고 신호했습니다. 여신이 가까이 오자 그녀의 손을 잡아 헤파이스토스에게 넘겨줬습니다. "아들아, 네 소원대로 아프로디테는 네 아내가 될 것이다." 못생겨서 버림받았던 신은 아름다운 미의 여신과 결혼하게 됐습니다. 헤파이스토스는 행복했습니다. 그는 무리 지어 서 있는 신과 여신 중에서 님프 테티스를 찾았습니다. 그녀는 버림받은 자신을 받아주고 어머니처럼 보살펴줬습니다. 테티스는 헤파이스토스가 금속을 달구고 두드리고 비틀어서 금과 은으로 훌륭한 물건을 만들 수 있게 용기를 줬습니다. 그녀만이 그를 신뢰하고 진심으로 사랑했습니다.

테티스는 미소 지으며 헤파이스토스를 바라봤습니다. 그녀는 그가 자랑스러웠습니다. 그리고 이제 그에게 자신이 필요 없다는 것을 알았습니다. 테티스가 그에게 가볍게 작별 인사를 하자 헤파이스토스는 잠시 서운한 마음에 가슴이 찡했지만, 드디어 아버지 집에 받아들여졌다는 사실이 너무도 기뻤습니다. 그는 손으로 입맞춤을 보내며 테티스의 작별 인사에 화답했습니다. 그리고 어머니 헤라를 바라봤습니다. 그의 시선에는 증오가 전혀 없었습니다. 자신을 세상에 낳아준 어머니를 향한 사랑만이 있었습니다.

사건이 벌어지는 동안 헤르메스는 아프로디테를 관찰했습니다. 그녀는 이 결혼을 어떻게 생각할까요? 여신의 얼굴에선 분노도 거부도 드러나지 않았습니다. 그녀는 평소처럼 윤기 있고 아름답고 차가웠습니다. 헤르메스는 헤파이스토스와 그녀 사이에 문제가 끊이지 않으리라는 생각이 들었습니다. 그는 동생에게 다가가서 어깨에 손을 얹으며 말했습니다. "올림포스에서 널 다시 보게 되어 기쁘다. 내가 널 얼마나 찾아다녔는데…." 하지만 헤파이스토스는 그의 말이 귀에 들어오지 않았습니다. 그는 아프로디테의 손을 잡고 의기양양하게 회의에 참석한 신들을 바라봤습니다. 그들은 대부분 헤파이스토스에 대한 끔찍한 질투심으로 고개를 숙였습니다. 그중 많은 신이 아프로디테와 결혼하기를 원했지만 제우스가 거절했었지요.

헤르메스는 강력한 신들이 모두 아버지 뜻에 복종하는 것을 보고 놀랐습니다. 그들은 왜 제우스에게 복종할까요? 왜 아무 말도 못하고 이 결혼을 받아들일까요? 제우스는 왜 모든 신에게 명령할까요?

– 다음 편에 계속

제26화

출생의 비밀을 알게 된 제우스

전편 요약 : 제우스는 올림포스에서 가장 못생긴 신 헤파이스토스와 가장 아름다운 여신 아프로디테의 결혼을 허락했습니다. 헤르메스는 다른 모든 신이 아버지에게 복종하는 이유가 궁금했습니다.

이제 눈을 감고도 포자니아에게 갈 수 있었던 헤르메스는 날이 어둑해질 무렵 늙은 유모의 동굴에 도착했습니다. 그는 새로운 비밀을 빨리 알아내고 싶어서 안달이 났지만 안탈리아가 가르쳐준 대로 여유를 가지려고 했습니다. 그렇게 포자니아의 얼굴에 반사된 석양빛을 물끄러미 바라보던 헤르메스가 드디어 입을 열었습니다. "유모님, 전 아버지가 어떻게 올림포스의 왕이 됐는지 알고 싶어요!" 말을 마친 헤르메스는 머리를 노파의 무릎에 얹었습니다. 하지만 노파는 주름진 손으로 젊은 신의 머리를 들어 올리며 말했습니다. "헤르메스, 이 여행은 길고 고단할 거야. 며칠이 걸릴지도 알 수 없고, 안전을 보장할 수도 없단다. 그래도 그걸 알고 싶으냐?" 헤르메스는 등에 소름이 돋았지만 시선을 떨구지 않고 씩씩하게 말했습니다. "네, 전 알아야 해요." 유모가 대답했습니다. "그럼, 됐다. 넌 알고 싶은 걸 알게 될 게야…" 헤르메스는 다시 노파의 무릎에 고개를 얹고 눈을 감았습니다.

헤르메스가 눈을 떠보니 시냇물이 흐르는 초원에 누워 있었습니다. 그는 얼굴을 간질이는 키 큰 풀 사이에 숨었습니다. 그와 다섯 걸음 거리의 물가에서 근육질 몸매의 젊은 목동이 그에게 등을 돌리고 있었습니다. 그는 젊은 여인과 이야기하는 데 정신이 팔렸기에 누군가가 자신을 살피고 있으리라고는 상상조차 하지 못했습니다. 여인은 보기 드문 미인이었지만, 무엇보다 헤르메스에게 강한 인상을 풍긴 것은 감색 눈동자였습니다. 목동이 젊은 여인에게 물었습니다. "넌 누구야?" 그녀는 아무 말 없이 나비로 변신했습니다. 목동은 나비를 잡으려고 뛰었습니다. 헤르메스는 나비가 박새로, 박새가 다시 토끼로, 토끼가 다시 암사슴으로 변신하는 장면을 목격했습니다. 첫눈에 사랑에 빠진 목동은 그녀가 변신할 때마다 큰 소리로 웃으며 계속해서 그녀를 쫓아갔습니다. 암사슴은 다시 젊은 여인으로 변신하고 나서 자기 이름을 밝혔습니다. 그녀의 이름은 메티스였습니다. 그녀는 매력적인 감색 눈으로 목동의 눈을 뚫어지게 바라보며 이상한 이야기를 했습니다. "난 널 잘 알아. 네가 너 자신에 관해 아는 것보다 훨씬 잘 알지…." 목동은 깜짝 놀라 아무 말도 못 했습니다. 메티스가 계속해서 말했습니다. "네 이름은 제우스야, 그렇지?" 목동이 깜짝 놀라 물었습니다. "내 이름을 어떻게 알지?" 메티스가 말했습니다. "난 너에 대해 많은 걸 알고 있지. 네가 태어났을 때 네 아버지가 너보다 먼저 태어난 다섯 명의 형제를 삼킨 것처럼 너도 삼키려고 했어. 그런데 네 어머니와 할머니가 네 목숨을 구해서 이 섬에 숨겼어." 이 말을 듣고 제우스는 얼굴이 창백해졌습니다. 이 여인은 그의 이름을 알고 있었고, 거짓을 말하는 것 같지 않았습니다. 목동은 떨리는 목소리로 메티스에게 물었습니다. "내 아버지가 누군데?" 그러자 그녀가 대답했습니다. "넌 세상의 왕 크로노스의 아들이야."

제우스는 두 손으로 머리를 감싼 채 풀밭에 주저앉았습니다. 그는 지금 막 자기 출생의 비밀을 알았고, 이 끔찍한 비밀 때문에 슬프고 무기력해졌습니다. 메티스는 그에게 다가가서 다정하게 어깨를 감싸 안으며 말했습니다. "자, 제우스, 세상의 왕이 낳은 아들, 너도 세상의 왕이 될 수 있어. 이제 네가 무엇을 해야 하는지 알겠니? 넌 끔찍한 네 아버지에게 복수해야 해." 제우스가 천천히 고개를 들었습니다. 일그러진 그의 얼굴은 이제 냉정을 되찾았고, 더는 슬퍼 보이지 않았습니다. "네 말이 맞아. 나랑 함께 가줄 수 있어?" 그가 메티스에게 물었습니다. 젊은 여인은 그러겠다고 몸짓으로 대답했습니다. 둘은 자리에서 일어나 함께 항구를 향해 갔습니다.

제우스와 메티스는 크로노스의 궁전으로 가는 배를 타고 섬을 떠났습니다. 물론 헤르메스도 그들 몰래 그 배에 탔습니다. 제우스는 계속해서 무언가에 골몰했습니다. 그는 밤에도 잠을 이루지 못하고, 계속 메티스가 그에게 폭로한 이야기에 대해 생각했습니다. 자식들을 삼킨 아버지에 대한 분노는 점점 커져만 갔습니다. 하지만 그는 이 잔인한 아버지에게 어떻게 복수해야 할지 알 수 없었습니다. 어느 날 아침 그는 갑판 난간에 팔꿈치를 얹어 턱을 괴고 있는 메티스 곁으로 가서 바다를 바라보며 말했습니다. "메티스, 제발 내가 어떻게 해야 크로노스에게 복수할 수 있는지 말해줘." 메티스가 미소 지었습니다. 감색 눈의 이 여인은 계략과 지성 자체였습니다. 그녀가 말했습니다. "네 아버지는 널 삼켰다고 생각하기 때문에 네 존재를 몰라. 그래서 널 알아볼 위험이 없지. 넌 그의 하인으로 들어가서 그에게 접근해. 네가 그의 하인들 무리에 섞여 있으면 행동하기 쉬울 거야…." 제우스는 고마움의 표시로 그녀에게 입맞춤했습니다.

제우스는 별 어려움 없이 아버지의 하인이 되어 크로노스의 궁전으로 들어갔습니다. 그가 궁에서 일하기 시작한 지 며칠 지나지 않아 복도에서 어머니 레아와 마주쳤습니다. 레아는 멈춰 서서 잠시 그를 바라보더니 금세 얼굴에 환한 미소가 번졌습니다. 아들을 바로 알아본 그녀는 다른 이들의 시선을 피해 그를 외딴곳으로 데려가 그의 품에 안겼습니다. 제우스는 다정하게 레아를 안으며 말했습니다. "어머니를 다시 만나서 정말 기뻐요. 전 잔인한 짓을 한 아버지에게 복수할 거예요. 절 도와주실 거죠?" 레아가 대답했습니다. "아들아, 엄마만 믿어라. 오래전부터 엄마는 이 순간만을 기다려왔단다." 이 말을 들은 헤르메스는 또 다른 비극이 준비되고 있다는 것을 알 수 있었습니다.

– 다음 편에 계속

크로노스에 대한 복수

전편 요약 : 아버지 크로노스의 궁전에 하인으로 들어간 제우스는 아버지에게 복수하기 위해 어머니 레아의 도움을 받기로 했습니다.

폭풍우가 몰아치는 어느 저녁, 제우스와 레아는 크로노스에게 복수하기로 했습니다. 그날 저녁 폭풍우는 매우 사나웠습니다. 크로노스는 자기 방에서 안절부절못하고 끊임없이 서성거렸습니다. 그는 구석에 앉아 있는 레아에게는 신경도 쓰지 않고 혼자 중얼거렸습니다. 헝클어진 머리, 부은 얼굴, 구겨진 옷을 보면 여전히 에리니에스가 밤마다 그를 찾아와서 잠을 설치게 하는 것이 틀림없었습니다. 몹시 흥분한 그는 쉬지 않고 음식을 먹었습니다. 하인 여러 명이 그의 방에 드나들며 엄청난 양의 음식을 날랐습니다. 하인들 사이에 끼어 방으로 들어간 제우스가 레아에게 슬그머니 포도주병을 내밀자, 레아는 재빨리 그 안에 수상한 가루를 털어 넣었습니다. 제우스가 그 병을 들고 아버지에게 다가가서 술을 따랐습니다. 모자의 음모를 알고 있는 헤르메스는 온몸을 부들부들 떨었습니다. 번개가 밤을 밝혔고, 우르릉! 하고 천둥이 쳤습니다. 크로노스는 제우스가 조금 전 채워준 포도주잔을 입으로 가져갔습니다. 그는 포도주가 약간 쓴지 얼굴을 찌푸렸지만, 단번에 들이마셨습니다. 그러더니 갑자기 통증을 느끼며 온몸을 비틀었습니다. 그는 아기 포대기로 싼 커다란 돌을 토해냈습니다. 그리고 그가 삼켰던 첫째 딸 헤스티아를 토해냈습니다. 이어서 하데스, 포세이돈, 헤라에 이어 데메테르까지 모두 토해냈습니다. 다섯 명의 형제가 아버지 배 속에서 풀려났습니다. 제우스가 따라준 포도주에 레아가 넣은 수상한 가루는 바로 구토를 유도하는 약이었습니다.

분노한 크로노스는 미친 듯이 날뛰며 폭풍우 속으로 도망갔습니다. 자식들은 세차게 내리는 비를 맞으며 쫓았지만, 그는 어둠 속으로 사라졌습니다. 조금 전 구조된 신들은 궁으로 돌아가서 자신들의 두 번째 탄생을 축하했습니다. 그들은 제우스를 끌어안고 그에게 완전한 충성을 맹세했습니다. 소란 중에 갑자기 목소리가 들렸습니다. "얘들아, 싸울 준비를 해야 한다. 너희 아버지는 이렇게 쉽게 포기하지 않는다. 곧 전쟁이 일어날 거다." 레아가 자식들에게 경각심을 불러일으켰습니다. 제우스는 바닥에 무릎을 꿇은 채 존경의 뜻으로 어머니 손에 입맞춤하며 물었습니다. "어머니, 이제 무엇을 해야 하죠?" 여신은 주저하지 않았습니다. "너희는 가장 높은 산으로 올라가서 자리를 잡고 무기를 만들어라. 크로노스는 너희와 싸우기 위해 티탄 형제들을 부르러 갔을 거야. 제우스 너는 키클로페스와 백 개의 팔이 달린 거인들을 지하에서 불러내는 게 좋겠구나. 이 괴물들이 너와 연합한다면 전쟁에서 승리할 수 있을 거야."

헤르메스는 제우스를 따라 지상 세계가 훤히 내려다보이는 높은 산까지 올라갔습니다. 그곳은 올림포스 산이었습니다. 제우스가 형제자매에게 이야기했습니다. "우리는 이제 올림포스의 신들이다." 그러고는 키클로페스와 백 개의 팔이 달린 거인들을 데려왔습니다. 지하에서 풀려난 이 모든 괴물이 올림포스에 도착할 때까지만 해도 헤르메스는 여전히 두려움에서 벗어나지 못했습니다. 하지만 얼마 지나지 않아 크로노스가 자신의 강력한 형제자매 티탄을 대동하고 올림포스 신들을 공격했을 때 제우스는 곁에 이 괴물들이 있어서 마음이 놓였습니다. 양쪽 진영에서 던진 거대한 바윗덩어리들이 올림포스 주변에 떨어지며 대지가 요동쳤습니다. 늙은 신들과 젊은 신들이 벌인 끔찍한 전투로 생긴 연기가 대기를 가득 채워 하늘도 캄캄해졌습니다.

키클로페스가 화덕을 설치한 동굴에서 제우스와 그의 형제인 하데스와 포세이돈은 작전회의를 했습니다. 포세이돈이 말했습니다. "우리는 반드시 이겨야 해. 그러지 않으면 세상은 다시 카오스가 될 거야." 하데스가 탄식하며 말했습니다. "우리가 저들을 빨리 저지하지 않으면 크로노스의 난폭한 힘이 모든 걸 파괴하

고 말 거야." 제우스가 작은 목소리로 말했습니다. "질서와 평화를 회복하려면 우리에겐 무적의 무기가 필요해." 동굴 구석에 숨어 있던 헤르메스는 그들의 말을 더 잘 듣기 위해 가까이 다가갔습니다. 벌겋게 달아오른 화덕 가까이 간 그는 키클로페스가 만들고 있는 것에 시선을 뺏겼습니다. 키클로페스는 불타는 금속을 온 힘을 다해 치고 또 쳤습니다. 불꽃이 사방으로 튀었습니다. 첫 번째 키클로페스 브론테스의 망치질로 거대한 삼지창이 생겨나고 있었습니다. 이 키클로페스는 무기를 제작하고 있었던 것입니다. 삼지창이 완성되자마자 브론테스는 그것을 포세이돈에게 내밀며 중얼거렸습니다. "이건 네 삼지창이야. 네 힘의 상징이 될 거야." 두 번째 키클로페스 아르게스도 벌겋게 달궈진 금속을 망치로 두드렸습니다. 그는 거대한 투구를 벼려서 하데스에게 내밀었습니다. 하데스가 그것을 머리에 쓰자… 그가 사라졌습니다! 그 투구는 모습이 보이지 않게 하는 마법의 투명 투구였습니다. 이 투구를 쓰면 남의 눈에 보이지 않아 순식간에 사라졌습니다. 하지만 세 신의 놀라움은 여기서 그치지 않았습니다.

세 번째 키클로페스 스테로페스가 금색 금속을 계속 두드리자, 불 속에서 이글거리던 금속이 차츰 모습을 갖춰갔습니다. 헤르메스는 끝이 기다랗고 뾰족한 송곳 같은 것이 세 개가 연속해서 나타나는 것을 보자 깜짝 놀라 중얼거렸습니다. "번개다! 우리 아버지의 무기인 삼지창을 만들고 있는 중이었어!" 키클롭스는 무릎을 꿇고 제우스에게 무시무시한 번개를 건네주며 말했습니다. "자, 이게 너를 영원히 세상의 지배자로 만들어줄 것이다."

— 다음 편에 계속

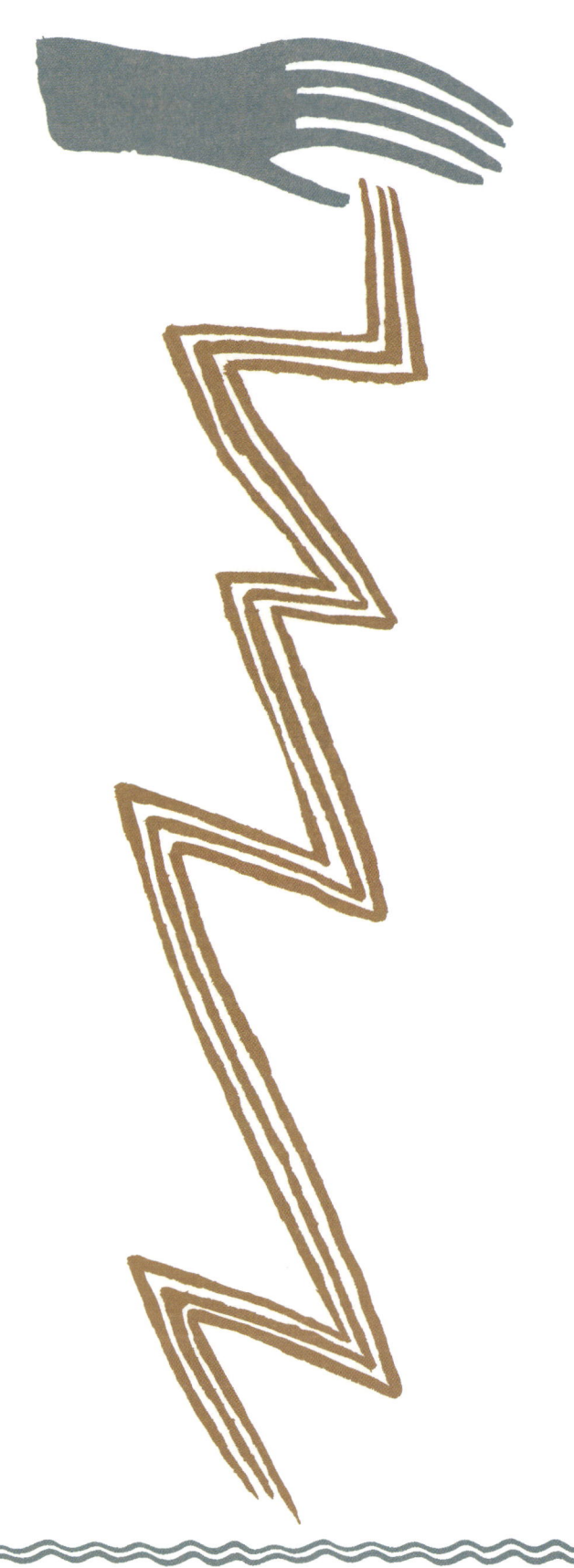

제28화

아버지를 구한 헤르메스

전편 요약 : 제우스와 그의 형 하데스와 포세이돈은 싸울 준비가 됐습니다. 키클로페스가 포세이돈에게 삼지창을, 하데스에게 투명 투구를, 제우스에게 번개 삼지창을 벼려서 만들어줬습니다.

헤르메스는 태어나서 그때까지 이렇게 시끄러운 소음을 들어본 적이 없었습니다. 이와 같은 폭력을 구경해본 적도 없었습니다. 티타네스와 올림포스 신들의 격렬한 싸움에 산들이 여기저기 무너져 내리고, 커다란 구멍이 뚫렸습니다. 세상의 종말을 보는 것 같았습니다. 제우스는 크로노스가 이끄는 티타네스를 향해 끊임없이 삼지창을 휘둘렀습니다. 창이 일으킨 엄청난 번개 때문에 하늘이 미친 것처럼 보였습니다. 병사들에게 재가 비처럼 쏟아졌습니다. 팔이 백 개 달린 거인들은 땅에서 거대한

바윗덩어리들을 파내서 티타네스에게 마구 던졌습니다. 그들이 던진 바위 중 몇 개는 바다로 떨어져 섬이 됐고, 다른 바위들은 티타네스를 맞혔습니다. 티타네스는 하나둘 바위에 깔렸습니다. 투명 투구를 쓴 하데스는 크로노스에게서 그의 최고 무기들을 훔쳤습니다. 늙은 신은 결국 패배했습니다.

제우스는 첫째 티탄 아틀라스에게 서쪽 땅에서 어깨로 영원히 하늘을 받치고 서 있어야 하는 벌을 내렸습니다. 다른 티타네스는 대지 가장 깊은 곳인 타르타로스에 갇

했습니다. 키클로페스와 백 개의 팔이 달린 거인들이 끊임없이 서로 위협하는 바람에 그들 역시 영원히 타르타로스에 갇혔습니다. 승리자인 올림포스의 신들만이 남아서 제우스를 왕으로 모셨습니다.

하지만 새로운 왕은 세상을 다스리기에 앞서 마지막으로 엄청난 장애를 극복해야 했습니다. 자기 자녀가 또다시 타르타로스에 갇히자 몹시 분노한 가이아가 그녀의 자식 중에서 가장 끔찍한 괴물을 그에게 보냈기 때문입니다. 땅이 흔들렸습니다. 발걸음을 옮길 때마다 대지가 흔들릴 정도로 거대한 누군가가 다가오고 있었습니다. 헤르메스는 공포에 휩싸였습니다. 그의 눈앞에 있는 괴물은 지금껏 그가 봤던 그 어떤 괴물보다 훨씬 더 무시무시했습니다. 괴물의 커다란 검은 날개가 태양을 가렸습니다. 쉭쉭거리는 수백 마리의 뱀으로 이루어진 머리는 별들에 닿을 정도로 거대했습니다. 눈에선 불꽃이 튀었고, 입에서는 뜨거운 바위들이 튀어나왔습니다. 그의 몸은 수많은 뱀으로 이루어졌습니다. 이 거대한 괴물은 티포에우스였습니다. 헤르메스가 간신히 몸을 숨긴 바위 곁으로 거인이 지나갔습니다. 티포에우스가 올림포스에 도착하자, 신들은 모두 혼비백산하여 허겁지겁 도망갔고 혼자 남겨진 제우스만이 이 괴물에게 맞섰습니다. 제우스가 삼지창을 휘두르려 했지만 티포에우스는 자신의 몸을 이루고 있는 수많은 뱀들로 신들의 신을 둘러싸고 그의 발목의 힘줄을 뺐습니다. 힘줄이 없어 움직일 수조차 없게 된 제우스는 싸움에 졌습니다. 승리한 티포에우스는 제우스를 잡아놓고 누워 잠이 들었습니다.

다행히 헤르메스가 그곳에 숨어 있었습니다. 모든 것을 본 그는 티포에우스가 깨지 않게 까치발로 살금살금 올림포스 궁전으로 들어갔습니다. 하데스가 도망치며 두고 간 투구를 찾아 쓴 헤르메스는 누구의 눈에도 보이지 않았기 때문에 어려움 없이 티포에우스에게 접근했습니다. 그 괴물은 끔찍한 발톱을 오므려 제우스의 힘줄을 거머쥐고 있었습니다. 헤르메스는 그의 발톱을 천천히 펴서 제우스의 힘줄을 뺐습니다. 그리고 여전히 투구를 쓴 채 제우스에게 다가갔습니다. 제우스는 누군가 있다는 것을 느꼈지만 아들을 볼 순 없었습니다. 그는 힘줄을 돌려받아 다시 움직일 수 있게 되자 벌떡 일어나 힘차게 두 발로 뛰어 자신의 삼지창을 잡고 티포에우스를 쓰러뜨렸습니다. 괴물이 죽자 태양이 돌아왔습니다. 갑자기 거센 바람이 일며 티포에우스의 몸을 바닷속으로 데려갔습니다. 그 후 바다에서는 종종 어디선지 모르게 갑자기 태풍이 생기는데, 모든 것을 초토화하는 이 사납고 폭력적인 바람은 티포에우스의 몸에서 나오는 것입니다. 마지막 괴물이 제거됐습니다. 제우스가 아름다운 세상을 건설하고 모든 것에 질서를 바로 세울 수 있게 됐습니다. 헤르메스는 자신이 아버지를 구했다는 생각에 자긍심이 가득 찼습니다.

– 다음 편에 계속

에우로페에게 반한 제우스

전편 요약 : 헤르메스는 신들의 전쟁을 목격했습니다. 결국, 제우스가 전쟁에서 승리하여 세상의 왕이 됐습니다.

헤르메스는 자신이 성장했음을 느꼈습니다. 그는 이제 아버지가 어떻게 권력을 쟁취했는지 알았습니다. 제우스만이 무질서에 질서를 세울 수 있었습니다.

헤르메스는 홀가분한 마음으로 올림포스로 돌아갔습니다. 궁전 테라스 난간에 팔꿈치를 얹고 아래를 내려다보고 있던 제우스는 아들이 다가오는 것도 의식하지 못할 정도로 몰입해서 지상의 무언가를 주시하고 있었습니다. 아버지가 무엇을 그토록 열심히 보고 있는지 궁금해서 아래를 내려다본 헤르메스 역시 눈에 보이는 것에 마음을 뺏기고 말았습니다.

바닷가 초원 한가운데서 한 무리의 아가씨들이 웃으며 서로 쫓고 쫓기는 놀이를 하고 있었습니다. 그들은 봄꽃을 한아름 안고 있었습니다. 물결치듯 움직이는 푸른 풀밭에 보라색 히아신스, 흰 수선화, 노란 사프란, 붉은 장미가 피어 있었습니다. 너무나 멋진 광경이었죠. 그중 유독 한 아가씨가 시선을 사로잡았는데, 길게 땋은 머리에 붉은색 긴 드레스를 입은 그녀는 손에 금 바구니 같은 것을 들고 있었습니다. 헤르메스는 제우스가 또다시 사랑에 빠졌다는 것을 한눈에 알아볼 수 있었습니다.

옆에 있는 헤르메스의 존재를 알아차린 제우스는 아들에게 따라오라는 신호를 보냈습니다. 지상으로 내려간 제우스와 헤르메스는 젊은 아가씨들을 놀라게 하지 않고 다가가기 위해 근처에서 한가로이 풀을 뜯는 소 떼 한가운데로 들어갔습니다. 제우스는 이마에 동그란 은 점이 있고, 뿔은 초승달 같으며, 털은 멋진 밤색인 수소로 변신했습니다. 아가씨들은 곧바로 이 수소의 비범한 아름다움에 마음을 뺏겼습니다. 제우스가 사랑에 빠진 아가씨도 수소 가까이 다가왔죠. 그녀는 소를 부드럽게 쓰다듬고, 뿔을 꽃으로 장식하고, 소 귀에 대고 흥얼흥얼 노래를 불렀습니다. 그녀가 소와 함께 있느라고 무리에서 멀어지자 친구들이 소리쳐 불렀습니다. "에우로페, 어서 돌아와!"

하지만 에우로페에게 그들의 소리는 이제 들리지 않았습니다. 그녀는 소와 놀면서 어느덧 바닷가까지 갔습니다. 암소로 변신한 헤르메스는 아버지의 계략을 보며 내심 미소 지었습니다. 제우스는 에우로페에게 등에 올라타라는 듯이 바닷가 모래밭에 엎드렸습니다. 젊은 여인이 주저 없이 등에 타자마자 수소는 바다로 뛰어들었습니다. 에우로페를 등에 태운 채 물속으로 들어간 수소는 전속력으로 헤엄쳤습니다. 그들이 물가에서 멀어지자 한 무리의 바다의 신들이 그들을 둘러쌌습니다. 네레이데스, 돌고래에 올라탄 물의 여신들, 커다란 조개 안에서 입김을 내뿜는 반인반어의 트리톤들, 심지어 포세이돈까지 삼지창을 손에 들고 전차에 서서 그들을 호위했습니다. 비범한 수행원들에 놀란 에우로페가 수소의 귀에 대고 말했습니다. "나를 어디로 데려가는 거야? 넌 대체 누구야?" 그러자 신들의 신이 대답했습니다. "예쁜 아가씨야, 날 두려워하지 마라. 난 제우스란다. 내가 자란 섬 크레타로 널 데려가는 거야. 거기서 넌 환영받을 거야." 헤르메스는 이 멋진 행렬을 지켜보며 감탄했습니다. 에우로페의 붉은 드레스가 바람에 돛처럼 펄럭였습니다.

곧 크레타섬이 나타났습니다. 제우스는 그들을 수행한 모든 신에게 감사하고 그들을 돌려보냈습니다. 그리고 조심스럽게 에우로페를 모래밭에 내려놓고는 본래의 모습으로 돌아왔습니다. 제우스가 헤르메스에게 몸짓으로 작별 인사를 하자, 젊은 전령은 아버지와 그의 새로운 연인을 남겨놓고 섬을 떠났습니다.

헤르메스는 올림포스로 돌아갔습니다. 흰 팔의 헤라는 어린 아들인 전쟁의 신 아레스를 돌보느라 남편의 새 애인을 질투할 여유가 없었습니다. 아레스는 자만심이 강했습니다. 이 건방진 아이는 온종일 "세상에서 내가 제일 강해, 내가 제일 훌륭해."라는 말을 되풀이하며 올림포스의 모든 신을 짜증 나게 했습니다. 하지만 이런 오만함보다 더 심각한 문제는 아레스가 모든 이와 싸우려 든다는 것이었습니다. 그는 마주치는 상대를 밀치고도 사과하지 않을 뿐 아니라 조롱하고 모욕했습니다. 그래서 그에게는 싸움이 끊일 날이 없었습니다.

아레스가 진저리 나게 싫었던 헤르메스는 어떻게든 그의 폭력으로부터 멀어지기 위해 복도에서 그와 마주치지 않으려고 애썼습니다. "나도 아버지처럼 현명해져야 해. 적어도 아버지에겐 지혜가 있잖아…."

– 다음 편에 계속

사랑에 빠진 아폴론

전편 요약 : 헤르메스는 에우로페를 보고 사랑에 빠진 제우스가 그녀를 납치하는 현장을 목격했습니다. 그도 아버지처럼 매력적인 존재가 되고 싶었습니다.

헤르메스는 강의 신 페네이오스에게 메시지를 전할 때 그의 딸 다프네를 알게 됐습니다. 아르테미스와 그의 친구들처럼 숲과 들을 뛰어다니는 님프 다프네는 순수하고 순박한 아름다움을 갖추고 있었습니다. 분명히 그 점이 헤르메스의 마음에 들었을 것입니다. 다프네와 친구가 된 젊은 신은 그녀를 자주 만났습니다. 자유롭게 살기를 좋아한 다프네는 다른 님프나 여신들이 좋아하는 것에 전혀 관심이 없었습니다. 능숙하게 머리를 만질 줄 몰라 머리카락이 아무렇게나 자라도록 내버려두었습니다. 정성스럽게 주름을 지어 만든 롱 드레스가 아니라 짧고 흰 튜닉을 입고 투박한 띠로 허리를 질끈 묶었습니다. 일절 장신구로 치장하지 않았고 절대 화장하지 않았으며 단 하나의 사랑, 즉 자유만을 꿈꿨습니다. 어느 날 그녀가 헤르메스에게 열정적으로 말했습니다. "나는 남편도 아이도 원치 않아. 난 자연에서 뛰노는 게 정말 좋아." 그래서 헤르메스는 다프네와 좋은 친구가 되기로 작정하고 어떻게든 사랑에 빠지지 않으려고 무척 조심했습니다. 그러던 어느 날 아폴론이 사냥하던 중에 다프네를 처음 만났습니다. 그는 화살을 맞고도 도망친 산토끼를 잡으려고 말에서 내려 숲 속으로 들어갔습니다. 그런데 거기서 귀를 잡아 그 토끼를 들고 있는 야생 소녀와 마주쳤던 것입니다. "이리 줘, 그건 내 거야. 내가 사냥한 토끼라고!" 아폴론이 사냥감을 향해 손을 내밀며 말하자, 다프네가 화를 내며 대답했습니다. "절대 안 돼요. 당신은 토끼를 놓쳤어요. 이건 내 화살에 맞은 토끼예요. 자, 보세요!" 그리고 소녀는 토끼에 꽂힌 화살을 뽑아 들었습니다. 의심할 여지 없이 그 화살은 분명히 젊은 님프의 화살집에서 나온 것이었습니다. 아폴론은 기분이 상했지만 화내지는 않았습니다. 그는 님프를 바라보며 눈부시게 아름답다고 생각했습니다. 솔잎과 잔가지가 붙어 있는 헝클어진 머리카락, 가시에 긁힌 팔, 검은 눈동자의 그녀는 길들여지지 않은 자연의 모습 그대로였습니다. 아폴론은 그녀에게 한눈

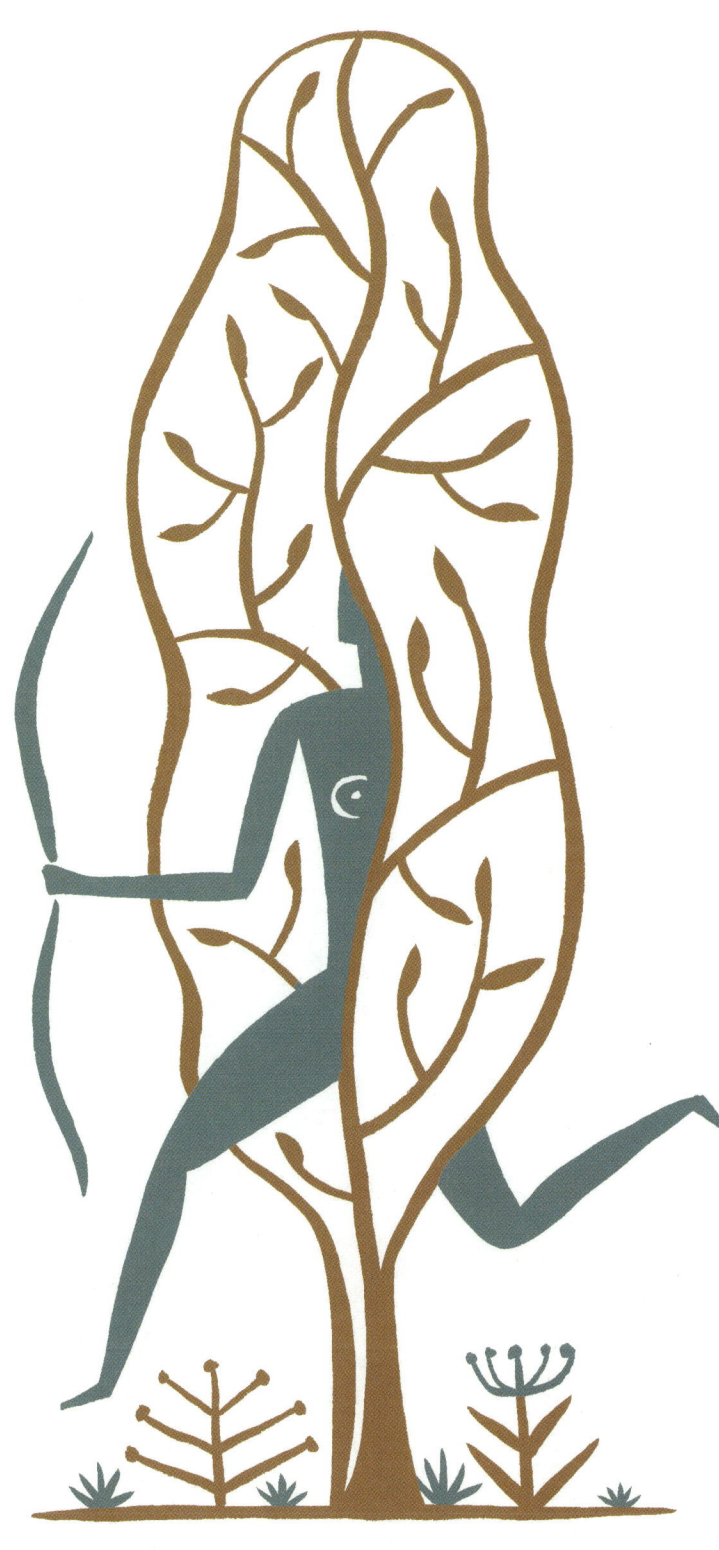

에 반해버렸습니다. 하지만 님프는 이미 풀숲으로 사라져버렸습니다.

그날 이후 아폴론은 이 아름다운 님프를 다시 만나고 싶은 마음이 간절했습니다. 그는 만나는 모든 이에게 그녀에 대해 묻고 여기저기 찾으러 다니다가 결국 헤르메스에게 애원했습니다. "그 님프를 찾아서 내가 그녀와 결혼하고 싶어 한다고 꼭 전해다오." 그러겠다고 아폴론에게 약속한 헤르메스가 이 말을 다프네에게 전하자, 님프는 웃음을 터뜨렸습니다. "아폴론이 그랬다고? 그럼, 아폴론에게 전해줘. 난 절대로 남편을 갖지 않겠다고 맹세했고, 아무리 아폴론이 강한 신이라고 해도 내게 결혼을 강요할 수는 없어." 지금껏 아무에게도 거절당해본 적이 없는 아폴론은 자신을 거절한 님프에게 오히려 더 큰 사랑을 느꼈습니다. 다프네를 유혹할 방법을 궁리하던 그는 그녀를 납치하기로 마음먹고 평소 그녀가 산책하는 숲에서 기회를 엿보고 있었습니다. 그러다가 드디어 그녀가 나타나자 다가가 말했습니다. "아름다운 다프네, 난 아폴론이야. 당신을 사랑해." 그가 사랑을 고백했지만, 다프네는 또다시 달아나버렸습니다. 아폴론은 그녀를 쫓아가며 달콤한 말로 애원했지만, 훌륭한 달리기 선수인 다프네를 따라잡을 수는 없었습니다. 다프네는 달아나면서 헤르메스에게 부탁했습니다. "제우스에게 이 상황을 알려줘. 나를 위해 신들의 신에게 보호를 요청해줘, 헤르메스!" 그녀가 외쳤습니다. 헤르메스는 서둘러 제우스에게 갔습니다. 제우스는 아들 아폴론의 구애를 가로막고 싶지 않았지만, 그에게는 누구든 보호를 요청하는 자를 구원해야 할 의무가 있었습니다.

다프네는 점점 기운이 떨어졌습니다. 그녀가 아폴론에게 붙잡히려는 순간, 갑자기 그녀의 발이 뿌리처럼 땅속에 박히고, 몸이 껍질로 뒤덮이면서, 팔이 가지처럼 하늘을 향해 우뚝 솟으며 거기에 잎사귀들이 달렸습니다. 그녀는 월계수로 완전히 변신하기 직전, 헤르메스와 제우스에게 감사의 미소를 보냈습니다. 아폴론은 그녀가 푸른 잎사귀가 무성한 멋진 나무로 변신하는 장면을 보며 외쳤습니다. "아, 세상에서 가장 아름다운 그대를 영원히 잃고야 말았군. 하지만 이제부터 난 그대의 나뭇가지를 항상 지니고 있을 거요. 그대의 가지로 관을 만들어 그것을 늘 쓰고 있을 거요. 그리고 아름다운 시를 읊는 모든 이와 모든 승리자에게 월계관을 씌워줄 거요. 그대 월계수는 이제 나의 성스러운 나무요." 다프네가 이 맹세를 승낙한다는 듯이 나뭇가지가 가볍게 움직였습니다. 자연을 사랑한 그녀는 결국 자연으로 돌아갔습니다.

제우스는 이번에도 역시 아무도 화나게 하지 않고 문제를 해결했습니다. 갈등을 해결해달라고 요청받을 때마다 그는 모두를 만족시키는 절묘한 방법을 찾아냈습니다. '아버지는 어떻게 그런 계략과 지혜를 갖추게 됐을까?' 헤르메스는 궁금했습니다. 그는 아버지가 어떻게 이런 기술을 얻었는지 알아보기로 했습니다.

— 다음 편에 계속

제31화

아테나의 놀라운 탄생

전편 요약 : 아버지 제우스의 지혜에 감탄한 헤르메스는 그 지혜의 비밀을 알아내고 싶었습니다.

헤르메스가 포자니아의 동굴에 도착했을 때 노파는 잣고 있던 양털 실에서 눈을 떼지 않은 채 말했습니다. "아가야, 또 왔구나! 천지창조에 대해 아직 궁금한 게 더 있더냐?" 헤르메스가 대답했습니다. "아, 제가 진심으로 사랑하는 유모님, 궁금한 게 한 가지 더 생겼어요. 우리 아버지는 어떻게 해서 최고의 지략과 지혜를 갖추게 됐죠?" 포자니아가 일감을 밀어놓자, 삐걱거리던 물레 소리가 멈췄습니다. 헤르메스는 노파의 무릎에 머리를 기대고 곧바로 눈을 감았습니다. 그리고 다시 눈을 떴을 때 자신이 어디에 있는지 곧바로 알 수 있었죠. 그곳은 감색 눈의 티탄, 메티스의 동굴 앞 해변이었습니다. 젊은 제우스는 그녀와 사랑에 빠졌습니다. 동이 틀 무렵이었는데, 모래밭에 누워 자고 있는 아름다운 메티스의 배가 출산이 임박한 듯 불룩했습니다. 그녀 곁에 누워 쉬고 있던 제우스가 벌떡 일어났습니다. 어떤 목소리가 그를 깨웠던 것입니다. 그것은 대지의 여신 가이아, 할머니의 목소리였습니다. 그가 해변으로 몇 걸음 옮기자, 가이아가 그에게 경고했습니다. "조심해라, 제우스, 조심해. 지금 메티스의 배에는 계집애가 있어. 그 애가 사내아이를 낳으면, 그 아이는 네가 네 아버지 크로노스에게, 그리고 크로노스가 자기 아버지 우라노스에게 했던 것처럼 네 자리를 차지하게 될 게다!" 헤르메스는 이 말을 듣고 두려움에 떨었습니다. 제우스는 어떻게 해야 할까요? 신들의 신은 여전히 잠들어 있는 메티스에게 돌아가서 그녀를 사랑스럽게 내려다보더니 곁에 누웠습니다. 새벽이 밝았습니다. 메티스가 눈을 뜨며 제우스에게 미소 지었습니다. 영리한 그녀는 벌써 뭔가 이상한 낌새를 알아챘습니다. 제우스가 그녀에게 물었습니다. "메티스, 우리가 만난 날을 기억해? 그대는 내 눈앞에서 나비로, 박새로, 토끼로, 암사슴으로 변신했지. 암사자로 변신할 수도 있었을 텐데!" 말이 끝나자마자 메티스는 대답도 하지 않고 암사자로 변신했습니다. 바위 뒤에 숨어 있던 헤르메스는 와락 겁이 났습니다. 하지만 제우스는 탄성을 지르며 말했습니다. "브라보! 브라보! 그렇다면 물방울로도 변신할 수 있겠네?" 제우스의 말이 떨어지기가 무섭게 메티스는 물방울로 변신했습니다. 그러자 제우스는 그 물방울을 낼름 삼켜버렸습니다! 신들의 신은 큰 소리로 말했습니다. "미안해, 메티스! 하지만 이럴 수밖에 없어. 그대가 언젠가 내 왕권을 빼앗을 아들을 낳을 위험을 감수할 순 없어. 게다가 그대도 알다시피, 내가 우주를 지배하려면 그대의 지략이 필요해. 이제 그대가 내 안에 있으니 그대의 지혜는 영원히 내 것이야." 헤르메스는 어떻게 해서 아버지가 모든 것을 예상하고, 모든 것을 꿰뚫어 보고, 모든 것을 지배할 수 있는 지혜를 얻었는지 드디어 알아냈습니다!

바위에 앉아 있던 제우스가 갑자기 심한 고통을 느끼는 듯 두 손으로 머리를 감싸고 신음했습니다. 시간이 흐를수록 고통은 더 심해졌고, 신음 소리는 비명으로 변했습니다. "아, 너무 끔찍해! 너무 고통스러워! 누가 내 머리를 열고 이 고통을 꺼내줬으면 좋겠어!" 제우스가 울부짖었습니다. 헤르메스는 어떻게 해야 할지 알 수 없었습니다. 제우스는 바닷가에 혼자였고, 그의 고통은 참을 수 없는 것 같았습니다. 그 순간, 헤르메스는 아버지의 고통을 가라앉힐 방법이 생각났습니다. 잠시도 지체할 수 없었습니다.

그는 포자니아에게 달려갔습니다. "유모, 절 누군가와 함께 반드시 과거로 돌려보내 주셔야 해요, 제발요…." 포자니아가 대답했습니다. "좋아, 하지만 너랑 함께 갈 사람은 현재로 돌아오자마자 모든 걸 잊게 될 게야." 신들의 전령은 서둘러 동생 헤파이스토스를 찾아가 함께 가자고 설득했습니다. 그렇게 헤파이스토스와 함께 고통으로 몸부림치고 있는 제우스에게 돌아온 헤르메스는 동생에게 이렇게 말했습니다. "헤파이스토스, 얼른 네 도끼로 아버지 두개골을 열고, 고통을 꺼내!" 그러자 기운 센 신은 무시무시한 도끼로 제우스의 두개골을 반으로 갈랐습니다. 그 순간, 땅이 흔들리며 무장한 여인이 제우스의 두개골에서 나왔습니다. 헤파이스토스가 소리쳤습니다. "저거 봐, 아테나 여신이야!" 젊은 여신은 투구를 쓰고 창을 들고 금속 갑옷을 입고 있었습니다. 그녀는 똑바로 서서 주변의 모든 사람을 거만하게 바라봤습니다. 고통에서 완전히 해방된 제우스는 헤르메스와 헤파이스토스에게는 시선도 주지 않고, 젊은 여전사를 끌어안았습니다. 아버지가 아테나를 가슴에 꼭 안는 모습을 보며 헤르메스는 그녀가 올림포스 주인의 가장 큰 사랑을 받는 딸이 되리라는 사실을 어렵잖게 짐작할 수 있었습니다. 어쨌든 아테나는 제우스가 직접 낳은 딸이었습니다. 헤르메스와 헤파이스토스는 슬그머니 그 자리를 떠났습니다. 그때만 해도 헤르메스는 또 다른 대단한 만남이 그를 기다리고 있다는 사실을 전혀 모르고 있었습니다.

– 다음 편에 계속

제32화

프로메테우스와의 만남

전편 요약 : 헤르메스는 아버지의 지혜가 어디서 왔는지 알았습니다. 그는 제우스가 지혜 자체인 메티스를 삼킨 뒤에 조금 해괴한 방법으로 아테나를 낳는 장면을 목격했습니다. 그녀는 완전 무장한 채 제우스의 머리에서 나왔습니다.

헤르메스는 올림포스에서 열리는 대향연이 무척 마음에 들었습니다. 손님맞이를 좋아하는 제우스는 많은 신과 님프를 초대했습니다. 대개 온종일 지속되는 연회에서 아폴론은 아홉 명의 무사이와 함께 노래를 불렀고, 때로는 님프들과 춤을 추었습니다. 헤르메스는 여기저기 기웃거리며 초대된 신들을 관찰하면서 많은 것을 배웠습니다. 어느 날 여느 초대 손님과는 확연히 다른 신 하나가 그의 관심을 끌었습니다. 등 뒤로 긴 머리를 늘어뜨리고 기품 있게 향연장에 들어온 그를 헤르메스는 올림포스에서 처음 봤습니다. 그는 상대를 꿰뚫어 보는 듯이 형형한 두 눈을 절대 감지 않았고, 눈썹이 검고 짙었습니다. 그는 아테나 여신 오른쪽에 앉아 그녀의 귀에 대고 연신 무언가를 속삭였습니다. 아테나 여신 왼쪽에는 여느 초대 손님들과 확연히 달라 보이는 또 다른 낯선 손님이 있었습니다. 일어나고 앉기를 반복하며 끊임없이 움직이는 그는 박장대소하며 말도 많이 했습니다. 헤르메스는 음식 접대를 주관하는 헤스티아 고모 뒤로 숨으며 물었습니다. "저기, 거만해 보이는 손님은 누구예요? 또 그 옆에서 쉬지 않고 움직이는 손님 이름은 뭐죠?"

헤스티아는 그의 귀에 대고 대답했습니다. "눈썹이 짙은 자는 프로메테우스란다. 그는 신들의 전쟁 때 너희 아버지 편에서 싸웠던 유일한 티탄이야. 그래서 이 연회에 초대받은 거란다. 그의 오른쪽에 보이는 들뜬 자는 그의 동생 에피메테우스야. 프로메테우스의 부탁으로 제우스가 그도 초대했단다."

그 후 대향연이 펼쳐지는 동안 헤르메스는 프로메테우스가 있는 테이블을 계속해서 지켜봤습니다. 그의 주변에서 일어나는 모든 일이 놀라웠지만, 무엇보다도 아테나의 태도가 가장 놀라웠습니다. 지혜와 지식의 여신인 그녀가 다른 신들과 토론하는 일은 드물었습니다. 그녀는 천문학, 수학, 의학, 혹은 철학에 열광했고, 책을 읽거나 연구하기를 좋아했습니다. 마지못해 향연에 참석하기는 해도 자기 어깨에 앉아 있는 올빼미하고만 대화했고, 같은 테이블에 앉은 다른 신들을 무시해서 그들에게는 말도 걸지 않았었습니다. 그런 그녀가 프로메테우스와 열정적으로 토론하고 있었습니다! 그들의 대화를 들을 수는 없었지만, 아테나의 얼굴이 활기를 띠고, 프로메테우스의 눈이 빛났습니다. 그들은 함께 수사본을 들여다보며 급히 수학 공식을 쓰고 있었습니다. 아테나가 드디어 자기 지식을 공유할 만큼 지적인 대상을 만났다는 사실에는 의심의 여지가 없었습니다.

프로메테우스를 대하는 제우스의 태도도 달랐습니다. 제우스는 총애하는 딸과 이 초대 손님이 가까워지는 것이 신경 쓰였지만, 프로메테우스를 존중했습니다. 또한, 프로메테우스도 올림포스의 주인과 대화할 때 결코 시선을 떨구지 않았습니다. 헤르메스는 제우스가 누군가를 그렇게 존중하는 모습을 본 적이 없었습니다. 또한, 제우스에게 말하며 고개를 숙이지 않는 자를 본 적도 없었죠. 헤르메스는 자존심을 지키는 프로메테우스가 무척 마음에 들었습니다.

반면, 그의 동생 에피메테우스는 온종일 이리저리 뛰어다녔습니다. 이것저것 구경거리를 쫓아다니고 즐거운 일을 찾아다니며 거침없이 떠들어댔습니다. "저 녀석은 참새보다도 지능이 낮아." 헤르메스 뒤에서 포세이돈이 말했습니다. 헤르메스는 털이 덥수룩한 그 노인에게 수줍게 미소 지으며 물었습니다 "삼촌은 저 형제를 아세요?" 포세이돈이 한숨지었습니다. "물론 알지! 내가 너희 아버지라면 경계할 거야. 저 형제의 이름이 무엇을 의미하는지 아니? '에피메테우스'는 '나중에 생각하는 자, 경솔한 자'라는 뜻이란다. 반면에 '프로메테우스'는 '먼저 생각하는 자, 신중한 자'라는 뜻이지. 그는 지상에 인간을 창조해서 동생의 어리석음을 만회하고, 자신의 지혜를 증명했지. 프로메테우스는 쉽게 권력에 굴복하지 않아. 제우스는 그걸 염두에 둬야 해." 이렇게 말하고 나서 포세이돈은 멀어져 갔습니다. 헤르메스는 감동하여 몸이 떨렸습니다. 인간을 창조한 신이 그의 아버지 제우스가 아니라 프로메테우스라니! 헤르메스는 곧바로 즐거운 향연장을 뒤로하고 포자니아를 만나러 갔습니다.

- 다음 편에 계속

제33화

인간 창조

전편 요약: 헤르메스는 '프로메테우스'라는 매력적인 티탄이 지상의 인간을 창조했다는 사실을 알게 되자 인간의 탄생에 관해 더 자세히 알아보기로 했습니다

헤르메스는 포자니아와의 만남이 늘 즐거웠습니다. 그날도 노파는 동굴 입구에 앉아 양털로 자은 실로 천을 짜고 있었습니다. 베틀에서 규칙적으로 움직이는 북을 조용히 지켜보던 헤르메스는 마음이 차분하게 가라앉는 것을 느꼈습니다. 그는 자신이 원하는 것을 깊이 생각해봤습니다. 포자니아가 먼저 말을 꺼냈습니다. "아가야, 오늘따라 생각이 많아 보이는구나. 그렇게 망설이는 걸 보니 네가 알고 싶어 하는 것이 두려운 게냐?" 헤르메스가 고개를 들고 대답했습니다. "사랑하는 유모님, 전 지금 최초의 인간이 탄생한 장면을 보고 싶어 미치겠어요. 그런데 신들의 신, 신 중의 신인 우리 아버지가 거기 등장하시지 않는다는 게 좀 혼란스러워요." 포자니아는 묘한 미소를 지으며 말했습니다. "누가 알겠니, 등장했을 수도 있고, 그러지 않았을 수도 있지. 네가 직접 보면 알게 되겠지!" 노파가 하던 일을 밀어놓자, 헤르메스는 슬그머니 자신의 머리를 노파의 무릎에 얹고, 눈을 감았습니다.

헤르메스가 다시 눈을 떠보니 주변이 어슴푸레했습니다. 검은 진흙 바닥에 누워 있던 그의 시야에 하늘을 배경으로 어떤 커다란 물체의 검은 윤곽이 드러나 보였습니다. 눈이 차츰 어둠에 익숙해지자 주변이 점점 더 또렷하게 보였습니다. 그 물체는 웅크리고 앉아서 조심스럽게 뭔가를 바닥에 내려놓았습니다. 헤르메스는 더 잘 보려고 가까이 기어갔습니다. 넓은 등과 풀어헤친 긴 머리로 보아 그 물체는 분명히 프로메테우스였습니다. 티탄은 검은 진흙을 둥글게 뭉쳐놓은 덩어리를 내려다보다가 옆에 있던 항아리 속의 물로 손을 적시더니 진흙 덩어리를 반죽하기 시작했습니다. 천천히, 하지만 자신 있는 동작으로 작업에 몰두했습니다. 그는 생각에 잠겨 그렇게 오랫동안 흙덩어리를 주무르더니 그것을 길게 늘였습니다. 그의 손가락 사이에서 몸체가 만들어졌습니다. 그리고 이 몸체에는 곧 머리와 팔다리가 달렸습니다. 프로메테우스는 그것을 내려다보며 못마땅하다는 듯이 중얼거렸습니다. "아니야, 아니야. 이게 아냐." 그는 고개를 세차게 흔들다가 흐트러져 눈을 가린 머리카락을 뒤로 넘기며 다시 작업에 몰두했습니다.

헤르메스는 반죽하는 그의 손에서 시선을 떼지 않았습니다. 그는 바로 눈앞에서 만들어지고 있는 것에 온 마음을 뺏겼습니다. 프로메테우스는 방금 만든 몸체를 집어 들고, 조심스럽게 모양을 다듬으며 위로 잡아당겼습니다. 두 다리는 바닥을 딛고 있었지만, 두 팔은 허공에서 자유로워졌습니다. 이어서 프로메테우스는 그 형상의 머리를 위로 향하게 하고는 떨리는 목소리로 말했습니다. "자, 넌 하늘을 올려다볼 수 있는 유일한 생명체야. 넌 내가 신들의 형상을 본떠 그대로 만들었어!" 그러는 사이 그의 동생 에피메테우스도 이와 비슷한 형상을 만들었습니다.

제우스는 이들 형제가 만든 형상을 살펴보고, 땅에서 함께 살아갈 다른 존재들도 만들라고 명령했습니다. 그렇게 에피메테우스는 동물들을 만들고, 프로메테우스는 인간을 만들었습니다. 제우스는 이 미래의 생명체들을 보호하는 데 필요한 모든 것이 담긴 주머니를 이들 형제에게 맡겼죠. 그러자 에피메테우스는 평소처럼 아무 생각 없이 경솔하게 행동했습니다. 그는 먼저 새를 만든 후 큰 주머니에서 깃털을 꺼내며 말했습니다. "하늘을 훨훨 날아다닐 수 있게 네게는 이 깃털을 줄게." 이어서 달팽이를 만든 후 주머니에서 껍데기를 꺼내며 말했습니다. "다른 생물체가 널 공격할 때 네가 숨을 수 있게 이 껍데기를 줄게." 고슴도치를 만든 후 주머니에서 가시를 꺼내며 말했습니다. "스스로 방어할 수 있게 네게는 이 가시들을 줄게." 또 사자를 만든 후 발톱과 이빨을 줬고, 뱀을 만든 뒤 독을 줬으며, 토끼를 만든 뒤 날쌘 뒷다리를, 황소를 만든 뒤 뿔을 줬습니다. 어떤 동물에게는 추위를 이기도록 털을 주고, 또 어떤 동물에게는 물속에서 살 수 있게 비늘과 지느러미를 줬습니다. 제우스가 준 주머니를 다 비우고 나서 에피메테우스는 흡족한 기분으로 형 프로메테우스가 만든 것을 보러 갔습니다.

프로메테우스는 문지방에 쭈그리고 앉아 있었습니다. 에피메테우스는 형의 어깨 너머로 조금 전에 태어난 것을 보고는 깜짝 놀라 물었습니다. "형, 이게 뭐야?" 프로메테우스는 자기가 창조한 것에서 눈을 떼지 않고 대답했습니다. "인간이야. 넌 어떻게 됐어?" 에피메테우스가 의기양양하게 대답했습니다. "난 벌써 다 끝냈지. 제우스가 준 주머니에 들어 있던 선물도 다 줘버렸어!" 그 순간, 프로메테우스가 벌떡 일어나 동생에게 소리쳤습니다. "뭐라고? 다 줬다고? 아무것도 남아 있지 않다는 거야? 그래도 내가 만든 인간을 보호하는 데 필요한 건 남겨뒀겠지?" 하지만 에피메테우스는 형의 창조물을 까맣게 잊고 있었습니다!

프로메테우스는 자기가 창조한 인간을 바라봤습니다. 그는 무방비 상태로 헐벗은 인간을 보고는 고개를 숙이며 말했습니다. "인간아, 네게 지혜를 줄게." 그러자 동생이 깜짝 놀라 소리쳤습니다. "그건 안 돼! 형한텐 그럴 권리가 없어! 우리는 신들의 것을 우리 마음대로 줄 수 없다고!" 하지만 프로메테우스는 동생의 말을 들은 척도 하지 않았습니다. 그는 다정하게 인간을 바라보며 말했습니다. "자, 너의 길을 가거라, 나의 아들아! 그리고 다른 짐승들과 달리 무릎 꿇지 말고 두 발로 서서 당당히 걸어라!"

– 다음 편에 계속

프로메테우스의 지략

전편 요약 : 헤르메스는 프로메테우스가 창조한 첫 인간의 탄생을 목격했습니다. 프로메테우스는 그 인간에게 신들에게만 허락된 지혜를 줬습니다.

헤르메스는 집으로 돌아가면서도 조금 전 목격한 장면을 곰곰이 생각했습니다. 그는 프로메테우스를 처음 봤을 때, 자신이 왜 그토록 그에게 매료됐는지 알 것 같았습니다. 프로메테우스는 제우스를 두려워하지 않는 유일한 티탄이었습니다. 헤르메스는 그 사실이 불편하면서도 은근히 기분 좋았던 것입니다. 올림포스에 큰 동요가 있었습니다. 프로메테우스의 요구로 신들의 회의가 긴급히 소집된 것입니다. 헤르메스가 회의실에 나타난 순간, 제우스가 프로메테우스에게 가까이 오라고 명령했습니다. "프로메테우스, 그대는 내게 무엇을 바라는가?" 신들의 신이 묻자, 프로메테우스가 분명한 목소리로 대답했습니다. "오, 위대한 제우스여, 올림포스의 지배자이시여. 지상의 인간들에게 먹을 것이 필요합니다. 그들이 소를 키워서 그 고기를 먹도록 허락하신다면, 그들은 짐승을 잡을 때마다 당신에게 제사를 올릴 겁니다. 그리고 그들은 제사를 올릴 때 당신에게 어떤 부위의 고기를 바칠지 선택하는 임무를 제게 맡겼습니다. 제가 그들을 대신해서 소 한 마리를 잘라서 이렇게 두 무더기로 나눴습니다. 이제부터 그들은 소를 자를 때마다 오늘 당신이 선택하는 부분을 당신에게 바치고, 나머지 부분만을 먹을 것입니다." 프로메테우스는 말을 멈추고 제우스가 두 무더기의 고기를 살펴볼 때까지 기다렸습니다. 첫 번째 무더기에는 적당히 기름지고 선홍색 살점이 고급스러워 보이는 고기가 쌓여 있었는데, 아주 맛있어 보였습니다. 두 번째 무더기는 고약한 냄새가 진동하는 내장이 섞인 저급한 고깃덩어리가 쌓여 있었는데, 보기만 해도 역겨웠습니다. 제우스는 한 순간도 망설이지 않고 첫 번째 고기 무더기를 손가락으로 가리켰습니다. 헤르메스는 '가여운 인간들, 이제부터 나쁜 고기만 먹게 됐군…' 하고 생각했습니다. 그런데 공손히 몸을 숙여 제우스에게 절하는 프로메테우스의 눈동자가 교활하게 빛나는 것을 헤르메스는 놓치지 않고 봤습니다. 만족한 제우스가 왕좌에서 내려와 자신이 선택한 고기 무더기를 살펴봤습니다. 그런데 선홍색 고깃덩어리 밑에는 살 한 점 붙어 있지 않은 뼈 무더기가 가득 쌓여 있었습니다. 제우스는 깜짝 놀라 이번에는 내장이 섞여 있는 질 낮은 고깃덩어리를 들추자 밑에는 아주 맛있어 보이는 고급스러운 고기가 가득 쌓여 있었습니다! 회의실에는 신들의 숨죽인 웃음소리와 놀라움을 감춘 웅성거림만이 들렸습니다. 위대한 제우스가 프로메테우스에게 보기 좋게 당한 것이었습니다. 이제부터 소를 잡으면 사람들은 좋은 고기를 먹고, 제우스는 뼈다귀로 만족해야 할 것입니다! 화가 난 제우스는 두리번거리며 프로메테우스를 찾았으나 그는 이미 자리를 뜨고 없었습니다.

올림포스 주인의 눈이 붉게 충혈됐습니다. 그는 분노를 폭발하며 외쳤습니다. "감히 나를 속이다니… 괘씸한 놈! 마땅히 벌을 받아야 할 것이다. 나는 인간들에게서 불을 되찾아오겠다. 앞으로 나는 지상에 번개를 던지지 않을 것이며, 어떠한 뇌우로도 나무에 불을 붙이지 않을 것이다. 인간들에게 불을 금지하노니 그들은 날고기를 먹어야 할 것이다. 그리고 다시는 프로메테우스를 보지 않으리라." 제우스는 미친 듯이 화를 내며 회의실을 떠났습니다. 메티스가 그의 내부에 있는데도 다른 존재가 그보다 뛰어난 계략을 발휘한 것은 처음이었습니다.

신들은 회의실에서 나오며 웅성거렸습니다. 헤르메스와 마주친 포세이돈은 여전히 무뚝뚝한 말투로 그에게 말했습니다. "이제 알겠니? 내가 전에 왜 너희 아버지가 프로메테우스를 경계해야 한다고 말했는지?" 헤르메스는 집으로 돌아오면서 방금 벌어진 사건을 진지하게 생각해봤습니다. 그는 아버지를 속인 티탄의 계략에 감탄하지 않을 수 없었습니다. 하지만 프로메테우스의 미래와 인간의 미래가 걱정스러웠습니다.

– 다음 편에 계속

불을 훔친 프로메테우스

전편 요약: 프로메테우스는 제우스를 속이는 데 성공했습니다. 이제 인간들에게 음식은 부족하지 않을 것입니다. 하지만 제우스는 그에 대한 복수로 인간에게서 불을 빼앗았습니다.

제우스가 불을 빼앗아간 뒤로 지상의 인간들에게는 큰 어려움이 닥쳤습니다. 그때까지 불을 이용해서 몸을 덥히고, 야생 짐승을 쫓고, 음식을 익혀 먹던 인간들이 추위와 질병과 굶주림으로 하나씩 죽어갔습니다. 살을 에는 듯한 혹독한 추위로 허약한 사람들이 먼저 죽었습니다. 밤이면 짐승들이 어둠을 틈타 사람들을 집어삼켰습니다. 사람들은 짐승처럼 날고기를 먹어야 했고, 질병에 시달렸습니다.

어느 날 밤, 늦게까지 잠을 이루지 못하던 헤르메스는 어둠 속에서 누군가가 궁의 테라스로 몰래 들어오는 것을 봤습니다. 이어서 또 다른 누군가가 궁에서 나와 그를 만났습니다. 헤르메스는 그들 곁으로 소리 없이 날아가서 그들의 대화를 엿들었습니다. 여성 목소리가 속삭였습니다. "너 몹시 슬퍼 보이는구나. 네 말대로 상황이 몹시 심각해졌어." 남성 목소리가 대답했습니다. "그래, 진짜 심각해! 인간들이 하나씩 죽어가고 있어. 머지않아 지상에는 인간이 단 한 명도 남지 않을 거야!" 이 말을 듣고 헤르메스는 그가 프로메테우스라는 것을 곧 알아차렸습니다. 대담하게 올림포스로 돌아온 프로메테우스가 몰래 만나는 상대는 아테나가 틀림없었습니다. 여신이 물었습니다. "어떻게 할 거야? 우리 아버지 뜻을 거스르는 건 아주 위험한 일이야." 그러나 프로메테우스의 대답은 아테나의 귀에 대고 속삭이는 바람에 헤르메스에게 들리지 않았습니다. 잠시 후 둘은 헤어졌고, 헤르메스도 자기 방으로 돌아갔습니다.

그날 이후 헤르메스는 밤마다 마치 순찰이라도 돌듯 주위를 살폈지만, 전혀 이상한 낌새를 눈치채지 못했습니다. 그러던 어느 날 아침, 궁에서 아테나와 마주친 그는 아무것도 모르는 척하고 그녀에게 물었습니다. "프로메테우스 소식 못 들었어? 너하고 가장 친했으니 안부라도 전했겠지?" 여신은 그를 흘끗 보더니 시치미를 뗐습니다. "친구라고? 어떤 친구? 무슨 말을 하는 거야? 정신 차려, 헤르메스!" 그는 그날 밤 일이 꿈이었나 하는 의심마저 들었습니다. 달의 여신 셀레네가 마차에 달을 싣고 나오는 것을 잊고 잠든, 칠흑같이 깜깜한 밤이었습니다. 잠자리에 들기 전에 궁 주변을 이리저리 날아다니던 헤르메스는 또다시 남녀의 속삭임을 들었습니다. 아테나가 프로메테우스에게 숨죽인 목소리로 말했습니다. "필요한 거 가져왔어?" 티탄이 대답했습니다. "당연하지." 그러자 지혜의 여신이 말했습니다. "그럼, 날 따라와." 그녀가 프로메테우스를 궁의 비밀 문으로 안내했습니다.

아테나는 조심스럽게 문을 열고 프로메테우스에게 따라오라고 신호했습니다. 헤르메스는 추방당한 티탄이 궁에 몰래 들어오는 것을 보며 깜짝 놀랐습니다. 그는 대체 무슨 짓을 하려는 걸까요? 헤르메스는 두 공모자의 뒤를 따라갔습니다.

내부로 들어간 그들은 궁 한가운데로 접근해서 그곳에 있는 '성스러운 불의 방'으로 들어갔습니다. 그 방에서는 여신 헤스티아가 밤새도록 신들의 불을 관리하고 있었습니다. 쉬지 않고 장작을 태워 불이 꺼지지 않게 관리하는 것이 그녀의 임무였으니까요. 프로메테우스는 헤스티아를 공격하려고 무거운 항아리를 집어 들었지만, 그럴 필요가 없었습니다. 화덕의 여신은 이미 깊이 잠들어 있었습니다. 프로메테우스는 불을 향해 몸을 숙이더니, 튜닉 안에서 홈이 파인 대롱 같은 것을 꺼내 서둘러 그 안에 불씨를 담았습니다. 그리고 조용히 그곳을 떠났습니다. 헤르메스는 안심했습니다. 프로메테우스가 제우스의 자리를 차지하려고 음모를 꾸몄던 것이 아니었습니다. 그의 관심은 오로지 자신의 자녀, 즉 인간을 구하는 것뿐이었습니다.

출구로 나가면서 티탄이 속삭였습니다. "아테나, 고마워. 넌 지금 날 도와서 인류를 구원한 거야." 헤르메스는 어둠 속으로 사라지는 그의 뒷모습을 오래도록 바라봤습니다. 대롱 안에 들어 있는 붉은 불씨가 어둠 속에서 깜박이며 그의 위치를 알려줬습니다. 프로메테우스는 하룻밤 내내 지상을 돌며 여기저기 불을 붙였습니다. 그가 지나가는 곳마다 어둠이 물러가고, 빛이 승리했습니다. 새벽에야 일을 마친 티탄은 기진맥진해서 자신이 만든 변화를 바라봤습니다. 인간을 따뜻하게 덥혀주고 밝게 비춰주려고 그가 신들에게서 훔친 불이 세상 곳곳에서 활활 타오르고 있었습니다.

- 다음 편에 계속

첫 여인 판도라의 탄생

전편 요약 : 프로메테우스는 아테나의 도움을 받아 신들에게서 불을 훔쳐 인간에게 가져다줬습니다.

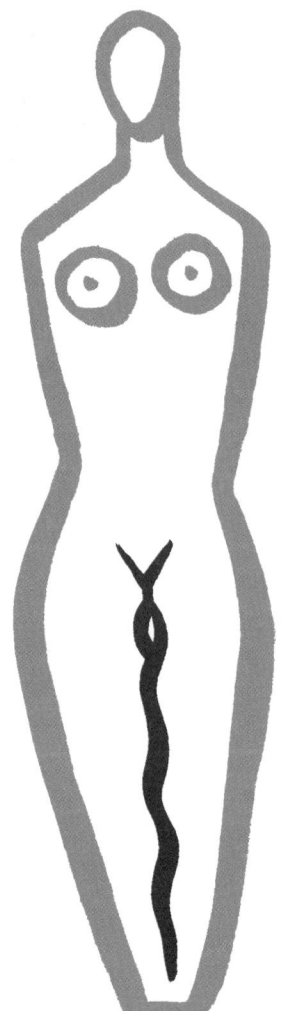

헤르메스는 제우스가 그토록 격렬하게 화내는 모습을 본 적이 없었습니다. 그날 아침, 잠에서 깬 제우스는 지상 여기저기서 반짝이는 불을 보자, 미친 듯이 화를 내며 분노의 고함을 질렀습니다. 그러다가 정오가 되자 궁에는 다시 정적이 찾아왔습니다. 제우스의 방문 사이로 이상한 은방울 소리와 제우스의 웃음소리가 새어 나왔습니다. 헤르메스는 안심했습니다. 제우스 역시 인간을 사랑했기에 한편으로 프로메테우스의 반역에 감동했지만, 또다시 자신을 거역한 프로메테우스에게 복수할 방법을 찾고 있었습니다. 제우스는 헤파이스토스, 아프로디테, 아테나, 헤르메스를 가까이 불렀습니다. 올림포스의 주인은 회의실의 왕좌에 비장한 표정으로 앉아 있었습니다.

그는 어색한 표정으로 그들을 향해 말했습니다. "내가 인간들에게 좋은 선물을 하나 하려고 한다. 그들에게 최초의 여인을 선물할 텐데, 너희 각자가 가진 것 중에서 가장 좋은 것을 이 여인에게 주면 좋겠다." 그의 계략을 눈치챈 아테나가 이마를 찌푸렸지만, 헤르메스는 전혀 신경 쓰지 않았습니다. 아버지가 인간에게 좋은 것을 주려고 한다는 사실만으로 너무도 기뻤으니까요!

제우스가 헤파이스토스에게 말했습니다. "아들아, 네가 시작해라. 이 흙을 물과 섞어 인간 여인을 만들어봐." 무겁게 몸을 일으킨 헤파이스토스가 젖은 흙으로 여인의 몸을 빚기 시작했습니다. 손가락을 재빨리 움직여 흙을 반죽하고 아름다운 곡선을 만들었습니다. 그는 가끔 작업을 멈추고, 아프로디테를 바라보다가 다시 일을 계속했습니다. 자

기 아내를 모델 삼아 여성을 만드는 것이 분명했습니다. 흙덩어리에서 눈부시게 아름다운 피조물, 가장 아름다운 여신의 형상이 조금씩 모습을 드러냈습니다. 아프로디테는 자리에서 일어나 흙으로 빚은 여인의 형상에 다가가 어깨에 손을 얹으며 말했습니다. "네가 나와 닮았으니 네게 내 아름다움과 매력을 줄게." 그러자 여인의 형상은 어떤 남자도 저항할 수 없는 매력을 갖추게 됐습니다. 헤르메스도 그 형상에 다가가서 말했습니다. "네게 멋진 말솜씨와 재치를 줄게." 그러자 제우스가 말했습니다. "아들아, 네가 갖춘 것 중에서 뭔가 다른 건 없는지 잘 생각해봐라." 헤르메스가 외쳤습니다. "아, 있어요!" 그리고 흙으로 빚은 여인을 향해 쾌활하게 말했습니다. "나의 가장 큰 특징인 끊임없는 호기심도 네게 줄게!" 그제야 제우스는 만족한 표정을 지었습니다. 그렇게 헤르메스는 아무것도 눈치채지 못한 채 아버지가 인간에게 덫을 놓는 계략에 협력했습니다. 아테나는 미래의 여인에게 다가가 아름다운 옷과 눈부신 장신구를 줬습니다. 또한, 그녀의 머리에 화관과 신부의 면사포도 씌워주면서 귀에 대고 속삭였습니다. "내 최고의 장점인 지성도 네게 줄 테니 사용법을 잘 익혀야 해!"

마지막으로 제우스가 일어나며 말했습니다. "네 이름을 '모든 이의 선물'이라는 뜻에서 '판도라'라고 짓겠다. 너는 최초의 인간 여성이 될 것이다." 그러고는 이 형상에 생명의 숨결을 불어 넣었습니다. 그러자 판도라의 콧구멍이 가볍게 움직이고, 눈썹이 파르르 떨리더니, 두 눈을 반짝 떴습니다. 그녀는 눈부시게 아름다웠습니다. 그녀가 속삭였습니다. "안녕하세요. 우리 언제 떠나죠?" 제우스는 만족한 듯 두 손을 비비며 대답했습니다. "반갑구나. 내 아들 헤르메스가 널 지상의 인간들 곁으로 데려다줄 것이다. 에피메테우스의 집에서 기다리거라."

아테나는 제우스가 인간들에게 해로운 일을 꾸미고 있다는 사실을 깨달았습니다. 이 인류 최초의 여인은 프로메테우스에게 복수하는 수단이 될 것이 분명했습니다. 아테나는 곧바로 이 사실을 프로메테우스에게 알렸습니다. 프로메테우스는 서둘러 동생 에피메테우스를 찾아가 경고했습니다. "올림포스의 신들이 보내는 어떤 선물도 받지 않겠다고 내게 맹세해! 어서 맹세하란 말이야!" 형의 강압적인 태도에 놀란 에피메테우스는 그러겠다고 약속했습니다. 프로메테우스는 그제야 마음을 놓고 집으로 돌아갔지만, 판도라는 헤르메스와 함께 이미 에피메테우스의 집으로 향하고 있었습니다. 과연 에피메테우스가 이 선물을 거절할 수 있을까요?

- 다음 편에 계속

벌을 받은 프로메테우스

전편 요약 : 제우스가 에피메테우스에게 줄 여인 판도라를 창조했습니다. 하지만 프로메테우스는 이를 경계하며 신들이 주는 어떠한 선물도 받지 않겠다는 약속을 에피메테우스에게서 받아냈습니다.

헤르메스는 올림포스에서 출발해서 에피메테우스의 집까지 가는 길이 짧게만 느껴졌습니다. 판도라는 정말 매력적인 길동무였습니다. 그녀는 주변 세상에 관해 끊임없이 물었고, 헤르메스는 바로 자신이 그녀에게 이런 호기심을 준 것이 기뻤습니다. 에피메테우스의 집에 다가갈수록 헤르메스는 그녀와 헤어지기가 아쉬웠습니다. 하지만 그에게는 또 다른 임무가 기다리고 있었습니다. 그는 에피메테우스의 집에 거의 도착했을 때 판도라에게 잠시 기다리라고 하고는 먼저 그를 만나러 갔습니다. 에피메테우스는 현관에서 제우스의 전령을 맞이하며 물었습니다. "어서 오시오, 헤르메스. 오늘은 우리 집에 무엇을 전하러 오셨소?" 전령이 대답했습니다. "올림포스의 신들이 당신에게 보내는 선물이오." '선물'이라는 말을 들은 에피메테우스는 웃음을 잃고 갑자기 당황해서 횡설수설하기 시작했습니다. "안 돼요, 안 돼! 고맙지만, 난 당신의 선물을 받을 수 없소." 헤르메스가 물었습니다. "왜죠?" 어떻게 해야 올림포스 신들의 노여움을 사지 않으면서 형과의 약속을 지킬 수 있을지 몰라 쩔쩔매는 에피메테우스가 우물쭈물 대답했습니다. "왜냐면… 음… 내게 그럴 만한 가치가 없으니까! 네, 바로 그겁

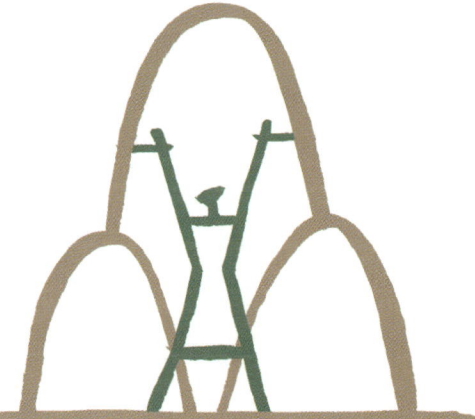

니다!"

예상하지 못한 에피메테우스의 대답에 놀란 헤르메스는 신들이 보낸 선물의 장점을 늘어놓기 시작했습니다. "이건 세상에 단 하나뿐인 선물이에요. 어떤 신도, 어떤 인간도 이런 걸 갖고 있지 않아요. 나도 질투가 난다니까요! 할 수만 있다면 이 선물을 내가 갖고 싶어요. 이렇게 좋은 선물을 거절할 순 없죠." 헤르메스가 말하는 동안 에피메테우스는 계속 두 눈을 꼭 감고 고개를 저었습니다. 그때 누군가의 목소리가 들렸습니다. "시원한 물 좀 주시겠어요?" 그것은 호기심을 이기지 못하고 에피메테우스의 집으로 다가온 판도라의 목소리였습니다.

에피메테우스는 눈을 크게 뜨고 판도라를 바라봤습니다. 그리고 순식간에 그녀에게 완전히 매료됐습니다. 판도라는 헤르메스에게 은밀하게 한쪽 눈을 찡긋하며 에피메테우스에게 인사했습니다. 헤르메스가 장난기 어린 목소리로 물었습니다. "신들이 보내는 선물이에요, 어때요?" 에피메테우스가 중얼거렸습니다. "어… 좋아요, 받겠소!" 그는 판도라를 집 안에 들이고 나서 시원한 물을 가지러 부엌으로 갔습니다. 그사이 임무를 완수한 헤르메스는 판도라에게 작별 인사를 하고 떠났습니다. 그는 올림포스로 날아가며 제우스가 왜 에피메테우스에게 이런 선물을 하는지 의아했지만, 곧 그 이유를 알게 될 참이었습니다.

올림포스로 돌아가는 길에 몹시 마음 상하는 일이 그를 기다리고 있었습니다. 그가 높은 카프카스산맥을 넘을 때 뭔가 이상하고 불길한 형체가 정상에 매달려 있는 것이 보였습니다. 그것이 무엇인지 알아보려고 날아간 헤르메스는 큰 충격을 받았습니다. 프로메테우스가 옷이 거의 벗겨진 채 사슬로 묶여 있었던 것입니다! 긴 머리카락이 얼굴을 가리고, 상처난 몸은 차가운 바람에 얼어붙고 있었습니다. 제우스는 그렇게 두 번이나 명령을 어긴 프로메테우스를 영원히 이 산에 사슬로 묶어두고 벌을 내렸습니다. 갑자기 커다란 그림자가 묶여 있는 티탄에게 다가왔습니다. 제우스의 왕독수리였습니다. 이 사나운 동물은 프로메테우스를 올라타고 앉아서 부리로 그의 간을 쪼아 먹었습니다! 몹시 큰 충격을 받은 헤르메스는 온몸이 떨려 날아갈 수 없었습니다. 눈물이 앞을 가렸습니다. 바람이 프로메테우스의 머리칼을 쓸어 올리자 묶여 있던 티탄의 얼굴이 보였습니다. 그것은 고통으로 일그러졌지만, 숭고하고 당당하고 자랑스러운 얼굴이었습니다. 제우스는 결국 프로메테우스를 굴복시키지 못했던 것입니다. 독수리가 떠나자 프로메테우스의 간은 다시 자랐습니다. 헤르메스는 독수리가 묶여 있는 프로메테우스에게 매일 날아와 다시 자란 그의 간을 쪼아 먹는다는 것을 알았습니다. 너무도 슬픈 일이었습니다. 이제 과연 누가 인간의 미래를 지켜줄 수 있을까요?

— 다음 편에 계속

판도라의 호기심이 부른 대재앙

전편 요약 : 에피메테우스를 유혹하는 데 성공한 판도라가 그의 집으로 들어갔습니다. 헤르메스는 제우스가 프로메테우스를 산에 묶어놓고 잔인하게 복수했다는 사실을 알게 됐습니다.

에피메테우스는 프로메테우스와의 약속을 잊고 신들이 보낸 선물을 받았습니다. 판도라를 보자마자 사랑에 빠진 그는 서둘러 이 젊은 여인과 결혼했습니다. 그는 아침부터 저녁까지 명랑하고 발랄한 판도라를 얻게 된 것이 무척 기뻤습니다. 젊은 여인은 도착하자마자 침실과 거실을 모두 둘러봤고, 창고에 저장된 기름, 밀, 포도주 등 비축물을 살펴봤습니다. 침대를 덮고 있는 예쁜 천, 테이블에 놓인 세련된 도자기 등 새로운 것을 발견할 때마다 그녀는 탄성을 질렀습니다. 에피메테우스는 그렇게 즐거워하는 아내를 보며 지고의 행복을 느꼈습니다.

그들이 마지막으로 들어간 골방은 창문이 없어 어둑했고, 구석에 항아리가 하나 놓여 있을 뿐, 아무것도 없었습니다. 판도라가 물었습니다. "저 항아리엔 뭐가 들어 있어요?" 에피메테우스가 진지하게 대답했습니다. "나도 몰라. 그건 우리 형 프로메테우스 거야. 형이 그걸 여기 잘 보관하라고 하면서 아무도 열어보지 못하게 하라고 당부했어. 난 그렇게 하겠다고 형에게 맹세했지." 호기심 많은 판도라는 깜짝 놀라며 물었습니다. "그래서 당신은 정말로 안을 살짝 들여다보고 싶지도 않아요?" 에피메테우스가 겁먹은 표정으로 대답했습니다. "그건 절대로 안 돼! 프로메테우스 형은 아주 현명해. 나는 형과 약속했으니 그 약속을 지켜야 해." 이 말을 하면서 그는 판도라와 결혼함으로써 형과 했던 약속을 이미 어겼음을 깨달았습니다. 하지만 판도라는 그런 사실을 전혀 몰랐죠. 마음이 불편해진 에피메테우스는 판도라에게 항아리를 절대 열어보지 않겠다는 다짐을 받고 나서야 방에서 나왔습니다.

그로부터 여러 날이 흘렀습니다. 호기심 많은 판도라는 항아리에 무엇이 들어 있는지 알고 싶어 미칠 지경이었습니다. 남편이 집을 비울 때마다 그녀는 어두운 골방으로 달려가 항아리를 한동안 바라보다가 돌아오곤 했습니다. 그녀는 호기심이 점점 더 커져서 밤잠을 이루지 못할 지경이 됐습니다. 항아리가 강박관념

이 된 그녀는 온종일 항아리 안에 들어 있을 온갖 것을 상상하며 지냈습니다. 그녀는 남편에게 이렇게 말했습니다. "항아리 안에 분명히 엄청난 재물이나 금은보화가 가득 들어 있을 거예요. 그래서 당신 형이 항아리 뚜껑을 열어보지 말라고 했을 거예요. 이제 카프카스 산 바위에 영원히 묶여 있는 신세가 됐으니 그에게는 이 보물이 아무 소용 없잖아요. 우리가 가져도 될 거예요." 하지만 에피메테우스는 화를 내며 아내의 말을 들으려 하지 않았습니다. 판도라는 기회를 봐서 다시 그에게 말했습니다. "당신 형의 항아리에는 맛있는 술이 들어 있을 거예요. 혼자 마시려고 숨겨뒀을지도 모르죠." 영리한 판도라는 술을 좋아하는 남편의 욕심을 자극했습니다. 하지만 이번에도 에피메테우스는 아내의 유혹에 넘어가지 않았습니다.

어느 날 아침, 판도라는 또 그 어두운 골방에 들어가 여느 때처럼 기름램프를 들고 불룩 튀어나온 항아리의 옆면에 손을 댔습니다. 아테나가 준 지혜 덕분에 그녀는 언제나 충분히 생각하고 나서 행동했지만, 이날 아침에는 아테나가 준 지혜보다 헤르메스가 준 호기심이 더 강하게 작용했습니다. 그녀는 잠깐 들춰만 보고 도로 덮어놓으면 아무도 모르리라 생각하고, 흥분해서 떨리는 손으로 항아리 뚜껑을 열려고 했습니다. 하지만 뚜껑은 쉽게 열리지 않았습니다. 두세 번 시도 끝에 마침내 뚜껑이 열리자 요란한 소리와 함께 거센 회오리바람이 일면서 방 안을 휩쓸었습니다. 판도라는 비명을 질렀습니다.

그때 마침 임무 수행 중에 판도라의 집 근처를 지나가던 헤르메스가 비명을 듣고 달려왔습니다. 그는 에피메테우스의 집에서 분노, 질투, 욕심, 악의, 광기, 질병, 노화, 죽음과 같은 인간의 모든 불행이 온 세상으로 퍼지는 것을 봤습니다. 헤르메스는 신중한 프로메테우스가 가둬뒀던 인간의 불행을 판도라가 풀어줬다는 것을 금세 알아차렸습니다! 집에서 흐느끼는 소리가 들려왔습니다. 안으로 들어간 헤르메스는 방바닥에 쓰러져 있는 판도라를 발견했습니다. 항아리는 뚜껑이 닫힌 채 그 자리에 있었습니다. 판도라가 허겁지겁 뚜껑을 다시 닫아놓았던 것이죠. 헤르메스가 물었습니다. "안에 아직 뭐가 더 남아 있어요?" 눈물을 흘리던 젊은 여인이 그에게 대답했습니다. "내가 뚜껑을 도로 덮었을 때는 바닥에 희망 한 가지만 남아 있었어요." 헤르메스는 그 말을 듣자 조금 마음이 놓였습니다. 인간들이 불행해져서 쓰러져도 희망이 있다면 다시 일어설 수 있으리라 생각하며 항아리 뚜껑을 열어 희망을 날려 보냈습니다. 그리고 판도라를 위로해주고 나서 올림포스로 돌아갔습니다. 하지만 그는 우울했습니다. 카프카스산 바위에 묶여 독수리에게 영원히 간을 쪼이는 형벌을 받은 프로메테우스는 과연 인간의 운명을 어떻게 생각할까요?

– 다음 편에 계속

프로메테우스를 찾아간 헤르메스

전편 요약: 판도라는 프로메테우스가 숨겨둔 항아리 뚜껑을 열어 인간을 불행하게 할 모든 것을 풀어놓았습니다.

제우스는 신들의 회의실에서 헤르메스를 기다리고 있었습니다. 헤르메스는 아버지 자신의 계략이 확실히 성공했으니 아주 의기양양해하리라고 짐작했습니다. 판도라를 지상에 보낼 생각을 한 것도 아버지였고, 헤르메스가 호기심을 선물하도록 유도한 것도 아버지였습니다. 제우스는 이번에도 사태가 어떻게 진전될 것인지를 미리 훤하게 알고 있었습니다. 프로메테우스의 반역과 인간에 대한 제우스의 복수는 확실한 성공을 거뒀습니다.

그런데 제우스는 어두운 표정으로 얼굴을 찌푸리고 있었습니다. 아들이 물었습니다. "아버지, 뭐가 잘못됐나요?" 제우스는 묻는 말에 대답하지 않고 들고 있던 삼지창만 신경질적으로 흔들었습니다. 오랜 침묵이 흐르고 나서 제우스는 자리에서 벌떡 일어나며 말했습니다. "헤르메스, 내 말을 잘 들어라. 지금 프로메테우스가 묶여 있는 바위로 가서 그를 만나라. 그가 비밀을 털어놓게 해. 그리고 그 비밀을 내게 전해다오. 그러지 않으면 그는 절대로 풀려나지 못할 거야."

그 순간, 헤르메스의 등짝이 서늘해졌습니다. 프로메테우스가 비밀을 말하지 않으리라는 것을 너무도 잘 알고 있었지만, 그래도 떨리는 목소리로 물었습니다. "어떤 비밀이죠? 신들의 신인 아버지가 모르는 것을 프로메테우스가 알고 있다는 건가요?" 제우스는 한숨을 내쉬며 왕좌에 털썩 주저앉았습니다. 그리고 이를 갈며 말했습니다. "나의 아버지가 당신의 아버지 우라노스의 자리를 빼앗고, 내가 나의 아버지 크로노스의 자리를 빼앗은 것처럼 나도 내 자리를 탐내는 자식에게 위협받고 있단다. 내 아들 중 누군가가 내 자리를 차지하려고 할 거야. 그 아이는 아직 태어나지 않았지만, 나보다 훨씬 강하겠지. 오직 프로메테우스만이 그 아이의 어머니가 될 여인의 이름을 알고 있어. 난 이 비밀을 알아야겠어. 어서 가거라." 헤르메스는 선택의 여지가 없었습니다. 그는 서둘러 프로메테우스에게 날아갔습니다.

카프카스산맥 가장 높은 봉우리에 도착한 신들의 전령은 목이 메었습니다. 그는 프로메테우스를 다시 볼 수 있어서 기뻤고, 그가 그 끔찍한 형벌에서 풀려나기를 진심으로 바랐습니다. 그의 간을 파먹던 독수리가 마침내 날아가자, 헤르메스는 바위에 묶여 있는 프로메테우스를 측은한 눈으로 바라봤습니다. 그의 눈에서 눈물이 흘러 수염을 적시고 있었습니다. 그가 입술을 달싹이며 뭔가 중얼거렸습니다. "나의 인간들, 가여운 인간들. 이제 그들은 어떻게 될까? 빌어먹을 에피메테우스, 나와 했던 약속을 헌신짝처럼 버리다니! 넌 왜 신들의 선물을 받았느냐? 나의 인간들, 가여운 인간들…." 그는 그 지경이 됐어도 자기 운명을 한탄하는 것이 아니라 자기가 창조한 인간의 운명을 걱정하며 눈물을 흘리고 있었습니다! 헤르메스는 감동했습니다. 그는 프로메테우스에게 다가가서 짐짓 씩씩하게 말했습니다. "안녕, 프로메테우스, 당신을 방해해서 미안해요. 당신에게 전할 말이 있어요." 티탄이 고개를 들었습니다. 헤르메스가 그에게 말했습니다. "제우스가 제게 임무를 줬어요. 제우스의 왕좌를 빼앗을 자의 어머니 이름을 말해주면 당신을 풀어주겠대요. 그러니 어서 말해주세요. 그러면 당신은 자유로워질 거예요." 티탄은 미소를 지으며 대답했습니다. "결코, 결코 난 그 이름을 말하지 않을 거야. 제우스가 그걸 알면 곧바로 그 여인을 잔인하게 죽일 테니까." 헤르메스는 고문당하면서도 저항하는 티탄에게 감동할 수밖에 없었습니다. 그가 다시 간청했습니다. "잘 생각해봐요, 프로메테우스. 지상의 인간들은 당신의 보호가 필요해요. 그리고 당신도 계속해서 이렇게 바위에 묶여 고통만 당할 순 없잖아요! 당신이 말하지 않으면 이 형벌은 끝나지 않아요!" 하지만 프로메테우스의 결심은 그가 묶여 있는 바위보다 더 확고했습니다. "소용없어, 헤르메스, 난 말하지 않을 거야. 고통은 두렵지 않아. 제우스는 자기가 세상을 지배한다고 믿겠지. 그에게는 절대 권력이 있으니까. 하지만 내 영혼을 지배할 순 없어. 비록 몸은 사슬에 묶여 있지만, 난 자유로운 존재야." 헤르메스는 아무리 설득해도 프로메테우스가 생각을 바꾸지 않으리라는 것을 잘 알고 있었습니다. 그는 온 세상을 지배하는 자에게 대항하는 존재가 있다는 사실이 더없이 기뻤습니다. 하지만 프로메테우스를 이 끔찍한 운명에 버려둬야 한다는 사실에 절망하며 고개를 숙였습니다. 이번만은 작별 인사를 할 수 없었습니다. 그리고 도착할 때보다 더 가슴이 아팠습니다.

헤르메스는 올림포스로 돌아가는 길에 계곡에서 잠시 걸음을 멈추고 생각했습니다. 그는 아버지를 사랑했지만, 이런 상황을 참을 수 없었습니다. 마침 냇물이 보이자 프로메테우스의 미래를 알고자, 로잔나가 알려준 대로 작고 둥근 돌멩이를 던져봤습니다.

- 다음 편에 계속

프로메테우스의 미래

전편 요약 : 제우스는 전령 헤르메스를 보내서 프로메테우스가 비밀을 알려주면 풀어주겠다고 약속했지만, 티탄은 제우스의 제안을 비웃었습니다.

헤르메스가 냇가에 앉아 계속해서 돌멩이를 던지자 미래의 이미지가 나타났습니다. 그 이미지에서 한 남자가 프로메테우스가 묶여 있는 바위로 다가오는 모습이 보였습니다. 기골이 장대한 그 남자는 엄청난 힘을 갖추고 있음을 금세 알아볼 수 있었습니다. 온몸이 단단한 근육으로 덮여 있었고, 육상 선수처럼 이마에 띠를 두르고, 사자 가죽을 걸치고 있었습니다. 그는 바로 헤라클레스였습니다. 금 사과가 자라는 정원을 찾아 세상을 헤매는 그는 엄청나게 큰 활을 등에 메고 있었는데, 프로메테우스의 간을 쪼아 먹는 독수리를 보자 한순간의 망설임도 없이 곧바로 활을 쏘았습니다. 그는 바위에 묶여 있는 존재가 누구인지, 왜 그런 상태가 됐는지조차 알려고 하지 않았습니다. 심장에 화살을 맞은 독수리가 그 자리에 털썩! 쓰러졌습니다. 헤라클레스는 티탄을 묶은 거대한 사슬도 단숨에 끊어버렸습니다. 헤르메스는 맨손으로 그토록 단단한 금속을 부수는 영웅의 놀라운 힘에 깜짝 놀랐습니다. 그러나 헤르메스가 감탄하는 사이에 이미지는 이내 사라졌습니다. 그는 이후에 벌어질 상황이 궁금해서 다시 돌멩이를 물에 던졌습니다.

프로메테우스가 아픈 손목을 비비며 헤라클레스에게 고맙다고 인사하고 있는데, 제우스가 번개를 몰고 나타났습니다. 그가 또다시 화를 낼까요? 헤르메스는 제우스의 얼굴을 살펴봤습니다. 하지만 신들의 주인은 만족한 듯했습니다. 그는 헤라클레스에게 다가가 어깨에 손을 얹고 말했습니다. "축하한다, 내 아들! 네 화살이 목표를 명중했구나. 네 힘과 솜씨가 자랑스럽다. 넌 진정한 영웅이야!" 그리고 프로메테우스를 향해 돌아섰습니다. 그들은 말없이 서로 바라보다 마침내 제우스가 먼저 입을 열었습니다. "내 아들이 그대의 사슬을 끊었으니 그대를 풀어주겠네. 하지만 그대는 그대를 묶었던 사슬로 만든 반지를 끼고 영원히 내가 그대에게 내린 형벌을 잊지 말아야 해. 그대의 불복종에 대한 정당한 형벌을 절대로 잊지 않길 바라네." 프로

메테우스는 아무 대답도 하지 않았고, 시선도 떨구지 않았습니다. 그는 끊어진 사슬의 고리 하나를 집어 거칠게 손가락에 끼웠습니다.

그 순간, 이미지가 다시 흐려졌습니다. 헤르메스는 안심했습니다. 프로메테우스가 제우스에게 굴복하지 않고도 풀려나고 용서받는 날이 오리라는 사실을 알게 됐기 때문이었죠. 그는 미래를 조금 더 알아보려고 또다시 작은 돌들을 물에 던졌습니다. 새로 나타난 이미지에 반은 인간이고 반은 말인 어떤 존재가 동굴 그늘에 있는 짚단 위에 누워 있었습니다. 그는 켄타우로스 케이론이었습니다. 상처를 입고 몹시 고통스러워 보였습니다. 두 손으로 머리를 감싼 헤라클레스가 그의 곁에 무릎을 꿇고 앉아 부르짖었습니다. "아, 저주받을 화살이 네게 상처를 입혔어, 내 오랜 친구에게!" 켄타우로스가 말했습니다. "자네 손이 그러고 싶어서 그런 게 아니잖나! 너무 자책하지 말게, 헤라클레스. 내가 불멸의 존재가 아니라 죽을 수만 있다면 이 고통에서 벗어날 수 있을 텐데!" 그때 한 그림자가 동굴로 다가왔습니다. 프로메테우스였습니다. 그 역시 불행한 켄타우로스 곁에 앉아서 말했습니다. "존경하는 케이론, 내가 한 가지 제안을 할게. 네 불멸성을 내게 줘. 그럼 넌 평화롭게 죽을 수 있을 거야." 상처 입은 켄타우로스의 눈에 한 줄기 기쁨의 빛이 반짝이며 그가 물었습니다. "제우스가 허락할까?" 프로메테우스가 대답했습니다. "제우스와 나는 화해했어. 내가 물어봤더니 네가 원한다면 너의 불멸성을 내가 받아도 된다고 했어." 프로메테우스가 켄타우로스를 향해 고개를 숙이자 그의 긴 머리칼이 바닥에 닿았습니다. 케이론은 떨리는 손을 프로메테우스의 머리에 얹었습니다. 마치 보이지 않는 액체가 켄타우로스의 가느다란 손가락에서 티탄의 긴 머리카락으로 흘러가는 것 같았습니다.

그러다가 어느 순간 손의 떨림이 강해졌다가 갑자기 멎었습니다. 그는 둥지에서 죽어가는 새처럼 가만히 손을 떨구고 숨을 몰아쉬며 중얼거렸습니다. "프로메테우스, 고마워." 그리고 그는 미소 지으며 영원히 눈을 감았습니다. 동굴이 덜 어둡게 느껴졌습니다. 실의에 빠진 헤라클레스는 꿈쩍도 하지 않았습니다. 프로메테우스는 천천히 일어나서 그들을 남겨두고 동굴에서 나왔습니다. 이미 날이 밝았습니다. 여신 오로라가 하늘에서 자기가 해야 할 일을 하고 있었습니다. 이제 프로메테우스도 제우스처럼 불멸의 존재가 됐습니다. 헤르메스는 물속에서 이 마지막 이미지가 사라지자 가던 길을 계속 갔습니다. 그는 프로메테우스의 미래를 알고 나자 기분이 무척 좋아졌습니다. 하지만 올림포스가 가까워질수록 새로운 걱정에 사로잡혔습니다. 제우스는 자기 자리를 빼앗을 자의 어머니 이름을 알아오라는 임무를 헤르메스에게 맡겼는데, 프로메테우스는 끝내 그 이름을 말하지 않았습니다. 그가 임무에 실패한 것을 알면 제우스는 과연 어떤 벌을 내릴까요?

— 다음 편에 계속

아버지의 허벅지에서 태어난 디오니소스

전편 요약 : 헤라클레스가 바위에 묶여 있는 프로메테우스를 곧 풀어주리라는 사실을 알게 된 헤르메스는 안심하고 집으로 돌아갔습니다.

올림포스로 돌아가는 길에 헤르메스는 프로메테우스에게서 비밀을 알아내는 임무를 완수하지 못했다고 아버지가 노여워할까 봐 두려웠습니다. 하지만 제우스가 지상에서 그의 도움을 절실하게 기다리고 있다는 소식을 듣고 그리로 지체 없이 달려갔습니다. 제우스는 테베에서 멀지 않은 길가에 혼자 앉아 있었습니다. 아직 충격에서 벗어나지 못한 듯 제우스가 말했습니다. "헤르메스, 날 좀 도와줘. 조금 전 엄청나게 불행한 일이 있었어. 흰 팔의 헤라가 내 연인 세멜레를 죽였어. 난 세멜레의 배에서 아직 태어나지 않은 내 아이를 꺼내 잔인한 헤라가 손대지 못하게 몰래 숨겼단다. 이 아이를 돌봐줄 사람을 찾아서 맡겨야 해. 니사의 님프들이 어떨까? 그들은 착하고 다정하니까. 네가 이 아이를 그들에게 데려다줄 수 있겠니?" 헤르메스는 슬픔에 잠긴 아버지를 모른 체할 수 없었지만, 헤라가 싫어하는 짓을 해서 눈 밖에 나고 싶지도 않았습니다. 그런데 아직 태어나지도 않은 아기를 제우스가 어떻게 구할 수 있었는지 궁금해하며 물었습니다. "좋아요, 아기를 데리러 빨리 가요. 어디 숨기셨어요?" 그러자 제우스는 몸을 굽히고 자기 허벅지에서 아기를 꺼냈습니다! 아기를 보호하고 계속해서 자랄 수 있게 바로 자신의 허벅지를 아기의 피난처로 삼았던 것입니다! 헤르메스는 깜짝 놀랐습니다. 제우스의 허벅지에서 태어난 아기라니, 세상에 이럴 수가! 곱슬곱슬한 금발 사내 아기는 눈에 웃음을 담고 있었습니다. 포동포동하게 살진 아기는 매우 행복해 보였습니다. 헤르메스는 이 어린 동생에게 금세 마음을 뺏겼습니다. 제우스가 사랑 가득한 표정으로 아기를 내려다보며 중얼거렸습니다. "비록 네 어미는 여신이 아니지만, 넌 나처럼 신이 될 것이다. 넌 두 번 태어났다는 뜻으로 '디오니소스'라고 불릴 것이며 도취, 즐거움, 기쁨을 관장하는 신이 될 것이다." 제우스에게서 그의 막내아들을 넘겨받은 전령의 신은 아이를 안고 니사의 님프들을 향해 날아갔습니다.

니사는 지상에서 가장 아름다운 계곡이었습니다. 아무

도 그곳이 어디에 있는지 알지 못했습니다. 하지만 헤르메스는 제우스 다음으로 영리한 신일뿐더러 괜히 '여행자의 신'이라고 불리는 것이 아니었죠. 그는 한참을 탐색하다가 마침내 이 은밀한 장소를 찾아냈습니다. 그곳은 들판에 꽃이 흐드러지게 피어 있고, 강물이 유유히 흐르고 있었습니다. 포도밭에는 포도가 가득 달렸고, 여러 가지 과일이 풍성하게 열린 나무들이 있었습니다. 이제 이 아이는 세상에서 가장 아름다운 곳에서 자유롭게 성장할 것입니다. 헤르메스는 디오니소스를 님프들에게 맡기고 나서야 안심했습니다. 그는 떠나기 전 아기를 품에 안고 사랑을 듬뿍 담아 속삭였습니다. "아가야, 내가 언제나 널 보호해줄게. 행복해야 해, 알았지?" 그리고 그는 올림포스로 돌아갔습니다.

그러나 헤르메스는 헤라가 제우스에게 불같이 화를 내는 장면을 목격하고는 얼른 커튼 뒤에 숨었습니다. 여신은 디오니소스가 구출됐다는 사실을 알고 사납게 팔을 흔들며 엄청난 분노를 쏟아냈습니다. "당신은 외간 여성들과 얼마나 더 많은 아이를 만들 거죠? 이미 당신이 총애하는 딸 아테나가 있어요. 당신은 그 아이를 여인의 도움 없이 당신 머리로 낳았죠. 게다가 당신 자녀 아폴론, 아르테미스, 헤르메스도 있잖아요. 그래도 그들의 어미는 적어도 우리 신의 세계에 속한 존재였어요. 그런데 당신은 이제 지상의 여인이 낳은 아들마저 받아들이겠다는 거군요! 더군다나 그 아이에게 임무까지 주다니! 언제 이 짓을 그만둘 거죠, 제우스?" 여신은 울부짖었고, 올림포스의 위대한 왕은 꾸중을 듣고 주눅 든 아이처럼 초라한 모습으로 말했습니다. "이게 마지막이라고 당신에게 약속하겠소. 올림포스의 가족은 이게 전부요. 디오니소스가 막내가 될 거요." 이 말을 듣고서야 진정된 헤라가 조용히 방을 나갔습니다.

헤르메스가 숨어 있던 곳에서 나오며 말했습니다. "아버지, 다 잘됐어요. 아기는 니사의 님프들이 맡아줬어요." 제우스가 한숨을 쉬었습니다. "하지만 그 아기가 헤라의 손아귀에서 완전히 벗어났다고 안심할 순 없어!" 헤르메스도 아버지 말이 옳다는 것을 잘 알고 있었습니다. 돌아오는 길에 그는 헤라가 어떤 방법으로 세멜레를 죽게 했는지 알게 됐습니다. 헤라는 평범한 행인으로 가장하고 이 젊은 여인에게 접근해서 이렇게 말했습니다. "당신 곁에서 자고 있는 남자는 제우스가 분명하죠? 그렇다면 당신은 제우스의 '위용'을 보았겠군요, 그렇죠? 제우스가 자신의 가장 상징적인 그 모습을 사랑하는 당신에게 보여줬겠죠?" 다음 날 세멜레는 제우스에게 애원했습니다. "제 소원을 들어주겠다고 약속해주세요!" 사랑에 빠진 제우스는 무슨 약속인지 들어보지도 않고 그러겠다고 약속부터 했습니다. 그러자 세멜레가 그에게 말했습니다. "제가 꼭 이루고 싶은 소원은 당신의 위용을 보는 거예요!" 이 말을 들은 제우스는 얼굴이 창백해졌습니다. 그는 헤라가 세멜레를 상대로 계략을 꾸몄다는 사실을 금세 알아챘습니다. '위용'을 드러낸다는 것은 그를 상징하는 삼지창을 들고 나타난다는 것을 의미했고, 그 모습을 본 인간은 반드시 죽어야 한다는 것을 의미했습니다. 그는 이런 사실을 세멜레에게 이해시키려 했지만, 그녀의 생각을 바꿀 수는 없었습니다. 그녀는 자신이 사랑하는 연인이 제우스라는 증거를 보고 싶었습니다. 결국, 제우스는 뇌우를 일으키는 삼지창을 들고 자신이 신들의 신임을 입증하는 위용을 드러냈습니다. 그리고 젊은 여인은 번개에 맞아 즉사했습니다. 제우스는 그녀가 품고 있던 아기를 자신의 허벅지에 숨겨 목숨을 겨우 구할 수 있었습니다. 헤르메스는 헤라의 질투를 걱정하면서도 그 한계가 궁금했습니다.

– 다음 편에 계속

쫓기는 이오

전편 요약 : 헤르메스는 제우스를 도와서 아버지의 갓난 아들 디오니소스를 구했지만, 질투심에 불타는 헤라가 이 아이를 해칠까 봐 몹시 두려웠습니다.

디오니소스를 님프들에게 맡기고 나서 며칠이 지난 어느 날 아침 헤르메스는 다시 아버지의 부름을 받았습니다. 제우스는 슬픈 표정을 지으며 지친 목소리로 말했습니다. "아들아, 내가 또 곤란하게 됐구나. 지상에서 젊은 여인 이오를 만나고 있는데 헤라가 왔어. 헤라의 질투가 얼마나 심한지 잘 알고 있으니 이오를 젊은 암소로 변신시켜 숨겼지. 하지만 헤라는 속지 않았어. 내 옆에 있는 예쁜 암소를 자기한테 달라고 했단다. 이렇게 난처한 상황이 벌어졌지만, 난 헤라의 요구를 거절할 구실을 찾을 수 없었어. 그래서 어쩔 수 없이 헤라에게 이오를 넘겼지. 헤라는 이오를 가두고, 눈이 백 개 달린 충직한 간수 아르고스에게 감시하라고 명령했어. 아르고스는 눈을 몇 개쯤 감고 자도 남은 눈들을 뜨고 있어서 절대 그의 감시에서 벗어날 수 없지!" 제우스는 한숨지으며 이렇게 속내를 털어놓고 나서 입을 굳게 다물었습니다. 제우스가 무엇을 바라는지 잘 알고 있는 헤르메스는 아버지의 팔에 손을 얹으며 말했습니다. "알았어요. 제게 맡겨주세요, 제가 알아서 해결할게요." 그리고 곧장 이오를 찾아 날아갔습니다.

헤르메스는 포로와 간수를 어렵지 않게 찾아냈습니다. 올리브나무에 묶여 있는 암소가 절망적인 표정으로 두리번거리고 있었고, 무시무시한 괴물이 그녀 곁에 앉아 감시하고 있었습니다. 그들과 멀지 않은 곳에 있는 바위에 내려앉은 헤르메스는 목동으로 변장하고 주머니에서 갈대를 꺼내 연주하기 시작했습니다. 아름다운 플루트 소리가 들리자 암소를 감시하느라고 지루했던 아르고스가 그에게 가까이 오라고 신호했습니다. 소년은 한달음에 달려가 괴물과 쉬지 않고 수다를 떨었습니다. 괴물이 이야기를 듣다가 잠들게 하는 것이 그의 계략이었죠. 재미있는 이야기를 들려주는 재주로 치자면 수천 가지 이야기를 알고 있는 헤르메스를 아무도 따라갈 수 없었습니다. 아르고스는 끊임없이 쏟아지는 헤르메스의 이야기를 듣다가 마침내 끄덕끄덕 졸기 시작하면서 백 개의 눈이 하나둘씩 감겼습니다. 자장가 같은 헤르메스의 목소리와 리듬에 매료된 아흔아홉 개의 눈이 감기자, 그는 커다란 돌멩이를 손에 들고 괴물에게 가까이 다가갔습니다. 그리고 백 번째 눈이 감기자, 헤르메스는 달려들어 괴물을 돌로 쳐 죽이고 목을 자른 뒤에 이오를 풀어줬습니다. 제우스는 공을 세운 아들과 함께 올림포스로 돌아가면서 신이 나서 말했습니다. "이제 넌 도둑의 신이다, 아들아!" 자신이 총애하는 간수가 죽었다는 소식을 전해 들은 흰 팔의 헤라가 지른 분노의 고함이 궁 전체에 울려 퍼졌습니다. 그녀는 아르고스를 추모하며 괴물의 눈들을 공작의 꼬리에 붙였습니다. 이날 이후 공작의 꼬리에 신비한 눈들이 달리게 됐죠.

헤라는 분노를 삭이지 못하고 무자비하게 살을 물어뜯는 커다란 파리와 등에를 보내 이오를 쫓게 했습니다. 이오는 헤라의 손아귀에서 벗어나고자 미친 듯이 쉬지 않고 달렸습니다. 이오가 바위투성이 해안을 따라 질주한 이 사건을 기념하여 후일 사람들은 이 해안을 '이오니아 해안'이라고 부르게 됐답니다. 다행히 그녀의 도주는 길고 넓은 나일강에서 끝났습니다. 그곳에서 제우스를 만나 인간의 모습으로 돌아온 이오는 다시 평온한 삶을 되찾았습니다. 디오니소스와 이오를 구한 헤르메스는 이제 좀 쉬고 싶었습니다. 하지만 그것은 제우스를 아버지로 둔 전령의 신에게는 불가능한 바람이었죠.

– 다음 편에 계속

필레몬과 바우키스 부부의 사랑

전편 요약 : 헤라는 제우스와 사랑에 빠진 여인 이오를 찾아내 감금하고 눈이 백 개 달린 괴물이 지키게 했습니다. 하지만 영리한 헤르메스가 이 젊은 여인을 풀어줬습니다.

아버지와 만나기로 한 헤르메스는 궁의 비밀 문에서 멀지 않은 풀밭에 누워 하늘을 올려다보며 아버지를 기다렸습니다. 산들바람이 상쾌하게 불어왔습니다. 이번에는 어떤 모험을 하게 될까요? 그는 수많은 이야기를 상상하며 푹신한 구름이 변하는 모양을 지켜봤습니다. 늦은 오후 제우스가 조심스럽게 문을 밀며 나타났습니다. 그 문을 통하면 남의 눈에 띄지 않고 올림포스 밖으로 나갈 수 있었습니다. 남루한 옷차림의 제우스는 말없이 자기 옷처럼 찢어지고 더러운 넝마를 헤르메스에게 내밀더니 그것을 입고 따라오라는 신호를 보냈습니다. 둘은 함께 지상 세계로 내려갔습니다. 아무도 알아보지 못하게 인간처럼 변장하고 지상을 돌아다니는 것은 제우스가 집착하는 큰 즐거움 중 하나였죠. 그는 그렇게 인간들을 관찰했고, 그들 삶의 방식을 파악했습니다. 헤르메스도 이런 여행이 좋았습니다. 마침내 신들의 신이 말했습니다. "아들아, 우린 오늘 인간들이 서로 어떻게 대하는지 알아볼 거야. 상대를 잘 대하는 것만큼 중요한 일도 없단다." 찢어지고 더러운 옷, 빗질하지 않은 머리, 지저분한 발…. 제우스와 헤르메스는 거지로 변장하고 인간들이 사는 집의 문을 두드렸습니다. 제우스는 떨리는 노인의 목소리로 자비를 간청했습니다. "자비를 베푸소서." 헤르메스도 애원했습니다. "도와주세요, 제발 빵한 조각만 주세요." 하지만 아무도 그들에게 관심을 보이지 않았습니다. 길에서 그들과 마주친 사람들은 외면하거나 갑자기 바쁜 일이 생긴 듯 발걸음을 재촉했습니다. 아무도 문을 열어주지 않았고, 심지어 개를 풀어놓는 사람도 있었습니다.

시간이 지나갈수록 문은 더 굳게 닫혔습니다. 제우스는 화가 치밀었습니다. 헤르메스는 '이것이 인간들이 서로 사랑하는 방법인가요?' '이것이 환대의 의무를 실천하는 방법인가요?' 하고 농담을 던졌지만, 제우스는 웃지 않았습니다.

두 여행자는 마침내 어느 허름한 집 앞에 왔습니다. 그

들이 문을 두드리자마자 문이 열리며, 두 노인이 그들을 안으로 맞아들였습니다. 바닥에 흙이 드러난 이 가난한 단칸집에는 세간이라고는 삐걱거리는 낡은 목재 가구 두세 개가 전부였습니다. 노파가 말했습니다. "가난해서 두 분께 드릴 게 별로 없지만, 기쁜 마음으로 환영합니다." 노파의 이름은 바우키스였고, 남편은 필레몬이었습니다. 그들은 40년 전부터 다 쓰러져가는 이 집에서 살고 있었죠. 제우스는 노파가 부지런히 움직이며 불을 되살리고 물을 끓여 수프를 준비하는 모습을 바라봤습니다. 필레몬은 정원에서 커다란 양배추를 따서 냄비에 넣었습니다. 그리고 기둥에 걸려 있던 마지막 남은 베이컨도 냄비에 넣었습니다. 그들은 서로 아무것도 묻지 않고, 이 낯선 방문객들을 소박하지만 정성스럽게 대접했습니다. 바우키스는 삐걱거리는 테이블 다리 아래에 나뭇조각을 밀어 넣고, 방문객들이 따뜻하게 몸을 녹일 수 있게 담요를 가져다줬습니다. 필레몬은 그들에게 톡 쏘는 포도주에 물을 섞어 대접했습니다.

양배추와 베이컨의 구수한 향이 집 안에 퍼졌습니다. 헤르메스의 입에 침이 고였습니다. 그는 신들의 식탁에 차려진, 넥타에 적신 암브로시아를 매우 좋아했지만, 그것은 늘 먹는 음식이었습니다. 제우스와 헤르메스는 노부부가 차려준 소박한 음식을 맛있게 먹었습니다. 두 노인은 그들이 먹는 모습을 기쁘게 바라보느라, 필레몬이 방문객들의 잔에 끊임없이 포도주를 따라줘도 단지 안의 포도주가 전혀 줄어들지 않고 가득 차 있다는 사실을 알아차리지 못했습니다!

마침내 무슨 일이 일어났는지 알게 된 두 노인은 매우 당황했습니다. 그러자 제우스가 일어나며 그들을 안심시켰습니다. "아무것도 두려워 마라. 난 신들의 신 제우스이고, 여긴 내 아들 헤르메스니라. 우리는 그대들의 호의에 감사한다. 그대들은 후하게 보상받게 될 것이다." 그가 말을 하는 동안 보잘것없던 초가집이 순식간에 멋진 궁전으로 변했습니다. 필레몬과 바우키스는 눈이 휘둥그레지며 손을 꼭 잡았습니다. "이제 이 모든 건 그대들의 것이다. 그대들이 원하는 것을 얘기하라. 소원이 이루어질 것이다." 제우스가 선언했습니다. 그러자 바우키스가 다정한 목소리로 말했습니다. "신이시여, 우리 부부는 이미 늙었습니다. 우리는 지금껏 단 한 번도 헤어진 적이 없었지요. 우리가 가장 바라는 것은 한날한시에 함께 죽는 것입니다." 제우스는 서로 사랑하는 두 노인을 보고 깊이 감동했습니다. 그는 주저하지 않고 허락했습니다. "지상의 이기적인 인간들은 이제 나의 분노를 곧 알게 될 것이다. 하지만 그대들은 행복할지어다."

헤르메스는 이후에도 여행하는 중에 자주 이곳에 들러 노부부의 안부를 물었습니다. 그러던 어느 날 그가 그들을 방문했을 때 집에는 아무도 없었습니다. 그리고 문 앞에 낯선 나무가 자라고 있었습니다. 참나무와 보리수의 몸통과 가지가 서로 얽혀 하나가 돼 있었습니다. 헤르메스는 미소 지었습니다. 제우스가 약속을 지켰던 것입니다. 필레몬과 바우키스는 그들의 소원대로 영원히 함께 머물게 됐습니다.

– 다음 편에 계속

고약한 저녁 식사

전편 요약 : 제우스는 인간들이 서로 친절하게 대하지 않는다는 사실을 알게 되자 그들을 벌하기로 했습니다.

인간에 대한 제우스의 분노는 나날이 커졌습니다. 어느 날 저녁, 궁전 테라스에서 아테나를 만난 헤르메스는 누이에게 고민을 털어놓았습니다. "누나, 난 걱정이 많아. 인간들이 더불어 사는 법을 잊은 것 같아. 아버지가 그걸 오래 두고 보시지만은 않을 거야. 프로메테우스가 사랑하는 인간들의 미래가 걱정스러워." 친구 프로메테우스의 이름을 듣자 지혜의 여신이 남몰래 한숨지었습니다. 그녀는 지상 세계를 내려다보며 말했습니다. "그들을 인도하는 프로메테우스가 없어서 야만스럽게 된 거지…. 인간들은 나약해서 스스로 방어할 수 없어. 나 역시 그들이 걱정스럽단다." 그 순간, 누군가가 다가오는 발소리가 들리자 헤르메스와 아테나는 말을 멈췄습니다. 여행객 차림으로 떠날 준비를 마친 제우스가 나타났습니다. "얘들아, 그렇잖아도 너희를 찾고 있었단다. 함께 지상을 둘러보러 가야겠다. 저 가증스러운 인간들에게 마지막 기회를 주고 싶구나."

그들은 함께 아르카디아 왕국으로 여행을 떠났습니다. 평범한 여행객 차림을 하고 있었지만, 사람들의 눈에 띌 수밖에 없었습니다. 그들은 밤이 돼서야 리카온 왕의 궁전에 도착했습니다. 리카온은 전쟁에만 관심이 있는, 몹시 난폭하고 오만한 왕이었습니다. 오십 명이나 되는 그의 아들은 전 왕국을 공포에 떨게 했지만, 그는 오히려 잘했다고 칭찬했습니다. 그렇게 아르카디아 왕국에서는 오래전부터 살인, 절도, 구타, 욕설이 난무했습니다. 세 여행객이 지나가자 주민이 웅성거렸습니다. 마치 그들이 신이라는 사실을 안다는 듯이 기도를 올리는 사람도 있었습니다. 리카온은 낯선 자들이 자기 나라에 와서 백성의 경배를 받는다는 보고를 받자 몹시 화가 났지만, 감정을 숨기고 이들을 궁으로 초대했습니다. 헤르메스는 붉은 얼굴을 찌푸리고 있는 리카온을 보자 역겨웠습니다. 리카온은 연회에 참석하기 전에 그들이 쉴 수 있게 방으로 안내했습니다. 궁전의 복도는 온통 쓰레기로 덮여 있었습니다.

하지만 리카온 왕에게 이런 더러움은 아무렇지도 않은 것 같았습니다. 그가 방문객들을 방으로 안내하고는 "여기서 쉬시오. 난 부하들에게 지시할 게 있소."라고 말하고는 밖으로 나갔습니다.

헤르메스는 몰래 그의 뒤를 쫓았습니다. 부엌으로 간 리카온 왕은 하인 한 명을 죽여 큰 냄비에 넣고 끓여 손님들에게 대접하라고 명령했습니다. 그는 큰 소리로 웃더니, 하얗게 질린 요리장에게 말했습니다. "저자들이 정말로 신이라면 우리가 자기들한테 인육을 줬다는 사실을 알아차릴 것이고, 평범한 여행자들이라면 인간 고기를 먹고 나서 아무것도 모르겠지!" 무시무시한 그의 웃음소리가 부엌에 울려 퍼졌습니다. 그의 아들들도 그와 함께 껄껄대고 웃었습니다. 리카온의 계략을 간파한 헤르메스는 치미는 화를 간신히 참았습니다.

곧 저녁 식사 시간이 됐습니다. 하지만 복도에서 헤르메스를 발견한 리카온이 연회 때까지 그의 곁을 떠나지 않는 바람에 헤르메스는 그들이 무엇을 식사로 준비했는지 제우스에게 말해줄 수 없었습니다. 모두가 식탁에 둘러앉자 갑자기 무거운 침묵이 흘렀습니다. 그 끔찍한 음식이 제우스 앞에 놓였습니다. 아르카디아 왕의 얼굴 한구석에 비열한 미소가 번졌습니다. 제우스는 리카온 왕이 자신에게 대접한 것이 끔찍한 것이라는 사실을 금세 알아채고 접시를 들어 바닥에 내동댕이쳤습니다. 그는 분노로 몸을 부들부들 떨며 리카온에게 소리쳤습니다. "넌 한낱 사나운 짐승에 불과하구나. 앞으로도 영원히 짐승으로 살게 해주마!"

왕이 뭔가를 말하려고 했지만 그의 입에서는 짐승의 울부짖음만이 들렸습니다. 그가 무릎을 꿇는 순간, 두 팔은 앞발로 변했고, 갑자기 머리카락이 길게 자랐고, 코가 튀어나와 짐승의 주둥이가 됐으며, 온몸이 길고 지저분한 잿빛 털로 뒤덮였습니다. 리카온이 다시 뭔가를 말하려고 했지만, 그의 주둥이에서 나오는 소리는 비통한 울부짖음이었습니다. 리카온은 야생 늑대로 변했습니다! 그의 아들들도 차례로 늑대로 변신했습니다. 분노한 제우스는 삼지창을 들어 궁전마저 불태워버렸습니다. 그러고는 늑대 무리를 왕국의 가장 깊숙한 숲 속으로 쫓아버렸습니다.

헤르메스와 아테나는 제우스와 함께 올림포스를 향해 걷기 시작했습니다. 그런데 걸을수록 제우스의 분노는 점점 더 격렬해졌습니다. 그가 소리쳤습니다. "개자식들! 인간들은 짐승이 됐어! 그들은 아무것도 존중하지 않고, 심지어 우리 신들조차 존중하지 않아. 그들에게 무시무시한 벌을 내리겠어!" 아테나와 헤르메스는 어찌할 바를 몰랐습니다. 헤르메스가 큰 용기를 내어 말했습니다. "아버지, 그들이 모두 이렇게 나쁘진 않을 거예요…. 그들에게 마지막 기회를 주세요…." 제우스가 아들의 말을 끊었습니다. "됐어! 그게 그들의 마지막 기회였어!" 제우스의 말을 듣고 헤르메스는 두려움에 떨었습니다. 인간에게 어떤 일이 일어날까요?

— 다음 편에 계속

대홍수

전편 요약 : 제우스는 인간을 벌하기 전에 마지막 기회를 줬지만, 리카온 왕은 그의 일행에게 인간 고기를 먹이려고 했습니다! 화난 제우스는 무서운 복수를 준비합니다.

한밤중에 목소리가 들렸습니다. 그것은 바위에 묶여 있는 프로메테우스의 목소리였습니다. 그는 누군가를 부르며 신음했습니다. 그는 인간들, 그의 자식들이 위험에 놓였다는 사실을 알아챘습니다. 그는 자신이 창조한 인간들이 사라지는 현실을 차마 눈 뜨고 볼 수 없었습니다. 그는 제우스가 그들 모두를 지상에서 없애려 한다는 것을 예감했습니다. 그래서 바위에 묶인 이래 처음으로 누군가를 불렀습니다. "데우칼리온! 데우칼리온!" 그는 사랑하는 아들을 불렀습니다. 어둠 속에서 울려 퍼진 그의 목소리가 잠든 데우칼리온의 귀에 다다랐습니다. 그는 아버지의 목소리를 들었습니다. "데우칼리온, 내 아들아! 어서 일어나라. 나무로 커다란 상자를 만들고 그 안에 최대한 많은 식량을 싣고, 네 부인을 데리고 타거라. 내 말을 따르면 너는 목숨을 구할 것이다. 그러니 서둘러라!" 프로메테우스의 목소리에 잠에서 깨어나 한밤중에 눈을 뜬 데우칼리온이 외쳤습니다. "아버지? 아버지세요?" 하지만 프로메테우스는 대답하지 않았습니다. 한밤의 정적만이 흘렀습니다. 데우칼리온의 머릿속에서 프로메테우스의 메시지가 맴돌았습니다. 그는 아내 피라를 깨우고, 아버지가 시킨 대로 했습니다. 그가 나무를 잘라 톱으로 켜고 밤새도록 못을 박는 동안 피라는 음식을 준비했습니다. 상자는 날이 밝았을 무렵 완성됐습니다. 데우칼리온과 피라는 상자 안에 들어가 앞으로 일어날 일을 기다렸습니다.

제우스는 올림포스에 돌아가자마자 바다의 신이자 자신의 형제인 포세이돈을 불렀습니다. 그들은 단둘이 신들의 회의실로 들어가 오래도록 무언가를 토론하며 나오지 않았습니다. 헤르메스는 그들이 무엇을 모의하는지 궁금해서 안절부절못하며 복도를 서성였습니다. 마침내 두 위대한 신이 심각한 표정으로 회의실에서 나오더니 테라스로 나가 지상 세계를 굽어봤습니다. 제우스가 포세이돈에게 말했습니다. "자, 어서 시작해!" 그러자 바다의 신이 팔을 들어 물결에게 명령했습니다. "오, 바다, 대양, 호수여, 넘쳐서 육지에 퍼져라! 그리고 강과 대하여, 너희도 잠에서 깨어 일어나라!" 포세이돈의 굵고 낮은 목소리를 들으며 헤르메스는 전율했습니다. 그리고 지상을 내려다보고는 깜짝 놀랐습니다. 엄청난 파도가 땅을 집어삼키고 있었습니다. 해안과 강가에 늘어섰던 마을들은 이미 모두 물에 잠겼습니다. 공포에 사로잡힌 인간들이 덮치는 파도를 피하려고 안간힘을 썼습니다. 그들은 물에 빠져 죽지 않으려고 숨이 넘어갈 때까지 달리고, 또 달렸습니다. 나무에 기어오르는 사람도 있었고, 산꼭대기로 달아나는 사람도 있었습니다. 지상에는 공포가 가득했습니다. 그 순간 제우스가 자신의 삼지창을 흔들어 천둥을 부르며 외쳤습니다. "먹구름아, 당장 몸을 한껏 부풀려 지상에 쏟아부어라!" 그의 말이 끝나기 무섭게 하늘을 찢을 듯이 천둥 번개가 치며 지상에 엄청난 비가 쏟아졌습니다. 사납게 내리는 비는 이미 온 세상을 뒤덮은 홍수에 섞였습니다. 맹위를 떨치는 하늘을 보면서도 제우스의 얼굴은 미동도 하지 않았습니다. 번쩍! 하고 번개가 쳐도 눈 한 번 깜빡이지 않았습니다. 헤르메스는 무서운 기세로 뒤바뀌는 하늘과 냉정한 아버지 얼굴을 번갈아 바라봤습니다. 인간들의 잘못이 너무 컸기에 그 벌은 정말 무서웠습니다. 그들은 신들이 정한 법을 잊었습니다. 그들은 이방인을 환대하지 않았고, 서로 존중하지 않았으며, 서로 잔인하게 대했습니다. 대홍수가 시작된 것을 본 제우스와 포세이돈은 만족해하며 헤어졌습니다. 비는 그렇게 아흐레 낮과 아흐레 밤 동안 쉬지 않고 내렸습니다. 아흐

레가 지나자 비가 온 땅을 덮어 세상에는 물밖에 없었습니다. 헤르메스는 끝도 없이 펼쳐진 바다를 슬픔 가득한 눈으로 바라봤습니다. 그는 필사적으로 생명체를 찾았습니다. 하지만 죽음뿐인 것 같았습니다. 신들의 전령은 인간의 종말을 믿을 수 없었습니다. 그는 살아 있는 존재가 있다는 징후를 찾으려고 물 위를 이리저리 날아다녔습니다. 하지만 매끄러운 수면을 움직이는 것은 아무것도 없었습니다. 심한 충격을 받은 헤르메스는 생각했습니다. '한 사람도 남김 없이 모든 인간이 익사했다는 걸까?'

– 다음 편에 계속

구원받은 데우칼리온과 피라

전편 요약: 제우스는 형 포세이돈의 도움을 받아 지상에 대홍수를 일으켜 신의 뜻을 거스른 인간들을 벌했습니다. 헤르메스는 온 세상이 물에 잠기자 인간이 한 사람도 남김없이 모두 죽었을까 봐 몹시 두려웠습니다.

헤르메스는 생명의 흔적을 찾아 쉬지 않고 몇 시간씩 날아다녔지만 아무것도 발견하지 못했습니다. 그러다가 수면에서 소용돌이치는 물결을 따라 빙빙 도는 물체를 보았습니다. 헤르메스가 서둘러 가까이 다가가보니 그것은 나무로 만든 상자였습니다. 안에는 남자와 여자가 들어 있었습니다. 남자는 바로 프로메테우스의 아들 데우칼리온이었고, 여자는 에피메테우스와 판도라의 딸 피라였습니다. 그들 부부는 상자 안에서 서로 꼭 껴안고 웅크리고 있었기에 헤르메스를 볼 수 없었습니다.

인간들을 발견한 헤르메스는 흥분했습니다. 하지만 땅이 완전히 물에 잠긴 상태에서 나무 상자를 타고 물결에 떠밀려 다니는 이들 두 인간의 운명이 어떻게 될지는 아무도 몰랐습니다. 헤르메스는 아버지 제우스를 설득해서 그들을 구하기로 마음먹었습니다.

제우스를 찾아간 헤르메스는 일상의 평온을 되찾은 그의 모습을 보고 안심했습니다. 인간에게 내린 대홍수가 그의 분노까지 씻어 내린 듯했습니다. 헤르메스가 제우스에게 다가가며 말했습니다. "아버지, 인간들은 자신이 저지른 야만적인 행위에 대해 충분히 벌을 받았어요. 혹시 프로메테우스의 아들 데우칼리온과 그의 아내 피라를 기억하시나요?" 아들의 말에 제우스가 깜짝 놀라며 대답했습니다. "물론 기억하지. 그런데 왜 그러느냐?" 꾀 많은 헤르메스가 아버지에게 물었습니다. "그들도 죄를 지었나요?" 제우스가 길게 한숨을 내쉬었습니다. "그들에게는 죄가 없지. 정직하고 올바른 사람들이었어. 그들은 인간과 신을 존중했단다. 그 부부를 구해주지 못해 유감이지만, 이제 와서 어떡하겠니?" 제우스는 말을 마치고 슬픈 표정을 지었습니다. 그러자 헤르메스가 외쳤습니다. "아버지, 그들은 아직 죽지 않았어요. 구할 수 있어요!" 제우스가 놀라며 물었습니다. "어떻게 그럴 수 있지? 내 분노의 결과로 모든 인간이 물에 잠겨 죽었는데?" 헤르메스는 바닥에 무릎을 꿇고 제우스에게 간청했습니다.

"지상에는 그들 둘만이 살아남았어요. 아버지 제발 그들을 구해주세요. 새로운 인종이 태어나게 허락해주세요. 그들은 올바르고 자존심이 강해서 다시는 사악함에 빠지지 않을 거예요. 그리고 틀림없이 올림포스의 신들을 숭배할 거예요. 제가 약속할 수 있어요!" 제우스는 깜짝 놀라 헤르메스를 바라봤습니다. 그는 헤르메스가 그토록 열정적으로 프로메테우스의 피조물을 변호하는 것이 신경에 거슬렸지만, 아들을 사랑했기에 기쁘게 해주고 싶었습니다. 게다가 분노가 가라앉자 무고한 사람들이 타인의 잘못으로 죽임을 당한다는 것이 과연 공평한 일인지 의문이 들었습니다.

제우스가 자리에서 일어나 미소 지으며 말했습니다. "좋다, 헤르메스, 네 말에 설득력이 있구나. 그들이 살아남아도 좋다고 허락하마." 이 말을 듣고 젊은 신은 펄쩍 뛰어 일어나 아버지의 볼에 요란하게 입맞춤을 했습니다. 그리고 두 명의 생존자를 향해 쏜살같이 달려갔습니다.

나무 상자는 한없이 넓은 수면에서 해류에 밀려 여전히 떠다니고 있었습니다. 데우칼리온이 드디어 물 위로 드러난 산봉우리를 발견하고 외쳤습니다. "저것 좀 봐, 피라! 물에 완전히 잠기지 않은 산이 있어. 신들의 유모들이 사는 파르나스산 같아! 신들이 자신을 길러준 세 유모를 구하려고 대홍수를 피하게 해준 것 같아." 데우칼리온은 나뭇가지를 노처럼 사용해서 파르나스산 쪽으로 다가갔습니다. 그리고 상자가 땅에 닿자 밖으로 나왔습니다. 데우칼리온은 흙을 한 줌 쥐고 하늘을 우러러 말했습니다. "고맙습니다, 제우스 신이시여, 고맙습니다." 그때 세상을 가득 채웠던 물이 서서히 빠지기 시작했습니다. 제우스의 부탁으로 포세이돈이 강과 운하와 바다에게 제자리로 돌아가라고 명령했기 때문이었죠. 그렇게 두 인간은 황폐한 세상에 남겨졌습니다. 헤르메스는 과연 그들이 궁지를 벗어날 수 있을지, 또 어떤 난관이 그들을 기다리고 있을지 걱정스러웠습니다.

- 다음 편에 계속

제47화

돌로 만든 새로운 인종의 탄생

전편 요약 : 헤르메스는 대홍수에서 유일하게 살아남은 데우칼리온과 피라를 구해도 좋다는 제우스의 허락을 받았습니다. 하지만 그들의 난관이 끝난 것은 아니었습니다.

목숨을 구한 데우칼리온과 피라는 줄어드는 물을 바라보며 안심했습니다. 올림포스로 돌아간 헤르메스도 자신이 보호해준 가련한 인간들을 흐뭇한 시선으로 바라봤습니다. 젊은 부부는 손을 꼭 잡고, 대홍수가 집어삼켰던 풍경들이 하나둘 다시 나타나는 장면을 바라보며 천천히 걸었습니다. 그들이 나무 상자에서 내린 곳은 짐작대로 파르나스산이었습니다. 그들은 얼마 지나지 않아 사원에 도착했습니다. 오랫동안 물속에 잠겼던 사원은 물풀과 이끼로 뒤덮였고, 건물이 무너져 거의 폐허가 됐습니다. 데우칼리온과 피라는 사원으로 들어가 다시 한 번 그들의 목숨을 구해준 신들에게 감사하기로 했습니다. 피라가 데우칼리온의 귀에 대고 속삭였습니다. "신들의 동상이 우리를 호의적으로 바라보고 있는 것 같아요." 데우칼리온도 아내에게 말했습니다. "당신 말이 옳소." 그리고 사원 한가운데로 걸어가서 큰 목소리로 신들에게 기원했습니다. "우리 생명을 구해주신 신들이시여, 우리를 도와주십시오! 대홍수에 모든 것이 쓸려 나간 이 세상에는 아무도 없습니다, 우리는 이런 적막 속에서 살 수 없습니다. 우리를 도와주세요!" 헤르메스는 신들이 그들의 기도를 들었기를 바라면서 기둥 뒤에 숨어서 기다렸습니다. 하지만 지상의 두 생존자가 그들의 기도에 대해 그토록 이상한 답을 얻게 되리라고는 상상하지 못했습니다.

데우칼리온과 피라가 들어간 사원 내부는 어둡고 축축했습니다. 추위에 몸을 떠는 젊은 여인은 신들의 동상을 바라보며 도움을 바랐습니다. 불을 피우는 데 성공한 데우칼리온이 사원을 한 바퀴 돌며 살펴보고 있을 때, 어디서 들리는지 알 수 없는 목소리가 들렸습니다. "너희 얼굴을 숨겨라. 이 사원을 나가서 절대 뒤 돌아보지 말고 걸어가면서 너희 뒤로 너희 어머니 뼈를 던져라." 깜짝 놀란 데우칼리온이 작은 소리로 말했습니다. "우리 어머니 뼈라고요? 무슨 말인지 이해할 수 없어요…." 겁에 질린 피라는 바닥에 무릎을 꿇고 엎드려 흐느꼈습니다. 데우칼리온이 조용히 그녀를 품에 안았습니다. 그 목소리는 대체 무엇을 말하려고 했을까요? 헤르메스는 여전히 기둥 뒤에 숨어서 자신이 보호한 인간들을 바라보며 제우스가 그들에게 바라는 것이 과연 무엇인지 생각했습니다. 게다가 자신은 그들을 구해달라고 제우스에게 간청한 당사자였죠. 부부는 아직 물기가 남아 있는 바위 뒤에서 서로 부둥켜안고 있었습니다. 깊이 생각에 잠겼던 데우칼리온이 벌떡 일어나며 말했습니다. "들어봐, 피라! 모든 존재의 어머니는 땅이야, 그렇지? 그러니까 땅의 뼈는 바로 돌이겠지. 신들이 말하는 건 분명히 그걸 거야. 이리 와!" 피라를 부축해 일으킨 그는 아내와 함께 얼굴을 감추고 사원을 나갔습니다. 그리고 걸어가면서 바닥에서 돌을 주워 계속해서 뒤로 던졌습니다. 그들은 돌이 바닥에 떨어지는 소리를 들었지만, 돌아봐서는 안 됐기에 무슨 일이 일어나는지 확인할 수 없었습니다. 헤르메스는 이처럼 눈앞에서 벌어지는 광경을

하나도 놓치지 않고 지켜봤습니다. 데우칼리온이 던진 돌들은 땅에 떨어지자마자 남자들로 변했습니다. 그리고 피라가 던진 돌들은 모두 여자들로 변했습니다. 데우칼리온과 피라는 돌을 모두 던지고 나서 뒤를 돌아보자, 거기에는 열댓 명의 남녀가 서 있었습니다. 드디어 인간들을 보자 그들은 기뻐서 서로 껴안았습니다. 헤르메스는 이 새로운 인종의 포옹을 흐뭇한 기분으로 바라보면서 '그들이 돌에서 왔으니, 돌처럼 강하고 단단하게 시련을 견디며 살아남으면 좋겠다. 그들이 함께 사는 법을 깨달았으면 좋겠다'고 생각했습니다. 임무를 마친 그는 살금살금 그곳을 떠났습니다.

올림포스로 날아가던 그의 귓전에 "고마워, 헤르메스!"라는 말이 멀리서 들리는 것만 같았습니다. 그는 프로메테우스의 목소리를 알아듣고 미소 지었습니다. 하지만 헤르메스는 자신이 인간을 변호함으로써 신들에게 새로운 적을 만들어줬다는 사실을 미처 모르고 있었습니다.

– 다음 편에 계속

다시 도둑이 된 헤르메스

전편 요약 : 데우칼리온과 피라는 홍수가 끝난 땅을 걸으며 뒤로 돌을 던져 새로운 인류를 탄생시켰습니다. 헤르메스는 멸망 직전의 인간들을 도울 수 있어 흐뭇했습니다.

그러나 올림포스의 테라스에서 지상을 굽어보던 어떤 신은 몹시 화를 냈습니다. 성난 신은 희고 긴 수염을 쥐어뜯으며 혼잣말처럼 헤르메스에 대해 협박을 늘어놓았습니다. "빌어먹을 애송이 전령! 내가 대홍수로 덮어버린 땅에서 물이 빠지게 하라고 내 아우를 설득한 놈이 바로 너지? 두고 봐, 내가 언젠가 단단히 복수할 테니까." 그는 바다의 왕 포세이돈이었습니다. 물이 땅을 온통 뒤덮으면서 그는 처음으로 세상의 주인이 됐습니다. 하지만 제우스의 명령으로 물이 제자리로 돌아가자 그 막강했던 권력을 잃었죠.

헤라는 흰 팔을 신경질적으로 뒤틀며 한숨을 쉬었습니다. "아, 인간들이 또다시 지상에서 살게 됐군. 제우스는 또다시 아름다운 여인들과 사랑에 빠지겠지…." 그녀는 인간들, 특히 여인들이 물속으로 사라지는 것을 보며 기뻐했습니다. 그런데 헤르메스가 인간을 구원하자 몹시 실망해서 불평을 늘어놓았습니다. "빌어먹을 애송이 전령! 두고 봐, 내가 언젠가 단단히 복수할 테니까." 평소에 포세이돈과 헤라는 친한 사이가 아니었지만, 이번만큼은 힘을 합쳐 헤르메스에게 복수하기로 했습니다. 그들은 머리를 맞대고 복수할 방법을 오랫동안 의논하고 나서 헤어졌습니다. 포세이돈은 바다로 돌아갔고, 헤라는 자기 마차를 타고 올림포스산을 둘러보러 갔습니다.

땅 위를 낮게 날면서 지상을 살펴보던 헤르메스의 가슴은 기쁨으로 격렬하게 뛰었습니다. 물이 빠진 산과 들은 햇볕을 받아 점점 말라가고 있었습니다. 포세이돈과 헤라의 음모를 전혀 모르는 헤르메스는 바다 위를 날다가 외딴 섬에서 뭔가 반짝이는 것을 발견하자 그리로 쏜살같이 날아갔습니다. 그것은 놀랍게도 포세이돈의 삼지창이었습니다. 삼지창은 바다 한가운데 외딴 섬에 놓여 있었습니다. 헤르메스는 늘 이 멋진 삼지창을 가지고 놀고 싶어 했습니다. 그런데 포세이돈은 어쩌다가 삼지창을 여기에 잃어버렸을까요? 헤르메스는 작은 바위섬을 살펴봤습니다. 그 섬은 아무도 살지 않는 무인도 같았습니다. 그런데 어디선가 돼지 울음소리처럼 해괴한 소리가 규칙적으로 들려왔습니다. 소리 나는 곳으로 간 헤르메스는 웃음이 터져 나와 입술을 꽉 깨물었습니다. 그것은 바로 바다의 신 포세이돈이 그늘에 누워 낮잠을 자면서 코 고는 소리였습니다. 헤르메스는 포세이돈을 깨우고 싶지 않았습니다. 이런 곳에서 자고 있는 것을 들키면 몹시 화를 낼 테니까요. 헤르메스는 발꿈치를 들고 살금살금 그곳을 벗어났습니다.

하지만 삼지창 옆을 지나치는 순간, 반짝이는 빛이 다시 그의 시선을 끌었습니다. 삼지창에 떨리는 손을 얹자 금속이 살짝 진동했습니다. 삼지창에는 포세이돈의 모든 능력이 들어 있었습니다. 헤르메스는 생각할 틈도 없이 삼지창을 낚아채고 하늘로 날아갔습니다. 그렇게 헤르메스는 큰아버지 포세이돈에게서 그의 권력을 상징하는 보물을 훔쳤습니다. 그 순간, 말 울음소리가 들리며 세 마리의 멋진 말이 그의 앞에 나타났습니다. 한 마리는 눈처럼 희고, 다른 한 마리는 밤처럼 까맣고, 나머지 한 마리는 불처럼 붉었습니다. 그 말들은 금빛 조각으로 멋지게 장식된 번쩍이는 마차에 매여 있었습니다. 헤르메스는 그것이 헤라의 마차라는 것을 금세 알아봤습니다. 그는 늘 이 마차를 부러워했는데, 마침내 이 마차를 마음껏 볼 수 있어 기뻤습니다. 그런데 헤라는 왜 이 마차를 버렸을까요? 헤르메스는 주변을 살폈습니다. 동굴에서 몇 걸음 떨어진 곳에서 이상한 소리가 규칙적으로 들렸습니다. 그가 소리 나는 곳으로 가보니 놀랍게도 헤라가 그곳에 잠들어 있었습니다. 흰 팔의 헤라 역시 그늘에서 낮잠을 자며 코를 골고 있었습니다. 헤르메스는 헤라를 깨우고 싶지 않았습니다. 이런 곳에서 자고 있는 것을 들키면 몹시 화를 낼 테니까요. 헤르메스는 발꿈치를 들고 살금살금 그곳을 벗어났습니다.

하지만 세 마리 말과 화려한 마차를 지나치는 순간, 말들이 그에게 신호라도 보내듯이 발굽으로 바닥을 찼습니다. '그럼, 마차를 타고 한 바퀴만 돌아볼까? 헤라가 깨기 전에 돌아오면 전혀 눈치채지 못할 거야.'라고

생각하며 헤르메스가 마차에 올라타자마자 말들이 전속력으로 달렸습니다. 헤르메스는 짜릿한 기쁨을 느끼며 마차를 더 빨리 몰았습니다. 하지만 그 시간에 자기 보물을 도둑맞은 신들은 기다렸다는 듯이 범죄자 헤르메스에 대한 처벌에 착수했습니다.

— 다음 편에 계속

벌받은 헤르메스

전편 요약 : 헤르메스는 인간들이 대홍수에서 살아남게 도움으로써 포세이돈과 헤라의 적이 됐습니다. 그리고 함정에 빠져 포세이돈의 삼지창과 헤라의 마차를 훔쳤습니다.

헤라의 말들이 전속력으로 달리자 헤르메스는 속도가 주는 쾌감에 취해 아무것도 생각하지 못했습니다. 마차는 그렇게 올림포스로부터 멀어졌습니다. 달리는 마차에서 바라보는 경치는 눈부시도록 아름다웠습니다. 길에서 스치는 사람들은 그토록 멋진 마차를 모는 그를 보고 감탄했습니다. 헤르메스는 우쭐했습니다. 그는 가끔 말의 고삐를 놓고 옆에 놓아둔 포세이돈의 삼지창을 들고 흐뭇한 기분에 잠겼습니다. 그럴 때마다 자신이 무척 강하게 느껴졌습니다.

그때 갑자기 길모퉁이에서 누군가가 나타나 마차를 가로막았습니다. 깜짝 놀란 말들이 뒷발로 일어서며 큰 소리를 질렀고, 헤르메스는 혼비백산해서 말들을 진정시키려고 했지만, 역부족이었습니다. 그의 길을 가로막은 자는 바로 제우스와 헤라의 아들 아레스였습니다. 헤르메스가 소리쳤습니다. "전쟁의 신, 내게 원하는 게 뭐지?" 아레스는 팔짱을 끼고, 얼굴에 비웃음을 띤 채 대답했습니다. "이 한심한 도둑놈, 헤르메스! 우리 아버지 제우스가 널 올림포스로 데려오라고 날 보내셨지." 아레스의 의기양양한 태도에 헤르메스는 발끈했습니다. 하지만 그는 분을 삭이며 진정하려고 애썼습니다. 아버지의 명령이라면 당연히 복종해야 했으니까요. 제우스의 분노가 얼마나 무서운지는 짐작조차 할 수 없었습니다.

헤르메스가 올림포스에 도착하자 신들이 회의실에서 그를 기다리고 있었습니다. 철없는 전령은 자신이 저지른 짓을 후회하며 고개를 숙이고 회의실로 들어갔습니다. 모든 신이 아버지 제우스 주변에 모여 있었습니다. 그는 마치 올림포스 궁에 처음 발을 들여놓았던 날로 돌아간 것 같은 기분을 느꼈습니다. 아버지의 표정은 엄격했습니다. 아무도, 심지어 그가 좋아하는 누이 아르테미스조차도 그에게 미소 짓지 않았습니다. 다정한 헤스티아마저도 불만 가득한 시선으로 그를 노려봤습니다. 헤르메스는 다시 고개를 떨궜습니다. 다른 신의 물건을 훔쳤다는 것이 얼마나 용서받을 수 없는 큰 죄인지, 그도 잘 알고 있었습니다. 이 상황에서 벗어나려면 어떻게든 자신의 뛰어난 말재주로 신들을 설득해야 했습니다.

제우스가 먼저 말했습니다. "이 어린 도둑을 체포해줘서 고맙구나, 아레스." 그러자 아레스가 으스대며 자기 자리로 돌아갔습니다. 제우스가 이번에는 헤르메스에게 냉랭한 목소리로 물었습니다. "파렴치한 아들아, 네 행동을 어떻게 변명할 테냐?" 그러자 헤르메스가 설명했습니다. "오, 신들의 신이시여, 제게 변명의 여지가 없는 것처럼 보이시겠지만, 저는 외딴 섬에 버려진 포세이돈의 삼지창을 주인에게 가져다주려고 챙겼을 뿐입니다. 마차도 역시 길가에 버려져 있기에 주인에게 가져다주려고 탔을 뿐입니다. 훔칠 생각은 전혀 없었습니다." 헤르메스는 자기 말의 효과를 보려고 아버지의 안색을 살폈습니다. 아버지 시선에서 장난기를 본 그는 이번에도 자기가 이겼다고 생각했습니다

다. 하지만 제우스에게 말썽쟁이 아들에 대한 애정이 발동했다는 것을 눈치챈 헤라는 제우스가 뭔가를 말할 겨를을 주지 않고 벌떡 일어나 외쳤습니다. "닥쳐! 네 말은 참 그럴듯해 보이는구나, 헤르메스. 하지만 나는 도둑맞았고, 넌 나한테 모욕감을 줬어. 여러분, 나는 이 도둑의 처벌을 원합니다. 올림포스에서 이자를 추방합시다!" 그녀가 자리에 앉자마자 포세이돈이 일어나 말했습니다. "나도 정의를 요구합니다. 이 어린 신은 우리와 함께 있을 자격이 없습니다!"

곤란해진 제우스가 한숨을 내쉬었습니다. 그는 부인과 형의 요구를 들어줘야 했지만, 헤르메스와 영원히 헤어지고 싶지는 않았습니다. 모든 사람이 불만을 품지 않을 방법을 찾던 그에게 갑자기 좋은 생각이 떠올랐습니다. "헤르메스, 나의 아들아. 너는 석 달 동안 하데스 큰아버지에게 가 있어라." 헤르메스의 얼굴에서 웃음이 사라지고, 눈에 눈물이 맺혔습니다. 그는 석 달이나 되는 긴 시간을 아버지와 떨어져 지내야 했습니다. 헤르메스는 헤라와 포세이돈이 서로 눈짓하며 은밀하게 웃는 것을 보고 사태를 명확히 이해할 수 있었습니다. 그는 함정에 빠졌던 것입니다! 헤라와 포세이돈은 그를 제우스에게서 떨어트려놓으려고 이 일을 꾸몄습니다. 헤르메스가 그들과 마주쳤을 때 그들은 낮잠을 자고 있었던 것이 아니라 그를 함정에 빠트리려고 낮잠을 자는 척하고 있었죠. 헤르메스는 남의 것을 탐내는 욕망을 이기지 못했을 뿐이었습니다. 하지만 그에게는 이제 변명할 기회가 없었습니다. 제우스가 자리에서 일어났습니다. 헤르메스는 지옥 세계가 그를 기다리고 있다는 생각에 치를 떨며 회의실을 나갔습니다.

– 다음 편에 계속

제50화

불가사의한 카이론

전편 요약 : 헤르메스는 포세이돈의 삼지창과 헤라의 마차를 훔친 죄에 대한 벌을 받아 지옥에 있는 큰아버지 하데스의 집에서 석 달을 보내며 그의 명령에 따라야 했습니다.

낙담한 헤르메스는 괴로움을 감추지 못하고 지옥으로 향했습니다. 하데스는 죽음의 왕국을 지배했습니다. 헤르메스는 하데스를 잘 알지 못했지만, 그의 엄격한 태도에서 강한 인상을 받았었습니다. 헤르메스는 궁에서 그와 마주치곤 했는데, 불평하는 모습을 자주 봤습니다. 큰아버지인 하데스의 지하 왕국에 가본 적은 없었지만, 햇빛도 없고 바람도 통하지 않는 땅속에 갇힌다는 생각만으로도 숨이 막혔습니다. 남들처럼 헤르메스도 죽은 자들과 함께 있고 싶지 않았습니다.

지옥 입구 동굴에는 자욱한 안개 속에서 거대한 검은 강이 흐르고 있었습니다. 젊은 신이 중얼거렸습니다. "아무래도 이 강을 헤엄쳐서 건널 순 없겠어. 건너편 강기슭도 보이지 않는 이런 안개를 뚫고 날아갈 수도 없고…." 그가 생각에 잠겨 있는 동안 찰랑거리는 이상한 소리가 들렸습니다. 누군가 천천히 노를 저으며 다가오는 것 같았습니다. 그리고 안개 속에서 작은 배 한 척이 나타났습니다. 배에는 머리에 커다란 검은 두건을 쓴 노인이 커다란 노를 천천히 젓고 있었습니다. 배는 곧 헤르메스가 서 있는 강기슭에 닿았습니다.

그때 어디서 나타났는지 한 무리의 그림자가 서로 밀치며 배에 올라타려고 했습니다. 헤르메스는 그들이 달려오는 소리를 전혀 듣지 못했습니다. 그들은 대체 누구일까요? 그들은 지쳐 보였지만, 어떻게든 배를 타려고 안간힘을 썼습니다. 노인은 그들을 하나하나 제자리에서 한 바퀴 빙글 돌게 하고는 위아래로 훑어보며 검사했습니다. 그렇게 검사가 끝나자 승선이 허락된 그림자들도 있었고, 거절당해서 강기슭에 남겨진 그림자들도 있었습니다. 배에 타지 못한 자들은 울고 애원하면서 노인의 소매를 붙잡고 매달렸지만, 그의 결정을 바꿀 수는 없었습니다. 헤르메스는 비록 영문을 몰랐지만 흐느끼며 애원하는 그림자들이 측은해 보였습니다. 그는 눈앞에서 벌어지는 장면이 무엇을 의미하는지 전혀 몰랐지만 큰 충격을 받고 마음이 흔

들렸습니다.

그러다가 그는 지옥에 들어가는 것이 자기 임무라는 사실을 깨달았습니다. 그래서 그도 그 배에 올라타려고 노인에게 팔을 내밀며 말했습니다. "전 헤르메스예요, 지옥에 데려다주세요." 그러자 노인은 헤르메스의 손을 잡지 않고 낮은 목소리로 말했습니다. "난 카이론이다. 이 검은 강은 스틱스야. 산 자는 누구도 이 강을 건널 수 없다. 죽을 때까지 기다려." 말을 마친 카이론이 거칠게 헤르메스를 밀쳤습니다. 헤르메스가 외쳤습니다. "전 죽지 않는 신이에요. 지옥의 신 하데스의 조카라고요. 제가 하데스의 동생이자 제 아버지 제우스가 형에게 전하는 메시지를 가져왔단 말예요." 하지만 이미 늦었습니다! 카이론은 그림자들을 빽빽하게 태우고 이미 안개 속으로 사라졌습니다.

헤르메스는 바닥에 털썩 주저앉았습니다. 그의 주변에 남은 그림자들이 탄식했습니다. 그중 한 그림자가 말했습니다. "우리는 운이 없어. 우리가 지상에서 죽었을 때 제대로 매장됐다면 카이론이 우리를 저버리지 않았을 거야." 그러자 다른 그림자도 한숨 쉬며 말했습니다. "여기까지 오는 길은 너무 멀고 힘들었어. 난 피곤해. 그런데 이 배를 타려면 다시 인간 세계로 돌아가서 백 년을 기다려야 해." 다른 그림자도 슬퍼했습니다. "우리가 쉴 곳은 오로지 죽은 자들의 왕국뿐이야. 그러니 기다리는 백 년간 우리는 쉴 수 없는데 죽은 자들의 왕국에는 들어갈 수 없으니…." 이들은 모두 죽은 자의 영혼이었습니다. 헤르메스는 그제야 모든 것을 이해했습니다. 인간은 죽은 자를 법도에 맞게 매장해야 할 의무가 있었습니다. 그러지 않으면 영혼은 백 년 동안 인간 세계를 떠돌 수밖에 없었습니다. 헤르메스는 버려진 영혼들에게 큰 연민을 느꼈습니다. 그리고 그들이 각자 자기 길로 처량하게 떠나는 모습을 안타깝게 지켜봤습니다.

강 건너편으로 건너갈 방법을 찾아야 했던 헤르메스는 강변에 뒹구는 나뭇조각들을 주워서 끈으로 단단히 묶고 뗏목을 만들었습니다. 그는 자기 발명품을 보자 기분이 좋아졌습니다. 물에 잘 뜨는 나무 뗏목을 타면 틀림없이 검고 차가운 스틱스강을 건널 수 있을 것입니다. 하지만 강 건너편에서 무엇이 자신을 기다리고 있을지 헤르메스는 짐작조차 할 수 없었습니다.

– 다음 편에 계속

무시무시한 케르베로스

전편 요약 : 헤르메스는 뗏목을 만들어 타고 지옥으로 가는 강을 건너기로 했습니다.

헤르메스의 뗏목은 스틱스의 검은 물 위를 서서히 미끄러졌습니다. 젊은 신은 두 마리의 뱀이 서로 감긴 자기 지팡이를 노로 사용했습니다. 안개가 점점 짙어지면서 그가 떠난 강변이 벌써 시야에서 사라졌습니다. 빛 한 줄기 없이 캄캄한 공간을 침묵만이 무겁게 짓누르고 있었습니다. 헤르메스는 추위와 두려움으로 몸을 부들부들 떨었습니다. 그는 안정을 되찾으려고 크게 소리쳤습니다. "여보세요! 누구 없어요?" 하지만 자기 목소리만이 메아리가 되어 돌아왔습니다.
그러다가 갑자기 안개가 걷히며 건너편 강기슭이 보였습니다. 뗏목이 강가에 닿자 헤르메스는 단숨에 뛰어내렸습니다. 하지만 너무 어두워서 주변에 무엇이 있는지 전혀 짐작할 수 없었습니다. 헤르메스는 주변을 살펴보려면 횃불을 만들어야겠다고 생각했습니다. 그는 가방에서 나무와 돌멩이를 꺼내 태어나던 날 했던 것처럼 불을 피웠습니다. 돌멩이에서 작은 불꽃이 튀자 나무에 불을 붙여 횃불을 만들어 그것으로 주변을 밝히며 앞으로 나아갔습니다. 그러던 중 갑자기 자기 몸집과 비슷한 커다란 개가 눈앞에 나타나자 깜짝 놀랐습니다. 무시무시하게 생긴 그 개는 앞을 가로막고 서 있었는데, 머리가 세 개나 달렸고, 날카로운 이빨들은 누구라도 순식간에 갈가리 찢어놓을 것만 같았습니다. 헤

르메스는 겁에 질려 꼼짝도 할 수 없었습니다. 그 시커먼 괴물이 그에게 한 걸음 다가오자 몸통 끝에 달린 거대한 꼬리가 보였습니다. 개는 마치 용의 꼬리처럼 생긴 그 꼬리로 걸을 때마다 바닥을 쳐서 굉음을 냈습니다. 그 소리는 벽에 부딪히고 울려 퍼져서 헤르메스의 귀가 먹먹해졌습니다.

불과 한 걸음 거리에 있는 그 개는 끔찍하게 생긴 주둥이를 벌려 큰 소리로 짖기 시작했습니다. 헤르메스는 횃불을 휘둘러 그 짐승을 간신히 멈춰 세웠지만 상황은 몹시 난처했습니다. 뒤에는 얼음처럼 차가운 스틱스강이 가로막아 물러날 수 없었고, 앞에는 횃불이 꺼지면 곧바로 그를 집어삼키려는 괴물이 버티고 있었습니다. 괴물과 대화를 해보기로 작정한 헤르메스는 떨리는 목소리로 말했습니다. "안녕? 난 헤르메스야. 난 지옥의 신인 하데스를 만나러 왔단다." 하지만 개가 시끄럽게 짖어대는 바람에 그의 말은 묻혀버리고 말았습니다.

그때 갑자기 어디선가 근엄한 목소리가 들렸습니다. "지옥을 지키는 케르베로스를 공격하는 무분별한 젊은이, 그대는 누군가? 게다가 감히 하데스의 집에서 그를 귀찮게 하다니!" 그리고 한 노인이 그의 곁에 나타났습니다. 회색 턱수염이 길게 난 그는 눈꺼풀이 늘어져서 한없이 슬퍼 보였습니다. 손에는 투구가 들려 있었습니다. 헤르메스는 하데스를 알아보고 안도의 한숨을 내쉬며 멋진 말재주를 되찾았습니다. "안녕하세요, 큰아버지. 전 조카 헤르메스예요, 절 알아보시겠어요? 드디어 큰아버지를 만나서 정말 기쁩니다. 아버지 제우스와 헤라 여신이 큰아버지께 안부 여쭙고 도와드리라고 절 보냈어요." 하데스가 끌끌! 하고 혀를 차자 시끄럽게 짖던 개가 조용해졌습니다. 헤르메스는 말을 계속했습니다. "정말 알맞은 때 오셨어요. 전 큰아버지 개한테 잡아먹힐 뻔했어요! 그리고 여긴 참 으스스하네요…." 그때까지 자기 앞에서 벌벌 떠는 자들만을 봐왔던 하데스는 이처럼 솔직하고 자연스러운 젊은이의 태도에 짐짓 놀랐습니다. 하지만 한편으로는 이런 뜻밖의 방문에 기분이 언짢기도 했습니다. 제우스가 아들을 보내 무슨 참견을 하려는 것일까요? 케르베로스는 흥분이 가라앉자 악취 나는 그의 세 주둥이로 머리부터 발끝까지 헤르메스의 냄새를 맡았습니다. 헤르메스는 꼼짝 못 하고 있다가, 마침내 "알고 보니 큰아버지 개는 참 얌전하군요."라는 말로 말을 마쳤습니다.

근엄한 하데스의 눈동자에 놀라움과 유쾌함이 스쳤습니다. 그가 말했습니다. "꼬맹아, 이리 오너라. 네게 내 왕국을 보여주마." 늙은 하데스는 이미 그에게 약간의 호감을 품은 것 같았습니다. 지옥 구경이라니! 호기심이 충만해진 헤르메스는 흥분해서 몸을 부르르 떨었습니다. 이제 곧 지옥이 그의 앞에 모습을 드러낼 참이었습니다.

- 다음 편에 계속

제52화

죽은 자들의 왕국

전편 요약: 지옥에 도착한 헤르메스는 머리가 셋 달린 괴물 개 케르베로스에게 공격당하기 직전 하데스의 도움으로 위험에서 벗어났습니다.

어둡고 긴 복도를 지나자, 다른 복도, 그리고 또 다른 복도가 이어졌습니다. 헤르메스는 하데스를 조용히 따라갔습니다. 그들이 앞으로 나아갈수록 점점 더 땅속 깊은 곳으로 들어갔습니다. 헤르메스는 이렇게 깊은 곳에서 어떻게 밖으로 나갈 수 있을지 걱정스러웠습니다. 어쨌든 그가 혼자서 돌아가는 길을 찾을 수는 없을 것 같았습니다. 그들의 발소리가 복도의 돌 벽을 타고 울렸습니다. 점점 더워지며 복도가 좁아져서 헤르메스는 숨이 막힐 것만 같았습니다. 그 순간, 지하의 강이 나타났습니다. 갈증이 나서 죽을 것 같았던 헤르메스가 급히 물을 마시려고 하자 하데스가 거칠게 그를 밀쳤습니다. "안 된다, 이 물은 절대로 마시면 안 돼. 이 강은 모든 걸 잊게 하는 레테강이란다! 이 물을 한 방울만 마셔도 네 삶의 기억을 영원히 잃어버리게 될 거야!" 하데스의 경고를 듣고 헤르메스는 즉시 뒤로 물러났습니다. 그는 자신의 소중한 기억이 모두 사라지는 것을 원치 않았습니다.

그들은 계속해서 걸었고, 얼마 후에 복도가 넓어졌습니다. 마침내 갈림길에 도착하자 하데스가 말했습니다. "여기가 바로 내 왕국이 시작되는 곳이란다. 그리고 이들은 내 충직한 심판관들이지." 그는 길을 막고 앉아 있는 세 인물을 가리키며 말했습니다. 그들 앞에 그림자들의 행렬이 줄지어 있었습니다. 그림자들이 순서대로 하나씩 앞에 서면 심판관들은 그들에게 지난 생애에 관해 물었습니다. 그런 다음, 서로 수군대며 의논하고 나서 그들 뒤에 있는 세 갈래 길 중 한 길로 각각의 그림자를 보냈습니다.

헤르메스는 무슨 일이 일어나는지 알아보고 싶었지만, 하데스가 그를 불렀습니다. "자, 나를 따라오너라." 대부분 그림자들이 걸어간 첫 번째 길을 따라가자 어둡고 평평한 광장이 나왔습니다. 시선을 끌 만한 것이 전혀 없는 그곳에서 맥없이 움직이는 그림자들이 보였습니다. 서로 대화하지도 않았고, 서로 관심을 보이지도 않았습니다. 그들은 기계처럼 넓은 벌판 이쪽에서 저쪽으로 쉬지 않고 이동했습니다. 그중 몇몇이 하데스와 헤르메스에게 손을 흔들며 인사했습니다. 헤르메스는 공손하게 날개 달린 자기 모자를 벗어 들었지만, 하데스는 답례도 하지 않고 투덜거렸습니다. "죽은 자들이 너무 많아. 온종일 저들에게 꼬박꼬박 인사하며 지낼 순 없어." 그곳에 도착한 지 불과 몇 분밖에 지나지 않았지만 벌써 몹시 지루해진 헤르메스가 물었습니다. "여기가 어디죠?" 하데스가 그에게 대답했습니다. "여기는 아스포델 평원이야. 이곳은 내 왕국의 첫 번째 지역이란다. 선행도 악행도 하지 않은 자들, 대부분 인간이 바로 이곳으로 온단다." 헤르메스는 아무 일도 일어나지 않는 이 우울한 곳을 어서 벗어나고만 싶었습니다.

그들은 다시 삼거리로 돌아가서 별로 많지 않은 그림자가 걸어가는 두 번째 길로 갔습니다. 그 길은 광활한 초원으로 이어졌습니다. 그것은 봄날처럼 온화한 분위기에 싸여 있는 드넓은 초원이었습니다. 셀 수 없이 많은 꽃이 녹색 양탄자를 수놓았습니다. 꽃향기가 진동했습니다. 향기에 취한 헤르메스는 장미나무 덤불로, 만개한 벚나무 숲으로 이리저리 옮겨 다니다가, 버드나무 아래로 슬며시 들어가서 나뭇가지 사이에 숨어 있는 새들의 지저귐을 들었습니다. 그는 지하 세계에서 이처럼 영원한 봄을 만나리라고는 전혀 상상하지 못했습니다! 가장 놀라운 것은 지옥에 속한 그 지역에 대낮처럼 환한 빛이 넘쳐난다는 사실이었습니다. 헤르메스는 의아했습니다. '어쨌든 여긴 지옥이잖아!' 풀밭에 누워 있는 그림자들은 전혀 고통스럽거나 슬퍼 보이지 않았습니다. 오히려 즐겁게 웃고 있었습니다! 몇몇은 비밀을 속삭이고, 몇몇은 그림자 시인이 낭송하는 시를 듣고, 몇몇은 달콤하고 아름다운 곡을 듣고 있었습니다. 그들의 표정은 평화로웠습니다. 그곳의 모든 것이 조화로웠습니다. 젊은 신이 놀라 하데스에게 물었습니다. "여긴 어디죠?" 하데스는 뽐내듯이 과장된 목소리로 대답했습니다. "이곳은 샹젤리제란다. 생전에 공을 세우고 죽은 자들만이 이곳에서 지낼 수 있지. 용기와 지혜가 부족한 자들은 이곳에 들어오지 못한단다." 헤르메스는 너무나 행복해 보이는 이 그림자들을 아무리 바라봐도 질리지 않았습니다. 하지만 하데스가 다시 그를 불렀습니다. "어서 가자. 세 번째 지역도 방문해야지."

세 번째 길에는 그림자들이 별로 없었습니다. 하지만 세 심판관이 이 길로 보낸 그림자들은 굵은 눈물을 뚝뚝 흘리며 울었습니다. 하데스가 헤르메스에게 말했습니다. "이제 보게 될 것에 대비해서 마음을 단단히 먹어야 한다." 하데스의 경고에 헤르메스는 몹시 떨렸지만 이제 물러설 수도 없었습니다.

― 다음 편에 계속

제53화

타르타로스의 심연

전편 요약 : 하데스는 헤르메스를 데리고 죽은 자들의 왕국을 돌아보았습니다. 그들은 이제 지옥에서 가장 끔찍한 지역인 타르타로스로 갑니다.

헤르메스는 열기로 숨이 막힐 것 같았습니다. 그곳은 고함과 신음으로 가득했습니다. 하데스가 설명했습니다. "생전에 죄를 진 그림자들이 이곳으로 오지. 타르타로스의 심연에 영원히 갇혀 있는 것이 그들이 받은 형벌이야." 그들은 끔찍하게 덥고 어둡고 축축한 첫 번째 동굴로 들어갔습니다. 약 오십여 명의 아가씨 그림자들이 거대한 통 주위에서 일하고 있었습니다. 그들은 어깨에 큰 통을 지고 우물가로 가서 물을 가득 담아 날라서 거대한 통에 쏟아붓고는 곧바로 다시 우물로 갔습니다. 그들은 이 작업을 한순간도 멈출 수 없었습니다. "이들은 다나이데스의 그림자들이야. 저 젊은 여인들은 남편을 살해해서, 이 통에 물을 채우는 형벌을 받았지. 통이 가득 찰 때까지 멈출 수 없단다!" 하데스는 이 말을 하며 심술궂게 웃었습니다. 다나이데스의 그림자들을 바라보던 헤르메스는 큰아버지가 웃는 이유를 알 수 있었습니다. 거대한 통에는 구멍이 여러 개 뚫려 있어서 새어 나온 물이 바닥으로 흐르고 있었습니다! 그러니 그림자들은 구멍이 뚫린 통을 가득 채울 수 없고, 따라서 쉴 수도 없었죠! 하데스는 헤르메스를 데리고 두 번째 동굴로 갔습니다. 그곳도 다나이데스의 동굴처럼 어둡고 축축했지만, 훨씬 더 덥고 천장도 훨씬 더 높았습니다. 처음에는 너무 어두워서 아무것도 보이지 않았습니다. 그러나 눈이 어둠에 익숙해지자, 옷이 거의 벗겨진 한 남자의 그림자가 보였습니다. 이 그림자는 자신보다 훨씬 큰 바위를 산꼭대기를 향해 밀어 올리고 있었습니다. 그는 얼굴을 찡그리며 온 힘을 다해 바위를 밀었습니다. 바위가 조금씩 비탈을 올라가자 하데스가 비웃었습니다. "그렇게 해서 언제 꼭대기에 올라가겠나, 시시포스?" 그러고는 웃음을 터트렸습니다. 헤르메스는 그가 웃는 이유를 알 수 있었습니다. 시시포스가 정상에 도달하자마자 바위는 곧바로 비탈을 굴러 내려왔습니다! 시시포스는 절망적인 얼굴로 바위를 쫓아 달렸지만, 이미 늦었습니다. 모든 것을 다시 시작해야 했습니다. 그는 몸을 돌려 바위를 산꼭대기로 밀어 올리려고 온 힘을 쏟았습니다. 하데스가 또다시 빈정거렸습니다. "자, 기운을 좀 내보라고, 시시포스!" 헤르메스가 안타까워하며 물었습니다. "왜 저 바위를 꼭 산꼭대기로 밀어 올려야 하죠?" 지옥의 신이 심각한 표정으로 대답했습니다. "제우스가 모든 노력이 부질없는 것이 돼버리지만 그걸 또다시 시작해야 하는 벌을 내렸기 때문이지." 헤르메스가 물었습니다. "어떤 죄를 지었기에 이런 끔찍한 벌을 받았나요?" 하데스가 대답했습니다. "시시포스는 어느 날 제우스가 젊은 연인과 함께 가는 장면을 목격했어. 아가씨의 아버지는 딸의 행방을 물으며 찾아다녔지. 모두가 그들의 도피 행각을 알면서도 알려주지 않았는데, 시시포스는 자신이 목격한 것을 말해줬단다. 그래서 제우스가 밀고자에게 이런 형벌을 내린 거지."

헤르메스는 아무 말도 하지 않았습니다. 하데스는 자기 왕국을 조카에게 보여주고 자랑하기가 기분 좋은 듯 쉬지 않고 말했습니다. "조카야, 아직 네게 보여줄 게 많단다. 지상에는 자기가 신보다 강하다고 착각하는 오만한 인간들이 있지. 그들은 이곳 지옥에서 끔찍한 형벌을 받는단다."

이번에 그들이 들어간 동굴은 환하고 평온한 곳이었습니다. 강이 유유히 흐르고, 잘 익은 과일들이 나무에 가득 달려 있었습니다. 그런데 이상하게도 한 남자의 그림자가 나뭇가지에 묶인 채 강 위에 매달려 있었습니다. 그가 하데스를 보자 외쳤습니다. "저 좀 살려주세요. 목말라요! 배고파요!" 하데스가 그에게 대답했습니다. "탄탈로스, 행동하기 전에 먼저 생각했어야지, 신들을 속이면 안 돼." 나뭇가지에 매달린 탄탈로스가 강물을 마시려고, 과일을 먹으려고 온몸을 뒤틀었으나 그의 입과 팔은 물이나 과일에 닿지 않았습니다.

헤르메스는 세 번째 동굴을 떠나며 신들의 신인 아버지 제우스의 권력에 관해 깊은 생각에 잠겼습니다.

– 다음 편에 계속

제54화

헤르메스의 새로운 임무

전편 요약 : 헤르메스는 큰아버지 하데스와 함께 지옥을 방문했습니다. 지옥에서도 가장 끔찍한 타르타로스에서는 큰 죄를 진 그림자들이 무서운 벌을 받고 있었습니다.

하데스는 지옥의 마지막 지역으로 헤르메스를 데려갔습니다. 천장이 높고 내부가 횃불로 밝혀진 그 동굴은 지구의 중심이자 지옥의 심장이었습니다. 하데스는 그곳에 궁전을 지었습니다. 회색의 차가운 궁전에는 열쇠로 잠긴 무수히 많은 문이 있었습니다. 하데스는 헤르메스를 접견실로 데려가서 자기 옆자리에 앉히고 이렇게 말했습니다. "자, 이제 지상 세계의 소식을 들려다오." 헤르메스는 즉시 모든 것을 이야기했습니다. 제우스의 모험, 헤라의 분노, 아테나의 연구, 아폴론의 매력, 아프로디테의 우아함, 아레스의 야만성, 헤파이스토스의 재능, 전설적인 디오니소스의 탄생, 아르테미스의 사냥…. 훌륭한 이야기꾼인 헤르메스는 아주 세세한 부분도 빠트리지 않고 재미있는 내용과 말재주로 하데스를 사로잡았습니다. 지하 세계의 왕은 미소 띤 얼굴로 말했습니다. "얘야, 아주 오랫동안 난 이렇게 즐거웠던 적이 없었다. 네 말은 입안에서 사르르 녹는 달콤한 꿀 같구나. 내 동생이 널 이리로 보내길 정말 잘했다!" 헤르메스는 그렇게 하데스의 궁전에서 지내게 됐습니다. 하데스는 자랑스럽게 말했습니다. "우리 세 형제 중에서 내가 가장 부자란다. 내 왕국에는 제우스와 포세이돈의 왕국보다 백성도 훨씬 많아." 그것은 사실이었습니다. 죽은 자들이 지상이나 바다에 사는 존재보다 훨씬 많았으니까요. 헤르메스는 거대한 지하 세계의 여러 지역을 구분하는 법을 익혔습니다. 때로 큰아버지는 흥이 나면 자기 투명 투구를 조카에게 빌려주기도 했습니다. 헤르메스가 그것을 머리에 쓰면 헤르메스의 몸이 감쪽같이 사라졌습니다. 처음에는 이런 놀이가 무척 재미있었습니다. 투명 투구를 쓰고 사라졌다가 갑자기 나타나서 큰아버지 부하들이나 죽은 자들을 깜짝 놀라게 하는 게 너무도 신났습니다. 하지만 케르베로스만은 이런 장난에 절대 속지 않았습니다. 헤르메스가 동으로 만든 묵직한 문 앞에서 죽은 자들이 달아나지 못하게 지키고 있는 그의 용 꼬리를 잡아당기려고 살금살금 다가가면 그의 세 주둥이 중 하나가 어김없이 헤르메스의 냄새를 먼저 맡고 알아차렸습니다. 그러면 헤르메스는 재빨리 도망갈 수밖에 없었습니다.

헤르메스가 가장 즐겨 놀린 상대는 죽은 자들의 그림자를 실어 나르는 늙은 카이론이었습니다. 헤르메스는 배에 탄 그림자들을 물에 빠트릴 위험을 무시할 정도로 철없지는 않았기에 배가 비어 있을 때만 카이론을 짓궂게 놀렸습니다. 그렇게 카이론의 작은 배는 헤르메스의 장난으로 뒤집어지기 일쑤였죠. 새로운 그림자들이 도착할 때마다 헤르메스는 감동했습니다. 그림자들은 지옥으로 오는 길을 찾으려고 너무나 많은 힘을 썼으므로 도착할 즈음이면 몹시 지쳐 있었습니다. 헤르메스는 이 그림자들이 좋아지기 시작했습니다.

하지만 시간이 흐를수록 헤르메스는 쾌활함을 잃었습니다. 지하에서 보내는 나날이 지겨워졌고, 바깥세상과 태양을 다시 보고 싶었습니다. 할 일도 없었으므로 쓸모없는 존재가 되는 것이 안타까웠습니다. 날이 갈수록 말수가 적어지는 젊은 신을 보며 하데스는 상황을 눈치챘습니다. 어느 날 아침, 그는 헤르메스를 접견실로 불렀습니다. "사랑하는 조카야, 난 재미있는 네

이야기와 방울이 구르는 듯한 네 웃음소리를 듣고 싶단다. 하지만 너도 이제 곧 할 이야기가 없어지겠지. 지상으로 가서 네 이야기보따리를 다시 가득 채워 오너라." 그가 한숨을 내쉬며 말했습니다. 하데스는 조카가 확실히 그리고 이른 시일에 돌아오도록 하려고 그에게 임무를 맡겼습니다. "가만 보니 네가 내 왕국의 백성, 죽은 자들의 그림자들을 좋아하더구나. 네가 그들을 이곳으로 데려올 수 있겠니? 처음 오는 길이어서 그림자들은 흔히 이리저리 헤매곤 한단다. 그러니 네가 지상에서 그림자를 만날 때마다 길을 안내해주면 좋겠구나. 내게 그랬던 것처럼 그들에게 웃음을 주고 이야기도 들려주면서 친절하게 이곳으로 인도해라. 그리고 그럴 때마다 꼭 나를 찾아오너라."

헤르메스는 큰아버지의 제안을 기꺼이 받아들였습니다. 그는 드디어 지상으로 돌아갈 수 있게 돼서 기뻤습니다. 게다가 죽은 자들의 그림자를 돕는 것도 좋은 일이라고 생각했습니다. 그리고 무엇보다도 하데스의 신뢰를 얻었다는 사실이 무척 자랑스러웠습니다. 이제 그에게도 지옥에서 수행해야 할 역할이 생겼습니다. 중요한 임무를 맡은 젊은 신은 올림포스로 돌아갔습니다. 무사히 돌아온 그를 보자 헤라는 화가 치밀어 저주를 퍼붓고 싶었지만, 아들을 다시 만나 기뻐하는 제우스를 보고는 입을 다물었습니다.

– 다음 편에 계속

제55화

별이 된 어머니와 아들

전편 요약: 헤르메스는 죽은 자의 그림자를 만날 때마다 하데스의 왕국으로 안내하는 임무를 맡고 올림포스로 돌아갔습니다.

그날 아침 빠른 걸음으로 올림포스산을 내려가던 제우스는 가끔 멈춰 서서, 뒤처져 따라오는 헤르메스를 기다리며 길게 한숨을 쉬었습니다. 오랜만에 한낮의 밝은 빛을 되찾은 헤르메스는 신이 나서 이리저리 뛰어다녔습니다. 지하 세계에 머무는 동안 누리지 못했던 유쾌한 삶을 만끽하고 싶었던 것입니다. 제우스는 자꾸 뒤처지는 아들이 성가신 척했지만, 사실은 행복해하는 아들 모습에 기분이 흐뭇했습니다. "이번에 우리가 누구에게 가는지 안다면, 네가 좀 더 서두를 텐데…." 제우스가 이렇게 말하자 헤르메스는 아버지를 앞지르며 말했습니다. "빨리 가요, 빨리 가자고요!" 그들은 곧 익숙한 산에 도착했습니다. "엄마!" 헤르메스가 반가워하며 외치며 어머니 마이아가 사는 동굴까지 날아갔습니다. 서늘한 동굴 안으로 들어가기도 전에 엄마 냄새가 나는 것 같았습니다. 마이아는 등을 돌린 채 웅크리고 있었기에 아들이 들어오는 것을 보지 못했습니다. 헤르메스는 몸을 일으키며 돌아서는 그녀를 향해 달려가다가 깜짝 놀라 멈춰 섰습니다. 마이아의 품에 아기가 안겨 있었기 때문입니다. 이 아기는 누구일까요? 어디서 왔을까요? 왜 어머니가 그 아기를 품에 안고 있을까요? 헤르메스는 질투심이 생겼습니다. 마이아는 눈을 들어 헤르메스와 제우스를 동시에 봤습니다. 그리고 헤르메스에게 다가와 그의 볼을 어루만지며 말했습니다. "안녕, 내 아가." 그러고는 제우스에게 아기를 건네주며 말했습니다. "당신의 아들 아르카스는 잘 있어요. 지금 막 잠들었으니 깨우지 않도록 조심하세요. 엄마가 곁에 없어서 쉽게 잠들지 못해요." 제우스가 서투르게 사내아이를 안았습니다. 헤르메스는 또다시 강한 질투를 느꼈습니다. 마치 헤르메스가 그 자리에 없다는 듯이 그의 아버지와 어머니는 아기에게만 정신이 팔린 것 같았습니다. 관심을 끌려고 헛기침을 했지만, 돌아보지도 않았습니다. 제우스가 근엄한 목소리로 말했습니다. "고맙소, 마이아. 이 아기를 당신이 잘 돌보리라 믿었소."

마이아가 슬그머니 물었습니다. "아이 어머니 소식은 들었나요?" 그러자 제우스가 대답했습니다. "아아! 내가 걱정하던 일이 일어났소. 흰 팔의 헤라가 님프 카스틸로와 나 사이에서 태어난 이 아기의 존재를 알고 말았소. 헤라는 화가 나서 카스틸로를 큰 곰으로 변신시켰지. 그래서 지금 그녀는 짐승처럼 숲에서 산다오." 헤르메스는 이 이야기를 듣자 질투심이 씻은 듯이 사라지고 오히려 동정심이 생겨 아기를 다정한 시선으로 바라봤습니다. 제우스가 헤르메스를 향해 돌아서서 말했습니다. "아들아, 네가 이 아기를 돌봐줄 수 있겠니?" 헤르메스는 그러기로 약속했습니다. 헤라에게 발각되지 않으려면 아기와 서둘러 헤어져야 했습니다. 하지만 그날 이후 헤르메스는 정기적으로 어린 아르카스를 보러 갔습니다.

아기는 멋진 청년으로 성장했습니다. 사냥을 좋아해서 몇 시간씩 숲 속을 달리며 활을 쏘았습니다. 하지만 그의 마음 깊은 곳에는 어머니와 헤어진 아들의 슬픔이 있었습니다. 마이아도 헤르메스도 그의 어머니에 관해 말해주지 않았습니다.

어느 날 그는 숲에서 커다란 곰과 마주치자 곧바로 화살을 겨눴지만 이상하게도 활시위를 놓지 못하고 망설였습니다. 곰도 도망가지 않고 그를 뚫어지게 바라봤습니다. 곰의 시선에서 뭔가 다정한 것이 느껴져 그는 혼란에 빠졌습니다. 곰은 바로 그의 어머니였지만, 아르카스는 그런 사실을 알 턱이 없었습니다. 다행히 그들을 발견한 헤르메스는 깜짝 놀라 순식간에 제우스에게로 날아가 소리쳤습니다. "아버지! 아버지! 빨리 오세요! 아르카스가 자기 어머니를 죽이려고 해요!" 다행히도 제우스는 위기일발의 순간에 도착해서 젊은 사냥꾼이 쏜 화살의 방향을 겨우 바꿀 수 있었습니다. 큰 곰은 아르카스에게 다가와 앞발로 그의 머리를 쓰다듬었습니다. 젊은이는 감동해서 무릎을 꿇었습니다. 제우스는 어머니와 아들이 더는 헤어져 살지 않도록 젊은이를 곰으로 변신시킨 다음, 어머니와 아들 곰을 하늘의 별자리로 만들어 영원히 함께하게 해 줬습니다. 어머니는 큰곰자리의 별이 됐고, 아들은 작은곰자리의 별이 됐습니다. 헤르메스는 밤하늘을 가로질러 날아갈 때마다 드디어 함께 있게 된 어머니와 아들에게 안녕! 하고 인사를 보내곤 했습니다.

새로운 임무를 맡은 헤르메스는 이전처럼 신들의 메시지를 전하는 일뿐 아니라 죽은 자들의 그림자들을 찾아 이리저리 날아다녔습니다. 그러다가 그림자를 발견하면 다가가서 따라오라고 손짓했습니다. 그렇게 지옥으로 가는 길을 찾느라 지친 그림자들의 팔을 잡고 그들을 지옥으로 건너가는 강기슭으로 인도했습니다. 죽은 자들의 나라에 도착한 그림자들이 짓는 미소가 헤르메스에게는 최고의 보상이었습니다. 그의 임무는 거기까지였습니다. 그는 종종 그들과 함께 강을 건너 큰아버지인 하데스에게 인사하러 가기도 했지만, 오래 머물지 않고 지상 세계로 돌아왔습니다.

— 다음 편에 계속

사라진 젊은 여신

전편 요약 : 헤르메스는 제우스와 여행을 떠나 어머니 마이아를 만났습니다. 그리고 헤라가 곰으로 변신시킨 여인의 아들 아르카스를 돌보게 됐습니다.

헤르메스가 올림포스 궁에서 거의 만나지 못하는 여신이 있었습니다. 바로 고모 데메테르였습니다. 그녀는 다른 신들과 함께 시간을 보낼 때가 거의 없었습니다. 수확의 여신인 그녀는 임무를 수행하느라 주로 지상에서 시간을 보냈습니다. 들에 보리가 자라게 하는 존재도 그녀였고, 인간이 재배하고 먹는 모든 것을 자라게 하는 존재도 그녀였습니다. 이 너그러운 여신과 제우스 사이에는 페르세포네라는 딸이 있었습니다. 데메테르는 딸을 미치도록 사랑했고, 오직 딸을 위해 살았습니다. 데메테르가 수확물을 돌보러 지상으로 떠날 때도 페르세포네를 보려고 되도록 빨리 돌아왔죠.

페르세포네도 어머니를 사랑했지만, 자유를 원했기에 어머니에게 애원했습니다. "엄마, 나 혼자 세상에 나가게 해주세요. 제게 무슨 일이 일어나겠어요? 지상으로 산책하러 가려고 엄마를 기다리기는 너무 지루해요." 하지만 데메테르는 늘 딸의 요청을 거절했습니다. "넌 내 사랑스러운 꽃, 예쁜 보석이야. 만약 네게 불행이 닥친다면 난 감당할 수 없어." 그러고는 페르세포네를 가슴에 꼭 안았습니다.

어느 날 페르세포네가 고집을 피워 어머니 없이 혼자 산책하러 지상에 가도 좋다는 허락을 얻었습니다. 화창한 봄날 아침이었습니다. 인간들의 파종을 도와야 했던 데메테르가 여러 가지 일로 바쁘게 보내는 사이 페르세포네는 오십여 명의 님프들과 함께 수많은 꽃이 활짝 피어 있는 들로 나갔습니다. 젊은 여신은 자유를 마음껏 누리며 꽃을 꺾어 커다란 꽃다발을 만들었습니다. 들에는 장미꽃, 붓꽃, 히아신스, 사프란 등 여러 가지 꽃이 만발해서 아주 화려한 꽃다발을 만들 수 있었죠. 그러다가 그녀는 전에 한 번도 본 적이 없는 멋진 꽃에 시선을 뺏겼습니다. 그것은 붉은빛과 은빛이 도는 수선화였습니다. 누구도 그녀에게 이렇게 멋진 꽃이 존재한다고 이야기해준 적이 없었습니다. 꽃에 다가간 페르세포네는 몸을 숙이고 꽃을 꺾으려 했

습니다. 그런데 바로 그 순간, 갑자기 바닥에 커다란 구멍이 열리면서 그녀는 그 안으로 사라졌습니다! 젊은 여신은 구멍 속으로 떨어지면서 비명을 질렀습니다. 그때 지상의 다른 쪽에 있던 데메테르는 딸의 외침을 들었습니다. 놀라고 당황한 그녀는 미친 듯이 달려가며 소리쳤습니다. "페르세포네, 무슨 일이야? 어디 있어?" 하지만 딸의 모습은 보이지 않았고, 페르세포네와 함께 있던 님프들은 아무 대답도 하지 못했습니다. 이상한 꽃과 순식간에 젊은 여신을 삼켜버린 커다란 구멍 말고는 아무것도 보지 못한 님프들은 울며 고개를 가로저을 뿐이었습니다. 가슴이 찢어질 듯 아팠던 데메테르는 울부짖다가 바닥에 쓰러졌습니다. 도대체 페르세포네는 어디로 사라졌을까요?

- 다음 편에 계속

어머니의 절망

전편 요약 : 수확의 여신 데메테르의 딸 페르세포네가 사라졌습니다.

데메테르의 서글픈 울음소리는 온 세상에 울려 퍼졌습니다. 그녀가 자리에서 일어났을 때는 이미 밤이 깊은 시각이었습니다. 여신은 횃불을 들고 딸을 찾아 나섰습니다. 한순간도 쉬지 않고 걷고, 걷고, 또 걸었습니다. 마시지도, 먹지도 않고, 잠도 자지 않았습니다. 딸이 지른 비명만이 끊임없이 머릿속을 맴돌았습니다. 그녀는 길에서 만난 모든 사람을 붙잡고 애타게 물었습니다. "내 딸 페르세포네를 보지 못했나요?" 하지만 누구에게서도 딸을 보았다는 대답을 듣지 못했습니다. 페르세포네는 흔적도 없이 어디론가 사라진 것만 같았습니다.

헤르메스도 이 일로 몹시 가슴이 아팠습니다. 젊은 여신의 실종 소식을 듣자마자 그는 누이에게 무슨 일이 일어났는지 알아보려고 분주히 돌아다녔습니다. 그러다가 궁전 복도에서 큰아버지 하데스를 봤습니다. 세상에! 지옥의 신이 직접 나설 만큼 중요한 일이 벌어진 것일까요? 호기심에 이끌린 헤르메스는 제우스와 하데스가 머리를 맞대고 심각하게 상의하고 있는 회의실에 까치발을 하고 다가가서 문에 귀를 바짝 댔습니다. "네가 이걸 거절하면 안 되지! 페르세포네를 처음 본 날부터 난 그녀를 미치도록 사랑했어. 어떻게든 그녀와 꼭 결혼하고 싶어." 하데스가 말을 마치자 제우스가 난처하다는 듯이 설득하려는 목소리로 말했습니다. "물론 나도 형의 소원을 들어주고 싶어. 하지만 형이 페르세포네를 지하 세계로 데려가서 엄마와 떨어져 살도록 허락한다면, 데메테르가 날 절대로 용서하지 않을 거야…" 하지만 하데스의 목소리는 더 위협적으로 변했습니다. "제우스, 내가 지옥의 신이란 걸 잊었니? 내겐 힘이 있어." 헤르메스는 소스라쳤습니다. 그는 아버지가 이 어려운 문제를 어떻게 해결할지 궁금했습니다. 제우스가 대답했습니다. "형의 능력을 과소평가하는 게 아니야. 오히려 그 반대지. 이번 사건이 바로 그 증거야. 형은 내 도움 없이 이런 문제를 혼자 해결할 수 있을 만큼 강력하잖아." 침묵이 흘렀습니다. 하데스는 그 말의 의미를 이해했습니다. 그는 마음대로 행동할 수 있고, 제우스는 그의 행동을 눈감아줄 것입니다. 문 뒤에서 그들의 대화를 엿들은 헤르메스는 몸을 부르르 떨었습니다. 그를 놀라게 한 이 대화는 페르세포네의 납치범이 누구인지를 명확하게 말해줬습니다. 하지만 그 사실을 남에게 발설할 수는 없었습니다. 그는 그저 데메테르를 뒤쫓으며 그녀가 딸을 되찾기만을 바랐습니다.

딸을 찾으려고 아흐레 낮과 밤을 미친 듯이 온 세상을 헤맨 데메테르는 알아볼 수 없을 정도로 변했습니다. 몸이 야위어 통통하던 뺨이 홀쭉해졌고, 분홍빛이던 얼굴은 납빛으로 창백해졌으며, 머리가 하얗게 셌을 뿐 아니라 옷은 찢어지고 더러워져 마치 걸인처럼 보였습니다. 열흘째 되던 날 아침 데메테르는 헬리오스 궁전에 찾아갔습니다. 태양의 신 하인들은 초췌하고 보잘것없는 그녀가 궁전 안으로 들어가지 못하게 막았습니다. 때마침 임무를 마치고 돌아오던 장미 손가락의 오로라는 데메테르를 알아보고 동정심이 생겼습니다. 그 순간 태양의 신 헬리오스가 낮을 밝히려고 마차를 끌고 나왔습니다. 오로라는 말고삐를 잡고 헬리오스를 멈춰 세웠습니다. "헬리오스, 딸을 잃고 절망에 빠진 이 불쌍한 어머니를 좀 봐! 그녀의 근심과 고통을 모른 척하지 마. 넌 태양이니까 지상에서 일어나는 모든 일을 늘 보고 있잖아. 페르세포네에게 무슨 일이 일어났는지 넌 알고 있지? 제발 데메테르에게 얘기해줘!" 헬리오스는 고개를 떨궜습니다. 그는 감히 데메테르를 바라보지 못했습니다. 물론 그는 페르세포네를 납치한 범인을 알고 있었습니다. 데메테르는 기도하듯이 간절히 두 손을 모으고 그가 입을 열기를 기다리며 그를 바라봤습니다. 오로라는 시간에 쫓겨 떠나려는 헬리오스를 붙잡았습니다. 이제 날은 밝아야 했고, 더는 지체할 수 없었습니다. 헬리오스가 마침내 데메테르를 향해 몸을 돌리며 말했습니다. "하데스가 네 딸을 탐내서 납치했어. 그래서 지금 지옥에 있지. 제우스는 이 사실을 알면서도 모른 척했어." 말을 마친 그는 말고삐를 움켜쥐고 전속력으로 마차를 몰았습니다.

데메테르는 그에게 감사할 생각조차 하지 못했습니다. 장미 손가락의 오로라에게도 마찬가지였습니다. 끔찍한 사실을 알게 된 그녀는 두 손으로 머리를 감쌌습니다. 딸이 납치돼서 영원히 지하에서 살도록 강요당하다니! 딸을 영원히 볼 수 없다니! 큰 충격을 받은 데메테르는 아무 말 없이 헬리오스의 궁에서 멀어졌습니다. 분노가 치밀어 올랐습니다. 그러니까 제우스는 자기 딸이 지옥으로 납치됐지만 비겁하게 방관했던 것입니다! 그녀는 이제 다시는 올림포스로 돌아가지 않기로 작정했습니다. "난 이제 그렇게 위선적이고 거짓투성이인 신들과 한 가족으로 살고 싶지 않아. 내 딸을 돌려주지 않는다면, 이제부터 식물의 파종, 재배, 수확은 물론이고 지상의 아무것도 돌보지 않을 거야." 데메테르는 이렇게 중얼거렸습니다.

헤르메스는 궁에서 멀어지는 그녀의 노파처럼 굽은 등을 바라보며 가슴이 답답해졌습니다. 너그러운 데메테르가 수확의 신이기를 포기한다면 이제 과연 누가 땅을 돌볼까요? 누가 씨에서 싹이 나고, 곡식과 채소가 자라게 해줄까요? 이 세상은 사막이 되어버리지 않을까요?

— 다음 편에 계속

지상에 퍼진 데메테르의 슬픔

전편 요약 : 수확의 여신 데메테르는 사랑하는 딸이 지옥의 신 하데스에게 납치됐다는 사실을 알았습니다. 또한 제우스가 그들의 딸을 보호하지 않았다는 사실도 알았습니다. 미칠 듯이 괴로웠던 그녀는 올림포스로 돌아가기를 거부하고, 딸을 돌려주지 않는다면 이제 지상의 아무것도 돌보지 않기로 작정했습니다.

그날 이후 지상에서는 아무것도 자라지 않았습니다. 식물은 잎이 떨어졌고, 꽃은 시들었으며, 과일은 가지에 달린 채 말라버렸습니다. 머지않아 들에는 밀 대신 누런 건초만이 남을 참이었습니다. 먹이를 찾지 못한 동물들은 하나둘 죽어가고, 굶주린 인간들도 죽어갈 것이 분명했습니다. 그들은 여신 데메테르가 제자리로 돌아오기를 울며 간청했습니다. 그들은 여신의 이름을 부르고, 그녀가 수확을 돌보러 돌아오기를 기원했습니다. 하지만 여신은 사라졌습니다.

헤르메스 역시 지상의 재난을 보며 절망에 빠졌습니다. 그는 프로메테우스가 보호하던 인간을 진심으로 사랑했기에 그들의 불행은 결국 그를 불행하게 했습니다. 하늘을 날며 황량한 경치를 내려다보면 마음이 서글퍼졌습니다. 그는 데메테르를 설득해서 돌아오게 하려고 찾아다녔지만, 먼지투성이로 이 집 저 집 문을 두드리며 물 한 잔 빵 한 조각을 구걸하고, 맨발로 돌아다니는 여신을 알아보지 못했습니다.

헤르메스가 데메테르를 찾는 사이에 그녀는 켈레오스의 궁전 앞에 도착했습니다. 왕의 시녀들은 지친 노파를 부엌으로 들였습니다. 오랫동안 걸어 기진맥진한 데메테르는 불 곁에 주저앉아 쉬었습니다. 몹시 갈증이 났던 그녀는 하녀가 사발에 따라준 박하 향 나는 물을 급히 들이켰습니다. 그 향기로운 물이 어찌나 시원했던지, 아바스라는 어린아이가 부엌으로 들어와 자신을 바라보고 있는지도 몰랐습니다. 그녀가 급히 물을 마시다 옆으로 쏟자 아이가 말했습니다. "물을 더럽게도 마시네!" 데메테르가 즉시 아바스를 향해 고개를 돌려 뚫어지게 바라보자 아이는 그 자리에서 도마뱀으로 변했습니다! 도마뱀은 비틀거리며 부엌에서 도망갔습니다. 아무것도 보지 못한 하녀들은 아이 이름을 부르며 부엌으로 들어왔습니다. "아바스! 아바스! 어디 숨었어?" 그들은 불 곁에서 쉬고 있는 걸인에게 켈레오스 왕의 장남, 어린 소년 아바스를 보지 못했느냐고 물었습니다. 그녀가 못 봤다는 뜻으로 고개를 가로젓자, 하녀들은 다른 곳으로 아이를 찾으러 갔습니다. 데메테르는 왕의 장남을 변신시킨 것을 후회했지만 이제 와서 그를 위해 할 수 있는 일은 아무것도 없었습니다.

그날 저녁 갑작스러운 아바스의 실종으로 궁전은 울음바다가 됐습니다. 데메테르는 슬퍼하는 왕과 왕비를 보자 며칠 전 태어난 그들의 둘째 아들에게 뭔가 좋은 일을 해줘야겠다고 생각했습니다. 데메테르는 그 아이를 불사의 존재로 만들기로 했습니다. 그녀는 아이 방으로 몰래 들어갔습니다. 아이를 돌보는 유모는 요람 곁에서 자고 있었습니다. 데메테르가 아기에게 속삭였습니다. "아가야, 참 귀엽게 생겼구나. 페르세포네가 태어났을 때가 생각나는구나." 데메테르는 조심스럽게 아기를 안고 까치발로 부엌으로 돌아가서 말했습니다. "겁먹지 마, 네게 영생을 줄게. 이게 끝나면 넌 절대로 죽지 않을 거야." 그녀는 주머니에서 병에 든 암브로시아와 넥타를 꺼내 아기 몸에 발랐습니다. 그리고 아기를 벽난로 불 위에 올려놓고 불멸의 존재로 만드는 주문을 외웠습니다. 불길이 아기를 집어삼켰지만 아기에게 전혀 해를 입히지 못했습니다. 그렇게 마법이 곧 효력을 발휘하려는 순간, 유모가 갑자기 부엌으로 들어왔습니다. 잠에서 깬 유모는 아기가 요람에 없다는 것을 발견하고는 소스라치게 놀라 이리저리 찾아다니다가 결국 부엌에 들어와 늙은 걸인이 아기를 불에 올려놓은 것을 보고 비명을 질렀습니다. 마법에 완전히 몰입해 있던 데메테르는 유모의 외침에 놀라면서 집중력이 무너져버렸습니다. 그녀가 외던 주문이 중단되자 아직 불사의 존재가 되지 않은 아기가 불에 데었습니다. 데메테르는 화가 났지만 아기를 바닥에 내려놓고, 다정하게 아기를 바라보며 말했습니다. "아가야, 미안하구나. 걱정하지 마, 네 화상은 곧 나을 거야. 하지만 넌 이제 절대로 불멸의 존재가 될 순 없겠구나. 너 역시 자라서 어른이 되고 늙어갈 거야. 그리고 언젠가는 다른 사람들처럼 죽겠지. 네 삶이 멋지고 아름답길 바라마. 안녕!" 여신은 아기의 이마에 입맞춤하고는 어둠 속으로 사라졌습니다.

날이 밝았습니다. 여전히 고모를 찾아다니던 헤르메스의 눈에는 딱딱하게 갈라진 땅, 시들어 검게 변한 올리브나무, 누렇게 변한 가시덤불만 보였습니다. 그는 눈에 눈물이 그렁그렁한 채 제우스를 찾아가 이 문제를 살펴봐 달라고 설득하기로 했습니다.

헤르메스는 과연 아버지를 설득할 수 있을까요? 그렇게 말라 죽어가는 세상을 구할 수 있을까요?

– 다음 편에 계속

어려운 임무를 맡은 헤르메스

전편 요약 : 데메테르가 자기 임무를 포기하자 모든 식물이 죽어가면서 세상이 황폐해졌습니다. 헤르메스는 제우스를 찾아가 이 문제를 해결하도록 설득하기로 했습니다.

헤르메스가 올림포스산에 도착했을 때 궁전 테라스에 신들이 모여 있었습니다. 마침 그들은 지상에서 벌어지는 끔찍한 상황을 두고 토론하고 있었습니다. "더는 이대로 둘 수 없어요!"라고 말하는 이도 있고, "데메테르가 다시 자기 임무를 수행하도록 해야 합니다!"라고 말하는 이도 있었습니다. 흰 팔의 헤라가 날카로운 목소리로 외쳤습니다. "데메테르는 무책임해요! 자기만 생각한다고요!" 그러자 아테나가 차갑게 말했습니다. "아니에요. 무책임한 쪽은 하데스예요. 그가 욕심에 끌려 데메테르의 딸 페르세포네를 납치하지 않았다면 이런 문제는 생기지 않았죠." 신들은 황폐해진 지상을 내려다보며 이렇게 한마디씩 하고 있었습니다. 이제 모든 신이 하데스의 소행을 알고 있는 것 같았습니다. 그때 제우스가 나타나자 모두 입을 다물었습니다. 근심 때문에 제우스의 이마에는 주름이 깊게 파여 있었습니다. 헤르메스는 침을 삼켰습니다. 오늘은 그에게 무엇이든 부탁하기 어려운 상황인 것 같았습니다. 그런데 제우스가 갑자기 그를 찾았습니다. "헤르메스는 어디 있나? 당장 헤르메스를 부르라!" 헤르메스가 작은 목소리로 "저 여기 있습니다…"라고 대답하자, 그 자리에 모여 있던 신들이 물러서며 그에게 길을 내줬습니다. 제우스는 그의 어깨에 두 손을 얹으며 말했습니다. "아들아, 넌 나의 형 하데스가 다스리는 지옥의 왕국을 잘 알고 있으니 지체하지 말고 당장 그곳으로 가서 페르세포네를 데려오도록 해라. 페르세포네를 데메테르에게 돌려주지 않으면 지상의 모든 생명체가 곧 죽을 지경이라고 하데스에게 전해라. 어서 가거라. 꼭 성공해야 한다!" 아버지의 손이 헤르메스의 어깨를 무겁게 짓눌렀습니다. 이 새로운 임무는 지금까지 그가 수행해온 어떤 과제보다도 어려운 것이었습니다.

신들의 전령은 서둘러 지옥으로 날아갔습니다. 그는 스틱스강을 건너기 위해 늙은 카이론이 작은 배를 타고 나타나기를 기다렸습니다. "오늘은 혼자 왔네. 죽

은 자를 한 명도 데려오지 않다니!" 카이론이 투덜거렸습니다. 헤르메스는 대답도 하지 않고 배에 올라타며 물었습니다. "지옥에 무슨 일이 있었나요?" 카이론이 느릿느릿 대답했습니다. "아, 말도 마! 하데스가 사랑에 빠졌는데, 그의 애인은 줄곧 울기만 해. 어머니가 보고 싶은가 봐. 햇빛도 보고 싶겠지. 하데스는 애인이 울음을 그치게 할 방법을 찾지 못해 쩔쩔매고 있지! 딱한 일이야…." 하데스의 궁에 도착한 헤르메스는 하데스의 왕좌 곁에서 하염없이 눈물을 흘리고 앉아 있는 창백한 얼굴의 페르세포네를 보았습니다. 그녀는 절망적인 표정으로 손수건을 꼭 쥐고 있었습니다. 하데스가 무릎을 꿇고 그녀의 손을 잡으며 달콤한 사랑의 말을 속삭이자, 젊은 여신이 대답했습니다. "전 당신이 싫다기보다 해와 어머니를 보지 못하고 사는 걸 견딜 수 없어요." 하데스가 길게 한숨을 내쉬자 헤르메스는 마음이 아팠습니다. 그는 자신이 왔다는 것을 알리려고 큰 소리로 헛기침을 했습니다. 하데스는 아내 앞에 무릎을 꿇고 있는 모습을 들킨 것이 부끄러웠는지 얼른 일어나며 말했습니다. "잘 지냈나, 조카? 그래, 무슨 일로 날 찾아왔지?" 헤르메스가 공손히 인사하고 나서 대답했습니다. "안녕하세요, 지옥 대왕님 큰아버지. 아름다운 누이 페르세포네도 안녕? 아버지 제우스가 절 보냈어요. 아시다시피 상황이 매우 난처해졌어요. 큰아버지가 페르세포네 누이를 납치해서 결혼한 뒤로 딸을 잃은 데메테르 여신이 괴로움에 빠져 전혀 임무를 수행하지 않고 있어요. 그래서 땅과 인간이 죽어가고 있어요." 그는 훌륭한 언변으로 지상의 끔찍한 상황을 실감 나게 설명했습니다. 하데스는 아무 말 없이 그의 설명을 듣고 있었지만, 페르세포네는 더 격렬하게 울었습니다. 헤르메스는 이렇게 말을 맺었습니다. "아버지 제우스는 페르세포네 누이를 어머니에게 돌려주라고 큰아버지한테 간청해보라고 했어요." 오랜 침묵이 이어지는 동안 페르세포네는 슬픔에 겨워 어깨를 들썩이며 흐느꼈습니다. 하데스가 그녀를 향해 돌아서며 말했습니다. "아름다운 페르세포네여, 그대가 내 곁에서 행복했다면 제우스의 부탁 따위는 들어주지 않았을 거요. 하지만 당신을 너무 사랑해서 당신의 슬픔을 더는 견딜 수 없구려. 그러니 당신 어머니에게 돌아가시오. 어쩔 수 없구려." 그는 페르세포네의 손등에 입맞춤하고는 밖으로 나갔습니다. 헤르메스가 페르세포네에게 말했습니다. "하데스 큰아버지는 누이를 정말 사랑해! 이런 연인은 좀처럼 찾아볼 수 없지." 페르세포네가 울음을 그쳤습니다. 대낮의 햇빛을 다시 볼 수 있다는 생각만으로도 행복했습니다. 열흘 동안 아무것도 먹지 않았던 그녀는 갑자기 배가 고파졌습니다. 주머니에서 지옥의 왕이 그녀에게 준 석류를 꺼내 한입 깨물었습니다. 그러자 헤르메스가 다급하게 소리쳤습니다. "뱉어! 어서 뱉어!" 그러면서 그 과일을 빼앗아 멀리 던졌습니다. 당황한 페르세포네는 입안에 든 것을 뱉었습니다. 헤르메스가 불안에 떨며 물었습니다. "삼켰어?" 여신이 기어들어가는 목소리로 말했습니다. "안 먹었어… 아니, 세 알밖에 안 먹었어. 왜? 잘못한 거야?" 하지만 그것은 그녀가 상상하는 것보다 훨씬 심각한 일이었습니다.

- 다음 편에 계속

모녀의 재회

전편 요약 : 헤르메스는 페르세포네를 찾으러 지옥에 갔습니다. 하데스는 그녀가 떠나는 것을 허락했지만 그녀는 석류 씨 세 알을 먹어 위험에 빠졌습니다.

페르세포네는 석류 알을 고작 세 개 먹었을 뿐인데 헤르메스는 왜 그토록 불안해했을까요? 그는 누이의 손을 잡고 동굴 입구를 향해 달렸습니다. 눈부신 태양이 출구에서 그들을 맞아줬습니다. 페르세포네는 석류 알 때문에 생긴 근심은 금세 잊고 무척 기뻐했습니다. 그녀는 두 팔을 벌리고 가벼운 공기를 느끼며 빙글빙글 돌았습니다. 웃고 또 웃었죠. 긴 머리칼이 관 모양으로 퍼지며 출렁였습니다. 헤르메스는 그 모습을 바라보며, 바로 저 웃음을 되찾아주기 위해 그녀를 포기한 하데스의 깊은 사랑을 생각했습니다. 그는 페르세포네에게 길을 안내하며 말했습니다. "어서 와, 갈 길이 멀어."

페르세포네는 아무것도 자라지 않는 메마르고 황폐한 풍경을 보면서 자신의 부재가 어머니에게 중대한 임무를 포기할 정도로 극심한 고통을 줬다는 사실을 깨달았습니다! 헤르메스와 페르세포네는 밤이 되어서야 높은 돌기둥이 있는 큰 건물 가까이 갈 수 있었습니다. 그것은 엘레우시스의 사원이었습니다. 사원은 석양이 선사한 멋진 붉은 옷을 입고 있었습니다. 그때 입구에서 한 여인이 나타났습니다. 주름투성이 얼굴은 야위었고, 옷은 해지고 더러웠습니다. 붉은 석양이 비춘 그녀의 얼굴에는 근심이 가득했습니다. 페르세포네는 이 노파를 알아보지 못했습니다. 그토록 아름답던 자기 어머니가 이렇게 변했을 줄은 상상조차 하지 못했던 것입니다. 하지만 자기 딸을 금세 알아본 어머니는 쏜살같이 달려가 그녀를 품에 안았습니다. 헤르메스는 모녀가 극적인 상봉의 기쁨을 마음껏 누릴 수 있게 슬그머니 자리를 비켜줬습니다.

잠시 후 데메테르는 딸을 찾아준 헤르메스에게 고맙다는 인사를 하려고 했습니다. 하지만 헤르메스에게는 아직 해결해야 할 어려운 문제가 남아 있었습니다. 어린 전령이 말을 꺼냈습니다. "데메테르 고모, 제우스가 고모의 딸을 찾아오라고 절 지옥으로 보냈어요. 그리고 하데스가 그녀를 사랑하는 마음으로 보내줬어

요. 다만 문제가 하나 있어요. 지옥의 음식을 먹은 자는 그곳에 영원히 남아야 한다는 규칙이 있어요." 깜짝 놀란 페르세포네가 낮게 탄식했습니다. 그녀는 자신의 불행이 아직 끝나지 않았다는 불길한 예감이 들었습니다. "그런데 페르세포네가 지옥에서 자란 석류 알을 세 개 먹었으니…." 이 말을 들은 데메테르는 안색이 창백해져서 소리쳤습니다. "난 절대로 내 딸이 그리로 돌아가게 내버려두지 않을 거야!" 헤르메스가 말했습니다. "잠깐만요! 진정하세요! 제가 이리로 오는 동안 내내 이 문제를 곰곰이 생각해봤는데, 해결할 방법이 있을 것 같아요. 페르세포네가 석류 알을 세 개만 먹었으니 일 년 열두 달 중에서 석 달만 하데스와 지옥에서 지내고, 나머지 아홉 달은 고모와 함께 지내게 하자고 제가 제안하면 어떨까요?" 그 순간, 여신 데메테르가 미처 대답할 틈도 없이 제우스가 나타났습니다. "수고했다, 헤르메스. 넌 임무를 완수했을 뿐 아니라 이상적인 제안까지 내놓았구나. 네 제안대로 하자." 그리고 그는 페르세포네의 귀에 대고 속삭였습니다. "두고 봐, 어머니와 잠시 떨어져 지내는 것도 네게 좋은 일이 될 수 있어. 게다가 하데스는 널 무척 사랑하잖니…." 잠시 생각하던 페르세포네는 머리를 끄덕이며 제우스의 말에 동의했습니다. 데메테르는 딸과 또다시 헤어져야 한다는 사실에 낙담했지만 이 제안을 받아들일 수밖에 없었습니다. 그녀는 원망스러운 듯 제우스에게 소리쳤습니다. "그렇다면 사랑하는 딸을 내게서 앗아가는 석 달 동안 나는 오로지 딸이 돌아오기만을 기다리면서 아무 일도 하지 않을 거야."

이날 이후 일 년 열두 달 중에서 석 달간은 지상에서 아무것도 자라지 않는 겨울이 됐습니다. 딸 페르세포네가 하데스를 만나러 지옥에 가 있는 동안 데메테르가 아무것도 하지 않고 울기만 하기 때문에 풀은 잠을 자고, 나무는 잎을 떨구고, 꽃과 과일은 자취를 감춥니다. 그리고 여신이 딸과 다시 만나면 모든 것이 싹트고, 꽃 피고, 자라는 봄이 찾아옵니다. 여신은 다시 열심히 일하고, 과일과 곡식이 익는 여름이 오고, 페르세포네가 지하로 떠날 때가 되면 데메테르가 불안해하면서 가을이 오고 풀과 나뭇잎은 붉고 노랗게 물듭니다. 그리고 페르세포네가 지하에서 하데스와 함께 지내는 겨울 석 달 동안 데메테르는 집에 틀어박혀 눈물만 흘립니다. 그렇게 지상의 모든 생명체는 페르세포네가 돌아오는 봄이 될 때까지 기다려야 합니다. 지상에 만물이 다시 소생하는 데 도움을 준 헤르메스는 기쁜 마음으로 올림포스를 향해 날아가면서 사랑의 신비에 대해 생각했습니다. '아주 큰 사랑은 불가능한 것도 가능하게 만드는구나. 그런 사랑은 대체 어디서 오는 걸까?'

― 다음 편에 계속

사랑하는 사람과의 이별, 죽음

전편 요약 : 페르세포네는 어머니 데메테르를 다시 만났지만, 매년 겨울 지하로 돌아가 석 달 동안 하데스와 함께 지내야 했습니다.

헤르메스는 젊은 오르페우스의 결혼식에 초대받았습니다. 그는 이 잘생긴 청년에게 특별한 애정이 있었습니다. 오르페우스는 헤르메스가 탄생을 목격한 첫 번째 아기였습니다. 그는 님프 칼리오페가 아기를 낳던 날 누나 아르테미스와 함께 그녀의 집에 갔던 그 마법 같은 밤을 잊을 수 없었습니다. 그날 헤르메스는 처음으로 탄생의 신비를 목격했습니다. 그렇게 태어난 오르페우스는 자라면서 세상에서 가장 멋진 음악가가 됐습니다. 그는 모든 인간과 동물을 음악에 취하게 할 정도로 모든 악기를 감동적으로 연주했습니다.

아담한 숲 속 빈터에서 축제가 열렸습니다. 꽃들이 만발한 풀밭 한가운데 커다란 상이 놓여 있고, 옆에는 작은 강도 흘렸습니다. 헤르메스는 오르페우스와 결혼하는 젊은 여인을 바라보며 감탄했습니다. 신부 에우리디케는 검은 눈동자와 잘 어울리는 검은 머리칼을 땋아 거기에 흰색과 보라색 꽃을 꽂았고, 금빛 머리띠로 고정한 푸른 베일은 머리 위에서 바람에 나부꼈습니다. 우아한 에우리디케는 오르페우스에게서 잠시도 눈을 떼지 않았습니다. 오르페우스 또한 리라를 연주하며 신부에게 멋진 노래를 불러줬습니다. 헤르메스는 두 연인을 바라보며 사랑이란 정말로 아름다운 것이라고 생각했습니다. 하지만 그들을 보면 볼수록

그런 사랑이 대체 어디서 오는지 정말로 궁금했습니다. 저 둘은 어떤 계기로 저렇게 서로 사랑하게 됐을까요? 알 수 없었습니다.

에우리디케는 연주하고 노래하는 신랑에게서 몇 걸음 떨어져 있었습니다. 그녀는 제대로 춤을 추려고 신발까지 벗어버리고 맨발로 풀밭 위에서 깡충깡충 뛰고 빙글빙글 돌았습니다. 그러다가 그만 풀숲에 숨어 있던 뱀을 밟고 말았습니다. 순식간에 뱀이 발목을 물었고, 에우리디케는 외마디 비명을 지르며 바닥에 쓰러졌습니다. 오르페우스가 달려가 아내를 품에 안았지만 이미 독이 심장까지 퍼진 그녀는 숨을 거두고 말았습니다. 오르페우스는 엄청난 충격과 슬픔에 빠졌습니다. 울면서 아내를 부둥켜안았습니다. 초대받은 손님들도 모두 그와 함께 울었습니다.

헤르메스는 다른 죽은 자들처럼 에우리디케의 그림자를 지옥으로 데려갔습니다. 지상에 홀로 남은 오르페우스의 고통은 나날이 커졌습니다. 그는 어떻게 해도 아내를 잃은 슬픔을 달랠 수 없어 날마다 울었습니다. 어느 날 오르페우스는 헤르메스를 찾아와 이렇게 부탁했습니다. "당신은 죽은 자들을 하데스의 세계로 인도하잖아요. 사랑하는 내 아내를 산 자들의 세계로 다시 데려올 수 있게 날 좀 도와주세요!" 하지만 헤르메스에게는 죽은 자들의 세계에 산 자를 데려갈 권한이 없었습니다. 그가 대답했습니다. "당신이 지옥에 들어가는 걸 허락할 권한은 제우스에게만 있어요."

그러자 오르페우스는 어떻게든 제우스를 설득하기로 했습니다. 그는 리라를 가지고 올림포스 궁으로 가서 신들 앞에 서서 연주하고 노래했습니다. 그의 노래는 더없이 슬프고 아름다웠습니다. 신들이 모두 그의 음악에 감동했습니다. 제우스가 그에게 물었습니다. "지옥 여행이 얼마나 위험한지 아느냐?" 오르페우스가 대답했습니다. "네, 저도 잘 압니다. 하지만 에우리디케 없이 사는 것이 제겐 훨씬 더 험난하고 고통스러운 일입니다…." 제우스는 미소 지었습니다. 그는 사랑에 빠지면 어떤 장애도 극복할 용기와 힘이 생긴다는 것을 잘 알고 있었습니다. 제우스가 흔쾌히 말했습니다. "좋다. 헤르메스, 오르페우스를 하데스에게 안내해라." 그의 허락이 떨어졌습니다.

길을 가면서 오르페우스가 쉬지 않고 아름다운 에우리디케에 대한 사랑을 노래한 덕분에 헤르메스는 지옥으로 가는 여행이 즐겁기만 했습니다. 늙은 카이론 앞에서도 젊은 오르페우스는 두려워하지 않고 연주를 계속했습니다. 처음에 카이론은 살아 있는 사람을 죽은 자들의 배에 태우지 않으려고 했지만 오르페우스의 노래에 매료되어 그를 스틱스강 건너편에 데려다줬습니다. 헤르메스는 오르페우스의 용기에 놀랐습니다. 하지만 지옥의 무시무시한 개 케르베로스와 맞닥뜨리면 오르페우스도 겁을 먹고 결국 포기하리라고 생각했습니다. 에우리디케에게 생명을 돌려주는 일이 과연 사랑의 힘만으로 가능할까요?

— 다음 편에 계속

불신의 대가

전편 요약 : 에우리디케는 결혼식 날 뱀에 물려 죽었습니다. 절망에 빠진 그녀의 남편 오르페우스가 그녀를 찾으러 지옥으로 갔습니다.

헤르메스는 오르페우스가 지옥의 개 케르베로스를 만나면 무슨 일이 벌어질지 걱정스러웠습니다. 하지만 정작 오르페우스 자신은 전혀 두려워하지 않았습니다. 살아 있는 자라면 누구도 이렇게 멀리까지 올 수 없다는 것을 그도 잘 알고 있었지만 아내를 향한 사랑의 힘으로 모든 것을 극복하는 것 같았습니다. 오르페우스는 전혀 동요하지 않고 카이론의 배에서 내렸습니다. 무시무시한 개 케르베로스가 그를 향해 세 개의 머리를 들이밀어도 뒤로 물러나지 않았습니다. 그는 생전에 아름다웠던 아내를 찬양하는 노래를 계속해서 불렀습니다. 그러자 케르베로스는 멈춰서서 그의 노래를 듣다가 뒤로 물러났습니다. 오르페우스의 음악은 아무도 성공하지 못했던 일을 해냈습니다. 지옥을 지키는 괴물마저도 감동시켰던 것입니다! 케르베로스는 바닥에 엎드려 눈을 지긋이 감은 채 감미로운 멜로디를 들었습니다.

오르페우스는 하데스의 궁에 도착했을 때도 전혀 두려운 기색이 없었습니다. 그의 관심은 오로지 아내를 되찾는 것뿐이었습니다. 그는 주변의 모든 그림자를 샅샅이 살피며 아내 에우리디케를 애타게 찾았습니다. 헤르메스는 하데스와 페르세포네를 설득하려고 긴 연설을 준비했지만, 그가 말을 꺼낼 틈도 없이 오르페우스가 노래하기 시작했습니다. 페르세포네와 하데스는 그의 음악에 마음 깊이 감동했습니다. 페르세포네는 눈물을 흘렸고, 하데스는 애써 감정을 드러내지 않으려고 헛기침을 했습니다. 그의 음악이 지옥에 울려 퍼졌습니다. 오르페우스의 노래를 들은 다나이데스는 통에 물 채우기를 멈췄고, 시시포스는 바위를 밀어 올리던 동작을 중단했으며, 탄탈로스는 목마름과 배고픔마저 잊었습니다…. 그의 음악은 키클로페스와 백 개의 팔이 달린 거인들이 갇혀 있는 타르타로스 가장 깊은 곳까지 닿았습니다. 이 괴물들조차 노래를 듣느라고 그들의 화덕이 식는 줄도 몰랐습니다.

죽은 자들의 그림자가 하나둘 모여들었습니다. 그러

다가 그들 그림자 중 하나가 앞으로 걸어 나왔습니다. 바로 에우리디케였습니다. 오르페우스가 아내를 알아본 순간, 그때까지 구슬프고 달콤했던 그의 노래는 활기차고 즐거운 곡조로 변했습니다. 페르세포네는 남편 하데스의 귀에 뭔가를 속삭였습니다. 그러자 지옥의 왕이 자리에서 일어나며 근엄하게 말했습니다. "오르페우스, 네 용기, 네 사랑, 네 음악이 우리를 감동시켰다. 지금까지 어떤 인간도 할 수 없었던 것을 네게 허락한다. 에우리디케를 빛의 세계로 데려가라. 단, 지옥을 나가기 전에는 절대 뒤돌아보지 마라. 빛을 보기 전에는 그녀를 바라보지 마라. 이 명령을 따르지 않으면 영원히 그녀를 잃게 될 것이다…." 그 순간, 그림자 무리에서 웅성거리는 소리가 들려왔습니다. 거기에는 놀라움과 희망이 섞여 있었습니다. '에우리디케가 생명을 되찾는다면, 우리도 그럴 수 있지 않을까?' 하데스는 그들의 웅성거림을 무시한 채 단호하게 말했습니다. "자, 어서 떠나라. 에우리디케가 그대를 따를 것이다."

기쁨으로 가슴이 터질 것 같았던 오르페우스는 더듬거리며 간신히 감사의 인사를 전하고 헤르메스와 함께 서둘러 길을 떠났습니다. 이 행운을 믿을 수 없었던 오르페우스가 헤르메스에게 외쳤습니다. "어떻게 이런 일이 일어날 수 있죠? 내가 진짜 성공한 걸까요?" 헤르메스가 대답했습니다. "맞아요, 성공했어요. 그러니 이제 진정하세요." 오르페우스는 돌아서서 부인을 품에 안고 싶어 참을 수가 없었습니다. "헤르메스, 아

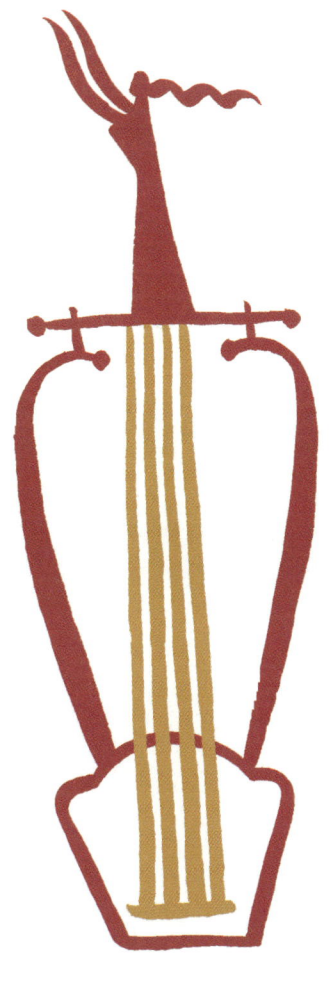

내가 지금 나를 따라오고 있나요? 말해주세요, 당신은 그녀가 보이죠?" 오르페우스는 초조했습니다. 그들은 그렇게 지상 세계를 향해 걸었습니다. 그들이 카이론의 배에 오르자 늙은 뱃사공은 죽은 자들의 세계에서 산 자들의 세계로 돌아가는 오르페우스를 보고 깜짝 놀랐습니다. 반대편 기슭에 닿자, 헤르메스가 뒤에 남아 카이론과 이야기하는 동안 오르페우스가 배에서 뛰어내렸습니다. 지옥의 출구까지는 불과 몇 걸음 남지 않은 지점이었습니다. 벌써 햇빛이 보이는 것 같았습니다. 하지만 오르페우스는 의심이 들었습니다. '하데스가 날 속인 건 아닐까? 날 쫓아오는 여인이 에우리디케가 아니라면?' 그는 참지 못하고 아내를 보려고 돌아섰습니다. 하지만 에우리디케는 아직 지옥을 벗어나지 못하고 죽은 자들의 그림자에 속해 있었습니다! 남편과 눈이 마주친 순간, 그녀는 안타깝게 손을 내밀며 지옥으로 떨어졌습니다.

잠시 후 헤르메스도 지상으로 나왔습니다. 오르페우스는 풀밭에 누워 울고 있었습니다. 무슨 일이 일어났는지 눈치챈 헤르메스는 몹시 화가 났습니다. 이 모든 상황이 너무도 억울했습니다! 헤르메스는 이해하고 싶었습니다. 사랑은 세상 무엇보다 강력했습니다. 사랑은 모든 장애를 극복했습니다. 도대체 누가 그런 식으로 삶과 죽음을 결정하는 걸까요? 그는 인간 운명의 비밀을 알아보려고 다시 포자니아를 찾아가야겠다고 생각했습니다.

– 다음 편에 계속

모이라이

> **전편 요약**: 오르페우스는 에우리디케를 지상으로 데려가도 좋다는 허락을 받았습니다. 하지만 조바심하며 그녀가 지옥에서 완전히 나오기도 전에 뒤돌아보다가 그녀를 영원히 잃었습니다. 헤르메스는 누가 인간의 운명을 결정하는지 알고 싶어 포자니아를 찾아갔습니다.

포자니아는 헤르메스를 위아래로 훑어보며 말했습니다. "세상에! 그동안 많이 컸구나. 그래서 날 보러 오지 않았던 거야. 넌 이미 모든 질문에 대한 답을 알고 있어." 헤르메스가 한숨지었습니다. "아니, 아니에요, 유모님. 제 머릿속엔 여전히 많은 질문이 맴돌고 있어요. 제가 많이 볼수록 많이 이해하지만, 궁금한 것도 점점 더 많아져요." 포자니아가 미소 지었습니다. "궁금한 것이 없어지는 날이 온다면, 그날은 아마도 네 삶에서 가장 슬픈 날이 될 게다." 신들의 전령은 주름진 포자니아의 얼굴을 바라보며 마음의 안정을 찾았습니다. 지혜의 화신인 그녀는 그가 알고자 하는 것을 알 수 있게 도와줄 것입니다. 그가 물었습니다. "유모님, 이제 겨우 시작된 생명이 죽는 이유는 뭐죠? 누가 인간의 생사를 결정하는지 알고 싶어요." 포자니아는 그를 잠재울 때 늘 그랬듯이 젊은 신의 머리를 자기 무릎에 얹으며 말했습니다. "자, 세 명의 모이라이를 찾아가자. 그러면 모든 걸 알게 될 게다."

헤르메스가 눈을 떴을 때 자신이 어디 있는지 알 수 없었습니다. 그곳은 집도 동굴도 아니었지만 하늘이 보이지 않았습니다. 그는 포자니아의 귀에 속삭였습니다. "여기가 어디예요?" 그러자 늙은 유모가 다정하게 대답했습니다. "아무도 모른단다. 그건 비밀이지…. 자, 봐라!" 그들 가까이에 세 여인이 등을 돌리고 앉아 있었습니다. 그들은 모두 거미줄처럼 가늘고 가벼운 실로 짠 천으로 만든 흰색 롱드레스를 입고 있었습니다. 그들의 긴 백발은 바닥에 거의 닿았습니다. 헤르메스는 그들이 쉬지 않고 손을 움직이고 있다는 것을 짐작할 수 있었습니다. 그중 한 여인이 가끔 자리에서 일어나서 기호가 적힌 커다란 벽으로 가서 끝이 뾰족한 막대기로 그 기호 중 하나를 가리킨 뒤에 다시 자리로 돌아가 앉았습니다. 그리고 세 노파는 다시 부지런히 손을 움직였습니다. 헤르메스는 이 해괴한 장면을 오랫동안 지켜봤습니다. 그는 아무것도 이해할 수 없었지만 그들의 규칙적인 행동에 깊이 빠져들었습니다.

포자니아가 속삭였습니다. "자, 가까이 가볼까?" 헤르메스는 세 노파에게 다가가 그들의 얼굴을 보고는 경악했습니다. 그들은 눈을 크게 뜨고 있었으나 눈동자가 희뿌연 맹인들이었습니다. 자리에서 일어나 벽으로 갔던 노파가 셋 중에서 가장 젊은 것 같았습니다. 포자니아가 설명해줬습니다. "저 노파는 클로토란다. 봐라, 손에 들고 있는 길고 뾰족한 나뭇조각은 바로 방추야. 양털로 털실을 잣는 목동이 쓰는 것과 같은 거지. 방추는 실을 만들 때 쓰는 도구인데, 클로토가 잣는 실은 바로 인간의 수명이란다." 마침 그때 클로토가 자리에서 일어나서 손에 든 방추로 커다란 벽에 적힌 기호를 가리켰습니다. 의아해하는 헤르메스의 시선을 바라보며 포자니아가 말을 계속했습니다. "저기 벽에 적힌 것은 지상에 존재하는 모든 인간의 명단이란다. 누군가가 세상에 태어나면, 그의 이름이 저 커다란 벽에 기록되지. 그러면 클로토가 그 사람의 생명실을 잣는단다. 그리고 그 실을 언니 라케시스에게 넘긴단다. 봐라, 라케시스가 실을 받아 자로 재잖니. 그렇게 그 사람이 얼마나 오래 살지, 수명을 결정하는 거야. 긴 실도 있고, 짧은 실도 있지." 헤르메스는 자매의 가늘고 긴 손가락에서 눈을 떼지 못했습니다. 그는 깊이 감동하면서 생명실이 만들어지는 장면을 지켜봤습니다. 수명 실은 라케시스가 정한 길이만큼 늘어났습니다. 그때 세 번째 노파가 끼어들었습니다. 셋 중 가장 작았지만 가장 나이가 많은 것 같은 노파의 엄격한 얼굴과 휑한 눈을 보자 헤르메스는 더럭 겁이 났습니다. 그는 이상하게도 자기 의지와 무관하게 이 노파에게서 시선을 거둘 수가 없었습니다. 포자니아가 그의 귀에 속삭였습니다. "저 노파는 아트로포스야." 헤르메스는 설명을 듣지 않아도 아트로포스가 하는 일이 무엇인지 짐작할 수 있었습니다. 클로토가 수명 실을 잣고, 라케시스가 실의 길이를 정해서 넘겨주면 아트로포스는 긴 가위로 그 실을 싹뚝 잘랐습니다. 아트로포스의 잔인한 가위가 실을 자를 때마다 헤르메스의 가슴을 조였습니다.

얼음장처럼 차가운 공기에 헤르메스는 몸을 떨었습니다. 그는 운명의 세 여신 모이라이가 인간의 수명을 결정하는 장면을 오래도록 지켜봤습니다. 그렇습니다, 바로 여기서 아트로포스가 냉엄한 가위질로 에우리디케의 생명 실을 잘라버렸던 것입니다. 그녀의 결혼식 날 뱀에게 물렸던 그 저주스러운 순간에 생애를 마칠 만큼 그녀의 생명 실은 너무도 짧았습니다. 헤르메스는 모든 인간의 이름이 기록된 벽에 가까이 가보고 싶었지만, 포자니아가 말렸습니다. "안 돼, 가지 마라! 누구든 태어날 시간이 되기 전에 그의 이름을 알아선 안 돼! 이제 돌아가야 해!" 하지만 헤르메스는 참지 못하고 떠나기 전 지나가면서 클로토가 실을 잣고 있는 사람의 이름을 읽고 말았습니다. 그 이름은 바로 페르세우스였습니다.

– 다음 편에 계속

페르세우스

전편 요약: 헤르메스는 운명의 세 여신 모이라이가 인간의 수명을 결정한다는 사실을 알게 됐습니다. 한 명은 실을 잣고, 다른 한 명은 그 실의 길이를 정하고, 나머지 한 명은 그 실을 잘랐습니다. 헤르메스는 그들이 페르세우스의 생명 실을 만드는 장면을 목격했습니다.

헤르메스는 포자니아와 헤어져 올림포스로 돌아가면서 바다 위를 날아가던 중 수면에 떠 있는 상자 하나를 발견했습니다. 해가 지고 밤이 내리는 바다에서 상자는 물결에 흔들리며 곧 가라앉을 것만 같았습니다. 그때 갑자기 상자에서 아이 웃음소리 같은 것이 들렸습니다. 깜짝 놀란 헤르메스는 상자에 가까이 다가가자, 안에서 한 사람도 아니고 두 사람이 대화하는 소리가 또렷이 들렸습니다! 헤르메스가 귀를 기울인 순간 상자 안에서 여자 목소리가 말했습니다. "그렇게 웃으면 안 돼. 네 할아버지가 우리를 물에 빠트려 죽이려고 바다에 던졌단 말이야!" 아이의 목소리가 웃으며 대답했습니다. "어머니, 물고기들이 우리에게 헤엄치는 법을 가르쳐줄 거예요! 그리고 제 아버지는 신들의 신인 제우스라고 말씀하시지 않았나요? 아버지가 우리를 도와줄 거예요." 소년은 또다시 맑게 웃었습니다. 헤르메스는 이 말을 듣고 소스라쳤습니다. 제우스는 어쩌다가 또 아들을 낳았고, 왜 위험에 처한 아내와 아들을 돕지 않는 걸까요? 제우스가 비록 부인 헤라에게 더는 가족을 늘리지 않겠다고 약속했지만, 그렇다고 해서 이처럼 자기 아들과 그의 어머니를 죽게 내버려둘 수는 없었습니다!

바람이 점점 거세지고 바다가 거칠게 출렁였습니다. 파도가 밀려올 때마다 어머니와 아이가 갇힌 상자가 물에 잠겼습니다. 어서 두 사람을 구해야 한다고 판단한 헤르메스는 큰아버지 포세이돈에게 도와달라고 외쳤습니다. 헤르메스의 간청을 들은 포세이돈은 즉시 두 명의 반인반어 트리톤에게 명령해서 상자를 안전한 곳으로 옮기게 했습니다. 트리톤들이 상자를 바닷가로 끌고 가는 동안 헤르메스는 안에 들어 있는 모자의 대화를 들었습니다. 놀랍게도 상자 안에서는 다정한 자장가가 들렸습니다. 놀란 아이를 잠재우려고 어머니가 부르는 자장가는 무척 감동적이었습니다. 헤르메스는 어머니 마이아가 생각나면서 자기도 모르게 눈물이 핑 돌았습니다. 아이의 어머니가 속삭였습니

다. "잘 자라, 나의 귀여운 페르세우스." 페르세우스? 그 아이가 바로 페르세우스였습니다! 헤르메스는 어둠 속에서 미소 지었습니다.

장미 손가락의 오로라가 나타나자 밤이 물러갔습니다. 트리톤들은 나무 상자를 해변에 내려놓고 사라졌습니다. 헤르메스는 거기서 멀지 않은 곳에 있는 어부의 집 문을 두드렸습니다. 그 집에는 용감한 디크티스라는 사내와 그의 아내가 아이도 없이 단둘이 살고 있었습니다. 밖에서 들리는 소리에 잠에서 깬 디크티스 부부는 문을 열고 나가보았지만 아무도 없었고, 대문 앞에 나무 상자가 놓여 있었습니다. 디크티스가 집 안으로 들어가 도끼를 가지고 나와 상자를 부수자 젊은 여인과 아이가 나왔습니다. 여인이 떨리는 목소리로 말했습니다. "저는 다나에예요. 그리고 이 아이는 제 아들 페르세우스입니다." 그러자 어부의 부인이 말했습니다. "우리 집에 오신 걸 환영해요. 이리 와서 뭘 좀 먹고 기운 차리세요. 그리고 언제까지든 여기 계셔도 돼요." 아이는 철없이 깡충깡충 뛰어다니며 깔깔대고 웃었습니다.

상자에서 나온 모자가 요기를 하고 기운을 차리자 늙은 어부가 물었습니다. "어떤 몹쓸 놈이 당신들을 이 상자 안에 가뒀나요?" 다나에는 보일락 말락 미소를 지었습니다. "믿기 어려우시겠지만 우리를 상자에 가둔 이는 바로 제 친아버지인 아크리시오스 왕이에요. 아버지는 제가 언젠가 당신을 살해할 아들을 낳으리라는 신탁을 받자 문도 창문도 없는 동탑에 저를 가뒀습니다. 그래도 지붕이 없어서 공기와 빛은 통했죠. 저의 슬픔과 불행을 본 제우스가 어느 날 금비가 되어 제게 내려왔어요. 그렇게 저는 아들을 임신했고, 보시다시피 명랑하고 쾌활한 아이가 태어났어요. 처음에 아버지는 아무것도 눈치채지 못했어요. 그러던 어느 날 동탑에 울려 퍼진 페르세우스의 웃음소리를 듣고 손자의 존재를 알게 된 아버지는 미친 듯이 화를 내며 우리를 이 나무 상자에 가두고 바다 한가운데에 던져버렸죠." 헤르메스는 다나에의 사연을 듣고 아크리시오스에 대해 화가 치밀었습니다. 그는 '딸을 희생시키면서까지 권력을 놓지 않으려는 늙은 왕이 또 있었군.'이라고 중얼거렸습니다. 초라한 어부의 집에서는 웃음이 흘러나왔습니다. 페르세우스는 고양이와 재미있게 놀았습니다.

헤르메스는 아이가 잘 자라게 보호해주겠다고 다짐하며 그곳을 떠났습니다. 하지만 페르세우스의 운명에는 엄청난 모험이 기다리고 있었습니다.

– 다음 편에 계속

제65화
위험에 처한 페르세우스

전편 요약 : 헤르메스는 어머니와 함께 나무 상자에 갇힌 채 바다에 던져진 페르세우스를 구조했습니다. 모자는 어부 부부의 환대를 받으며 같이 살게 됐습니다.

세월이 흘러 페르세우스는 씩씩하고 용감하고 잘생긴 청년이 됐습니다. 하지만 그를 따뜻하게 맞아준 섬에는 몰래 그를 감시하는 적도 있었습니다. 그 섬을 지배하는 왕은 페르세우스의 아름다운 어머니 다나에를 보자마자 한눈에 반해 청혼했습니다. 하지만 다나에는 난폭한 성격의 왕을 좋아하지도 않았고, 그와 결혼하고 싶은 마음은 더더욱 없었습니다. 그녀는 아들을 보살펴야 한다는 구실로 그의 청혼을 거절했습니다. 하지만 이 결혼을 포기할 마음이 전혀 없었던 폴리데크테스 왕은 잔혹하게도 페르세우스를 없애기로 했습니다. 그는 페르세우스를 함정에 빠트리려고 자기 궁전에서 준비한 연회에 초대했습니다.

그날 저녁 페르세우스는 폴리데크테스 왕의 궁전에 일찍 도착했습니다. 그는 섬의 모든 젊은이가 초대된 이 연회에서 즐겁게 놀 생각에 마음이 들떴습니다. 페르세우스의 멋진 용모와 태도는 사람들의 주목을 끌었고, 그가 지나가면 그에게 매료된 하녀들이 감탄하며 수군거렸습니다. 그는 사람들이 자신을 좋아하고, 남들보다 돋보이는 것이 좋았습니다. 파티 분위기가 무르익을수록 말이 많아졌고, 더 큰 소리로 웃었습니다. 그리고 계속해서 술을 마셨습니다. 연회장 한가운데에 앉은 왕은 여기저기 분위기를 살피면서도 페르세우스에게서 한시도 눈을 떼지 않았습니다. 왕이 자리에서 일어나자 실내가 조용해졌습니다. 그가 연설을 시작했습니다. "친애하는 친구 여러분, 이렇게 내 초대에 응해주셔서 고맙습니다. 마음껏 즐기십시오! 내게 선물을 가져다준 모든 이에게 감사의 표시를 하고 싶습니다. 리코스, 그대는 지금 내 집 앞에서 발을 구르고 있는 멋진 말을 내게 선물했지. 네푸메네, 그대 역시 멋진 회색 암말을 내게 가져왔어. 그리고 아리스토스, 그대는 내 마굿간의 자랑이 될 금빛 눈 망아지를 내게 줬지." 왕은 연회장에 있는 참석자 한 사람 한 사람의 이름을 부르며 그들이 가져온 선물을 소개했습니다. 말에 대한 그의 열정을 알고 있는 친구들은 대부분 그에게 말을 선물했습니다. 말이 아니라 진귀한 보물을 가져온 사람도 있었습니다. 페르세우스는 얼굴이 붉어졌습니다. 가난해서 아무것도 가져올 수 없었기 때문입니다. 그는 자기 차례가 되자 몹시 부끄러웠습니다. 자존심이 강한 청년은 수모를 당하지 않으려고 자기 이름을 부르기도 전에 앞으로 뛰어 나갔습니다. 술과 분위기에 취한 그는 흥분해서 외쳤습니다. "다나에의 아들, 나 페르세우스는 가장 멋진 선물을 폴리데크테스 왕께 바치겠습니다. 끔찍한 고르고노스, 메두사의 머리를 가져오겠습니다." 초대 손님들이 웅성거렸습니다. 고르고노스는 이름만 들어도 온몸이 떨리는 끔찍한 세 여인입니다. 이 혐오스러운 자매의 머리에는 수많은 뱀이 우글거렸습니다. 그러나 무엇보다 끔찍한 사실은 누구든지 감히 그들을 바라보기만 해도 순식간에 뱀으로 변한다는 것이었죠. 흥분한 페르세우스가 이런 미친 짓을 벌이기를 내심 바랐던 왕은 그가 계획대로 함정에 빠지자 기뻐하며 말했습니다. "좋아, 고맙네, 페르세우스. 즉시 떠나서 고르고노스 자매 중 괴물 메두사의 머리를 내게 가져오게." 그 자리에 있던 모든 이의 시선이 무모한 모험에 뛰어든 페르세우스에게로 쏠렸습니다. 고르고노스를 만나고 나서 살아 돌아온 자는 아무도 없었습니다.

그 길로 메두사를 찾아 떠난 페르세우스는 차가운 밤바람이 얼굴을 때리자 퍼뜩 정신이 들었습니다. 그는 자신의 교만 때문에 스스로 늑대의 아가리로 뛰어들었다는 사실을 뒤늦게 깨달았습니다. 그리고 신들의 도움 없이는 이런 일을 절대로 해낼 수 없다는 사실도 새삼 분명해졌습니다. 그가 후회하면서 고개를 숙인 채 해변을 거닐고 있을 때 누군가 그의 어깨에 손을 얹었습니다. 그의 수호자 헤르메스였습니다. 젊은 신이 그에게 말했습니다. "나는 헤르메스야. 네 이복형이지." 페르세우스가 말했습니다. "그럴 줄 알았어요. 투구를 쓰고 날개 달린 샌들을 신은 자는 이 세상에 형밖에 없어요." 그들은 함께 바위에 앉았습니다. 헤르메스가 물었습니다. "네가 한 말을 전부 들었어. 고르고노스가 어디 사는지는 알아?" 페르세우스는 처량하게 고개를 저으며 길게 한숨을 내쉬었습니다. "몰라요!" 헤르메스는 페르세우스를 향해 몸을 기울이며 충고했습니다. "알았어. 그럼 우선 그라이아이 세 자매를 만나러 가야 해. 그들은 고르고노스 세 자매와 친자매 사이야! 그들도 몹시 위험하니 조심해야 해!" 그러자 페르세우스가 주저하며 기어들어 가는 목소리로 말했습니다. "형… 형도 나와 함께 가줄 거죠?" 몇 시간 전 왕궁에서 다른 사람들의 관심을 끌려고 허세를 부리던 모습은 전혀 찾아볼 수 없었습니다. 헤르메스는 페르세우스를 향해 미소를 지었습니다. 그는 상자에 갇혀 있던 아이의 웃음소리를 아직 잊지 않고 있었습니다. 그가 대답했습니다. "그래, 내가 같이 가줄게." 그들은 새벽에 출발하기로 하고 바닷가 모래밭에 누워 잠시 휴식을 취했습니다.

- 다음 편에 계속

제66화

끔찍한 세 노파를 만난 페르세우스

전편 요약 : 페르세우스는 머리칼 대신 뱀들이 꿈틀거리는 괴물, 고르고노스 메두사의 머리를 가져다 바치겠다고 왕에게 약속했습니다. 헤르메스가 그를 도와주러 왔습니다.

헤르메스를 만나 위안을 얻은 페르세우스는 자신감을 되찾아 세 명의 늙은 그라이아이가 사는 산으로 갔습니다. 대기는 뜨거웠고, 발걸음을 옮길 때마다 먼지 구름이 일었습니다. 그들이 높이 올라갈수록 주변은 점점 더 짙은 잿빛을 띠었습니다. 이 음산한 지역에는 햇빛조차 닿지 않았습니다. 여행길은 길고 힘들었지만, 그가 길을 잃고 망설일 때마다 헤르메스가 바른 길을 알려줬습니다. 세 노파가 사는 동굴에 도착한 그는 입구 근처에 몸을 숨기고 기다렸습니다. 잠시 후에 그들이 나타났습니다. 그중 한 명이 들고 있는 촛불에 비쳐 일렁이는 그들의 윤곽을 어슴프레 알아볼 수 있었습니다. 그들은 보기만 해도 끔찍했습니다. 누런 피부는 낡고 구겨진 종이처럼 쭈글쭈글했고, 어깨까지 내려온 흰 머리칼은 풀어진 밧줄 가닥처럼 아무렇게나 헝클어져 있었습니다. 게다가 몸에 핀 곰팡이의 역겨운 냄새가 코를 찔렀습니다. "이제 내가 볼 차례야! 내게 눈을 줘!" 그중 한 명이 날카로운 목소리로 말했습니다. "아니야, 내 차례야!" 역시 끔찍한 말투로 다른 노파가 말했습니다. "배고파! 음식을 씹을 수 있게 이를 내게 줘!" 세 번째 노파가 소리쳤습니다. 첫 번째 노파가 세 번째 노파에게 하나밖에 없는 이를 줬습니다. 그러는 동안 두 번째 노파는 하나밖에 없는 눈을 첫 번째 노파에게 줬습니다. 그렇게 세 노파는 하나의 눈과 하나의 이를 돌려가며 사용했습니다. 페르세우스는 오랫동안 세 노파의 행동을 관찰하고 나서 헤르메스가 충고한 대로 한 노파가 다른 노파에게 눈을 주려고 빼는 순간 달려들어 빼앗았습니다. 세 그라이아이는 이제 아무것도 볼 수 없게 됐습니다! 그들이 누가 눈을 가져갔는지 알아내려고 소리치며 싸우자, 페르세우스가 고함을 지르며 싸움을 중지시켰습니다. "나는 페르세우스다. 당신들 눈은 내가 가지고 있어. 이걸 돌려받고 싶다면 당신들 자매 고르고노스가 사는 곳을 알려줘." 예기치 못했던 낯선 이의 출현에 당황한 노파들은 어쩔 줄 몰라 하다가 결국 고르고노스

자매들의 은신처로 가는 길을 자세히 알려줬습니다. 페르세우스는 눈을 돌려줄까 말까 잠시 망설이다가 약속을 지키기로 했습니다. 그는 그들에게 눈을 돌려주고 즉시 길을 떠났습니다.

헤르메스와 헤어진 페르세우스는 혼자 여행했습니다. "잘했다, 페르세우스. 계속 그렇게 해라. 네가 자랑스럽구나. 나도 널 도울게." 누군가 페르세우스의 귀에 이렇게 속삭였습니다. 그에게 용기를 주는 이 목소리는 누구의 것이며 어디서 들리는 걸까요? 젊은이는 깜짝 놀라 걸음을 멈췄습니다. 그는 주저하며 물었습니다. "그런데… 누구시죠? 모습을 보여주세요!" 그러자 그의 귀에 작은 웃음소리가 들리며, 한 여인이 나타났습니다. 그녀는 투구를 쓰고 창을 들고 있었습니다. 페르세우스는 갑옷을 입고 똑바로 서 있는 여신 아테나를 곧바로 알아봤습니다. 그녀가 말했습니다. "넌 용감한 젊은이야. 내 동생 헤르메스가 널 보호한다는 걸 알지만, 나도 널 돕고 싶구나. 어쨌든, 우리는 아버지가 같잖아. 그렇지 않니?" 갑자기 위대한 여신 앞에서 서게 된 페르세우스는 겁을 먹고 아무 대답도 하지 못했습니다. 여신은 그에게 다가가서 자기 방패를 내밀었습니다. "너도 알겠지만 메두사와 마주 본 사람은 모두 돌로 변한단다. 내 방패를 가져가라. 메두사를 만나거든 방패를 거울처럼 사용해서 메두사가 표면에 반사되게 해라. 그렇게 하면 메두사를 직접 보지 않고 싸울 수 있지." 페르세우스는 아테나의 방패를 받았습니다. 방패의 표면은 마치 태양처럼 강렬하게 빛났습니다. 눈이 부셔서 잠시 고개를 돌렸던 그가 여신에게 고마움을 전하려고 했을 때 그녀는 이미 사라지고 없었습니다.

– 다음 편에 계속

고르고노스와 맞선 페르세우스

전편 요약 : 페르세우스는 꾀를 써서 고르고노스가 숨은 곳을 알아냈습니다. 아테나는 메두사를 직접 보지 않고도 싸울 수 있게 페르세우스에게 자기 방패를 빌려줬습니다.

페르세우스와 헤어진 헤르메스는 불안한 마음으로 도움을 청하러 갔지만, 페르세우스는 자신 있게 고르고노스 세 자매가 사는 은신처로 향했습니다. 헤르메스는 잠시 후 어깨에 커다란 주머니를 메고 돌아와 페르세우스와 합류했습니다. 그가 페르세우스에게 물었습니다. "네가 싸움에서 이기는 데 필요한 모든 걸 갖췄다고 확신해?" 페르세우스는 젊은이다운 패기로 대답했습니다. "가보면 알겠죠!" 헤르메스는 안타까운 표정으로 고개를 가로저으며 바위에 앉았습니다. 헤르메스는 자신도 정력적이고 충동적인 젊은 신이지만 페르세우스보다는 훨씬 사려 깊고 이성적이라고 생각했습니다. 그는 '세상을 보고 배운 덕분에 내가 현명해진 걸까?'라고 생각하며 어깨에 짊어진 주머니를 젊은이에게 던졌습니다. "자, 이 주머니를 받아, 네게 필요할 거야. 그 안에 지옥의 신인 우리 큰아버지 하데스의 투명 투구가 있어. 내가 빌려왔지. 그리고 긴 칼도 있어. 그 칼은 아주 단단해서 고르고노스의 딱딱한 껍질을 뚫을 수 있을 거야. 그리고 그 주머니에도 신기한 능력이 있어. 무엇이든 그 안에 넣으면 원래 성질 그대로 유지되지." 그러고 나서 그는 날개 달린 샌들을 벗어 페르세우스에게 내밀었습니다. "이것도 빌려줄게. 나중에 전부 돌려줘야 해."

이제 페르세우스는 고르고노스와 싸울 준비가 됐습니다. 새 장난감을 받은 아이처럼 들뜬 페르세우스는 날개 달린 샌들을 신고, 칼과 아테나의 방패를 들고, 하데스의 투구를 썼습니다. 그러자 순식간에 투명해진 그는 고르고노스의 은신처를 향해 날아갔습니다. 헤르메스가 그에게 외쳤습니다. "잊지 마, 넌 메두사만 죽일 수 있어. 고르고노스 세 자매 중에서 오직 메두사만이 불사의 존재가 아니야. 나머지 자매들은 죽지 않으니 절대로 공격하지 마!" 하지만 페르세우스는 이미 멀리 사라진 뒤였습니다. 전령의 신은 젊은이를 뒤쫓아가서 그의 싸움을 지켜보기로 했습니다.

고르고노스는 매서운 바람이 세차게 몰아치는 얼음처

럼 차가운 섬에 살고 있었습니다. 페르세우스는 바다 위를 날다가 춥고 황량하지만 아름다운 해변이 있는 섬을 발견했습니다. 너무도 놀라운 경치를 보며 그들의 소굴에 접근하고 있음을 직감했습니다. 그곳에는 온갖 종류의 동물과 몇몇 사람이 있었습니다. 하지만 가까이 가서 보니 그것은 모두 조각처럼 생긴 돌덩이였습니다. 고르고노스와 시선이 마주쳐 돌로 변한 사람들이었던 것입니다! 페르세우스는 섬에 도착해 그 석상 사이로 걸었습니다. 그는 이 불행한 사람들이 불쌍했고, 분노가 치밀었습니다.

고르고노스의 동굴에 도착했을 때 그들은 모두 잠들어 있었습니다. 페르세우스는 아테나의 방패를 거울처럼 사용해서 그들을 관찰했습니다. 세 자매는 상상했던 것보다 훨씬 더 끔찍했습니다. 머리에서는 우글거리는 뱀들이 사방으로 몸을 비틀고 있었고, 목은 용처럼 비늘로 덮여 있었습니다. 등에는 거대한 금 날개가, 손에는 구리 발톱이 달려 있었습니다. 그는 잠든 괴물들 위로 날았지만 칼로 내려치기를 주저했습니다. 단번에 성공하지 못하고 이들이 깨어난다면 어떻게 될까요? 셋 중 누가 메두사일까요? 그때 헤르메스가 다시 한 번 그를 도우러 왔습니다. 그는 말없이 손가락으로 메두사를 가리켰습니다. 페르세우스는 방패 거울로 메두사를 살피며 묵직한 칼을 휘둘렀습니다. 올림포스의 높은 곳에서 몰래 내려다보고 있던 아테나가 그의 행동을 유도했습니다. 페르세우스는 마법의 칼로 메두사의 목을 내리쳐서 머리를 완전히 잘라냈습니다. 그리고 눈을 마주치지 않은 채 끔찍한 뱀 머리칼을 움켜잡아 주머니 안에 넣었습니다. 그렇게 해서 그는 상대를 돌이 되게 하는 무시무시한 메두사의 시선을 피했습니다.

그때 메두사의 몸통에서 날개가 달린 멋진 말이 튀어나왔습니다. 말의 이름은 페가수스였습니다. 페르세우스는 아름다운 날개가 달린 이 말에 마음을 빼앗겨 숨이 멎을 것만 같았습니다. 그는 이 놀라운 동물을 잡으려고 했지만, 페가수스는 올림포스를 향해 훨훨 날아가서 금세 시야에서 사라졌습니다.

그러는 동안 다른 두 명의 고르고노스가 깨어나서 메두사를 죽인 자를 쫓아왔습니다. 과연 페르세우스는 이 추격자들을 따돌릴 수 있을까요?

- 다음 편에 계속

아름다운 젊은 여인을 구한 페르세우스

전편 요약 : 헤르메스와 아테나의 도움으로 페르세우스는 결국 메두사의 머리를 잘랐습니다. 하지만 메두사의 두 자매에게 쫓겨 서둘러 도망쳐야 했습니다.

헤르메스가 페르세우스에게 빌려준 날개 달린 샌들은 엄청나게 빨리 날았기에, 괴성을 지르며 쫓아오는 두 괴물을 따돌릴 수 있었습니다. 그들은 온갖 욕설로 페르세우스를 위협하면서 고래고래 소리를 질렀습니다. 그러나 투명 투구를 쓴 페르세우스가 순식간에 사라져버리자, 그들은 어쩔 수 없이 추격을 포기했습니다. 아무도 해내지 못한 모험에 성공한 페르세우스는 미칠 듯이 기뻤습니다.

그러는 사이에 이미 날이 밝았습니다. 그는 검은 바위가 보이는 맑고 파란 바다 근처에 도착했습니다. 그때 시야에 놀라운 광경이 펼쳐졌습니다. 알몸의 처녀가 해변 바위에 묶여 있었던 것입니다. 페르세우스는 윤기 나는 검은 피부와 바람에 나부끼는 머리칼이 매력적인 아름다운 그녀를 보자마자 사랑에 빠졌습니다. 그가 가까이 다가갔지만 그녀는 꼼짝도 하지 않고 바다를 바라보며 소리 없이 눈물만 흘렸습니다. 페르세우스가 물었습니다. "당신은 누구시죠? 왜 여기에 묶여 있나요?" 그의 말에 깜짝 놀란 여인이 정신을 가다듬고 작은 소리로 대답했습니다. "제 이름은 안드로메다예요. 에티오피아 왕의 외딸이죠. 저는 지금 여기서 저를 잡아먹을 바다 괴물을 기다리고 있어요." 페르세우스는 자기 귀를 의심했습니다. 그가 외쳤습니다. "잡아먹힌다고요? 대체 무슨 잘못을 저질렀기에 그토록 끔찍한 지경이 됐나요?" 안드로메다는 한숨지었습니다. "아… 전 아무 짓도 안 했어요. 잘못은 저의 어머니가 하셨죠. 저를 지나치게 자랑스러워하신 어머니는 제가 세상에서 가장 아름다운 여자라고 온 세상에 외치셨어요. 어머니는 제가 바다의 님프보다 더 아름답다고 하셨죠. 그러자 화가 난 님프들은 바다의 신 포세이돈에게 복수해달라고 빌었어요." 안드로메다는 말을 멈추고 수평선을 뚫어지게 바라봤습니다. 페르세우스도 같은 방향을 바라봤습니다. 그 순간, 바다에서 뭔가가 요동치더니 그들을 향해 다가왔습니다. 처녀가 사시나무처럼 떨면서 외쳤습니다. "저거예요! 저

거예요! 저 무시무시한 바다 괴물이 지나가는 길에는 폐허만 남아요. 백성을 괴롭히고 어부와 배를 집어삼키죠. 저 괴물의 분노를 잠재우려고 제가 제물이 된 거예요…."

괴물은 안드로메다와 불과 몇 걸음 거리에 있었습니다. 크게 벌린 입과 비늘로 덮인 몸이 보였습니다. 뾰족한 꼬리로 수면을 치자 물거품이 튀어 올랐습니다. 전속력으로 달리는 배처럼 커다란 가슴이 물을 갈랐습니다. 페르세우스는 마법의 칼을 뽑아 들고, 날개 달린 샌들로 하늘 높이 날았다가 괴물의 등에 내렸습니다. 그가 칼로 괴물의 어깨를 찌르자 놀란 괴물이 뒷발로 일어섰습니다. 페르세우스는 괴물이 저항할 틈을 주지 않고 예리한 칼날로 세 번이나 내려쳐서 괴물의 목을 깊이 베었습니다. 피가 콸콸 흐르며 바다가 붉게 물들었습니다. 괴물은 고통으로 소리를 지르고 몸을 뒤틀다가 물속 깊이 사라졌습니다. 그사이 페르세우스는 박혔던 칼을 뽑아 들고 다시 하늘로 날아올랐습니다. 해안으로 달려 나와 싸움을 구경하던 사람들이 괴물을 물리치고 공주를 구한 영웅에게 갈채를 보냈습니다. 환호하는 군중 사이에는 헤르메스도 있었습니다. 페르세우스가 불리해지면 도와주려고 집중해서 싸움을 지켜보던 그는 페르세우스가 무척 자랑스러웠습니다. 페르세우스는 이제 스스로 난관을 헤쳐나갈 능력을 갖추고 있었습니다.

페르세우스는 군중의 환호는 아랑곳하지 않고 곧바로 안드로메다에게 달려가 그녀를 죄수처럼 묶어놓은 사슬을 마법의 칼로 단숨에 잘랐습니다. 안드로메다의 부모가 달려와 그녀를 품에 안으려고 했지만 그녀는 그들을 밀쳐버리고 페르세우스에게 웃으며 손을 내밀었습니다. 젊은이는 그 손을 쥐고 안드로메다를 끌어당겨 가슴에 꼭 안았습니다. 그렇게 두 연인의 결혼이 즉석에서 결정됐습니다. 헤르메스는 안드로메다와 함께 궁전으로 당당하게 가는 페르세우스의 뒷모습을 바라보며 흐뭇한 기분으로 올림포스를 향해 날아가려고 했습니다. 하지만 그 순간 그는 군중 속에서 누군가가 뱉은 수상한 말을 들었습니다. "내가 저자를 죽이고야 말겠어!" 헤르메스는 이 말의 주인공을 찾으려고 주변을 둘러보았지만, 사람이 너무 많아 찾아낼 수 없었습니다. 몹시 불안해진 그는 페르세우스를 해치려고 하는 자를 찾아내기 위해 궁으로 몰려가는 인파에 섞여 그들을 따라갔습니다.

— 다음 편에 계속

죽음을 피하고 적을 벌한 페르세우스

전편 요약 : 페르세우스는 메두사를 죽이고 나서 바다 괴물과 싸워 아름다운 안드로메다를 구했습니다. 그리고 그녀와 결혼하기 위해 그녀 아버지의 궁전으로 향했습니다.

에티오피아 왕의 궁전은 호화로웠지만, 페르세우스는 궁전 따위에 전혀 관심이 없었습니다. 그는 안드로메다의 아름다움에만 흠뻑 취해 있었습니다. 결혼을 축하하는 성대한 연회도, 줄지어 나오는 맛있는 음식도, 초대 손님들도 거들떠보지 않았습니다. 포도주도 마시지 않았고, 음악도 즐기지 않았습니다. 오직 안드로메다만을 바라봤습니다. 그래서 그는 무장한 무리를 이끌고 연회장으로 들어오는 남자도 보지 못했습니다. 그는 안드로메다와 결혼을 약속한 왕의 사촌 피네우스였습니다. 그는 칼을 뽑아 들고 페르세우스를 자극하면서 초대 손님들을 향해 외쳤습니다. "우리나라에서 가장 아름다운 여인을 훔친 이 이방인이 누굽니까?" 그리고 젊은 신랑을 향해 소리쳤습니다. "페르세우스, 너는 이곳 출신이 아니야. 안드로메다를 차지할 자격이 없어! 어서 너희 나라로 돌아가라!" 초대 손님 사이에 섞여 있던 헤르메스는 사람들이 중얼거리는 소리를 들었습니다. 한 사람이 말했습니다. "맞는 말이야!" 다른 사람이 덧붙였습니다. "저 이방인은 우리 공주님을 차지할 자격이 없어!" 페르세우스는 난처한 입장이 됐지만, 피네우스에게 비웃는 말투로 대답했습니다. "내가 바위에 묶여 있는 안드로메다를 발견했을 때 그녀 곁에는 아무도 없었어! 내가 괴물을 물리치고 나니까 당신은 이제 와서 공주를 사랑한다고 나서는군. 당신은 안드로메다가 자기 것이라고 떠벌릴 용기는 있어도, 괴물의 발톱에서 그녀를 구해낼 용기는 없었나?"

그러자 피네우스는 페르세우스에게 대답이 아니라 창을 던졌습니다. 창은 이미 칼을 꺼내 들고 서 있는 젊은이의 발 앞에 꽂혔습니다. 싸움이 시작됐습니다. 연회장에는 결혼식 음악이 아니라 무기 부딪히는 소리가 울렸고, 포도주가 아니라 피가 흘렀습니다. 병사들은 페르세우스와 안드로메다를 보호하려고 했지만 피네우스 일당의 수가 훨씬 더 많았습니다. 그때 페르세우스가 소리쳤습니다. "우리 편은 모두 눈을 감으시오!" 그러고는 주머니에서 무시무시한 메두사의 머리를 꺼냈습니다. 그러자 괴물과 눈이 마주친 피네우스 일당은 마치 시간이 멈춘 것처럼 그 모습 그대로 돌이 돼버렸습니다. 페르세우스와 함께 겪은 놀라운 사건들로 지칠 대로 지친 헤르메스는 그제야 안심하고 쉬려고 올림포스로 돌아갔습니다!

페르세우스는 아내 곁에서 무척 행복했지만 집으로 돌아가고 싶어 견딜 수가 없었습니다. 자기가 태어나고 자란 섬을 지배하는 음흉한 왕이 어머니 다나에를 탐냈는데 그런 자 곁에 어머니를 두고 온 것이 너무도 걱정스러웠습니다. 왕이 혹시 어머니와 강제로 결혼한 것은 아닐까요? 그는 안드로메다를 집으로 데려가기로 했습니다.

배를 타고 섬에 도착한 젊은 부부는 오래전 페르세우스와 그의 어머니를 구해준 어부 디크티스의 집으로 갔습니다. 안타깝게도 노부부는 깊은 절망에 빠져 있었습니다. 그들은 살아 돌아온 페르세우스를 보자 기쁘기도 했고, 다나에의 기막힌 운명을 생각하면 슬프기도 했습니다. 눈물을 흘리는 노인들에게 페르세우스가 외쳤습니다. "어머니에게 무슨 일이 생겼나요? 말씀해주세요! 돌아가셨어요?" 노부부가 대답했습니다. "신들의 보살핌 덕분에 그런 일은 일어나지 않았단다. 하지만 끈질기게 청혼하는 왕을 피해서 아테나 신전으로 피신했지. 그날 이후 거기서 나오지 못하고 있단다." 페르세우스는 화가 부글부글 끓었습니다. 왕의 궁전으로 달려간 그는 쏜살같이 접견실로 들어갔습니다. 왕은 예기치 않게 나타난 그를 보자 거슬리는 소리를 내며 비웃었습니다. "이런 이런… 이게 누구야? 페르세우스 아닌가? 위대한 페르세우스, 용감한 페르세우스군! 그날 이후 우리는 자네가 죽은 줄 알았네. 그래, 약속대로 메두사의 머리를 가져왔나?" 이 말을 들은 왕의 일행이 모두 큰 소리로 웃었습니다. 화가 난 페르세우스는 서슬이 퍼렇게 대답했습니다. "자, 여기 있다!" 그리고 메두사의 머리를 주머니에서 꺼냈습니다. 메두사를 바라본 왕은 소리를 지를 겨를도 없이 돌로 변했습니다. 겁에 질려 찡그린 얼굴이 석상에 그대로 남았습니다. 그렇게 탐욕스러운 왕은 벌을 받았습니다. 그를 둘러싸고 앉아 있던 자들도 모두 돌이 됐습니다.

잔인한 폭군을 제거한 페르세우스는 한달음에 아테나 신전으로 갔습니다. "어머니!" 그의 외침을 듣고 다나에가 달려 나왔습니다. 페르세우스는 어머니를 꼭 껴안았습니다. 그는 고르고노스의 머리가 든 주머니와 방패를 아테나 동상 앞에 바쳤습니다. 그 후 아테나의 방패에는 뱀들이 우글거리는 머리 그림이 새겨졌습니다. 페르세우스는 어머니 어깨를 감싸고 한낮의 밝은 빛을 향해 천천히 걸어 나왔습니다. 이제 다나에의 고난은 끝났습니다! 그는 어머니를 고통스럽게 하는 자를 가만두지 않을 것입니다.

– 다음 편에 계속

페르세우스의 운명

전편 요약 : 세리포스 섬으로 돌아간 페르세우스는 그의 어머니를 괴롭힌 왕을 돌로 변하게 했습니다.

섬에 평화가 찾아왔습니다. 왕이 되고 싶지 않았던 페르세우스는 늙은 어부 딕티스를 왕좌에 앉혔습니다. 그는 선량하고 현명했으며, 오로지 백성의 행복만을 생각했습니다. 페르세우스는 아침마다 안드로메다의 품을 떠나 헤르메스를 처음 만났던 해변에 가서 그가 나타나기를 기다렸습니다. 참을성 있게 기다리다가 끝내 헤르메스가 나타나지 않으면 실망해서 돌아오곤 했습니다. 그러던 어느 날 그가 수평선을 살펴보고 있을 때 드디어 전령의 신이 모습을 드러냈습니다. 헤르메스가 깜짝 놀라 물었습니다. "날 기다렸어?" 페르세우스는 그에게 미소 짓고는 날개 달린 샌들을 내밀며 말했습니다. "내게 빌려줬잖아요." 그는 헤르메스에게 마법의 칼과 투명 투구도 돌려줬습니다. "이제 이것들은 제게 필요 없어요. 저 혼자서도 얼마든지 잘해낼 수 있어요. 그래도 절 완전히 혼자 두진 마세요. 제겐 아직 한 가지 할 일이 남아 있어요. 할아버지 아크리시오스를 만나고 싶어요. 언젠가 제가 그분을 죽일 거라는 신탁 때문에 어머니와 제가 바다에 버려졌다는 걸 알아요. 하지만 전 할아버지를 죽일 생각이 전혀 없어요. 그분을 원망하지도 않아요. 그저 그분을 알고 싶을 뿐이에요." 투구와 칼과 샌들을 받아 든 헤르메스는 모래 위에 앉았습니다. 그는 언젠가 포자니아가 그에게 했던, 결코 잊을 수 없는 말을 그에게 그대로 들려줬습니다. "네가 누군지 알려면, 먼저 네가 어디서 왔는지 알아야 해."

페르세우스가 생각에 잠겨 집으로 돌아가는 동안 헤르메스의 말이 머릿속에서 맴돌았습니다. 결국 그는 할아버지 아크리시오스를 만나러 가기로 마음먹었습니다.

페르세우스는 할아버지의 왕국으로 가기 위해 다시 바다로 나아갔습니다. 그가 기쁜 마음으로 아크리시오스의 궁에 도착했을 때 할아버지는 이미 그가 온다는 사실을 알고 있었습니다. 죽은 줄 알았던 손자가 살아 있어서 공포에 사로잡힌 아크리시오스는 페르세우스가 복수하러 왔다고 확신하고 서둘러 달아났습니다. 페르세우스가 궁으로 들어가는 순간, 세 마리 힘센 말이 끄는 마차가 전속력으로 달려 나왔습니다. "왕이시다, 길을 비켜라! 왕이시다, 길을 비켜라!" 근위병들의 외침을 들은 페르세우스가 소리쳤습니다. "잠깐만! 전 당신의 손자 페르세우스입니다." 이 말을 들은 아크리시오스는 달리는 말에 채찍질을 했습니다. 페르세우스는 스치듯 그의 얼굴을 겨우 봤을 뿐, 마차는 먼지 구름을 일으키며 사라졌습니다. 페르세우스는 서둘러 말을 구해 추격했습니다.

며칠 후 그는 한 마을에 도착했습니다. 사람들이 거리를 가득 메워서 페르세우스는 달아난 왕을 찾는 데 여간 애를 먹지 않았습니다. 그가 지나가는 사람에게 물었습니다. "무슨 일이죠? 거리에 왜 이렇게 사람이 많습니까?" 행인이 대답했습니다. "당신은 이방인이라 모르는 모양이군요. 운동경기가 열립니다. 경기장으로 우리 영웅들을 보러 갑시다." 페르세우스가 비록 영웅이라고는 해도 그는 아직 놀기 좋아하고, 나서기 좋아하고, 칭찬받기 좋아하는 쾌활한 젊은이였습니다. 그는 할아버지 찾는 일을 잠시 미루고 경기에 참여하기로 했습니다. 아무도 페르세우스를 알지 못했지만, 그는 곧 모든 경쟁자 중에서 최고 선수가 됐습니다. 달리기에서 일등을 하고, 레슬링에서도 우승했습니다. 관중은 일제히 외쳤습니다. "페르세우스! 페르세우스! 페르세우스 만세!" 젊은이는 승리의 기쁨을 만끽했습니다. 그때 군중에 섞여 있던 한 노인은 자신의 신분이 노출될까 봐 두려워서 고개를 푹 숙이고 있었습니다. 그는 몰래 빠져나갈 궁리만을 하고 있던 아크리시오스였습니다. 행복에 도취한 페르세우스는 챔피언이 될 자신이 있었습니다. 이제 원반던지기 경기만이 남아 있었습니다. 그는 정확하고 능숙한 동작으로 무거운 원반을 힘껏 던졌습니다. 이제 두 명의 경쟁자만이 남아 있었습니다. 페르세우스가 다시 한 번 원반을 던지는 순간, 갑자기 거센 돌풍이 불어 원반을 군중에게로 날려 보냈습니다. 그런데 공교롭게도 관중 한 사람이 머리에 그 원반을 맞아 그 자리에서 숨지고 말았습니다. 페르세우스가 달려가 보니 희생자는 바로 그의 할아버지 아크리시오스였습니다.

그때 누군가가 구경꾼들을 헤치고 나와 낙담하여 쓰러져 있는 젊은이의 어깨를 감싸 안았습니다. 그는 페르세우스를 일으켜 세우며 위로했습니다. "네 책임이 아니야, 페르세우스. 그건 사고였어. 이것이 네 운명이다." 그는 바로 페르세우스를 몰래 쫓아왔던 헤르메스였습니다. 그는 페르세우스를 집으로 데려가서 안드로메다의 품에 넘겨줬습니다. 헤르메스는 미래를 알려주는 작은 돌멩이에게 물어 그가 앞으로 '미케네'라는 이름의 강력한 도시국가를 건설하게 된다는 사실을 이미 알고 있었기에 더는 그의 미래를 걱정하지 않았습니다.

또한, 신들이 페르세우스와 안드로메다를 받아들여서 그들이 하늘의 별이 되리라는 것도 알고 있었습니다. 헤르메스는 페르세우스와 함께 여러 가지 모험을 하며 많은 것을 배웠지만, 한 가지 의문이 남아 있었습니다. 고르고노스의 몸통에서 태어난 날개 달린 멋진 말 페가수스는 과연 어떻게 됐을까요?

— 다음 편에 계속

날개 달린 말 페가수스와의 재회

전편 요약 : 헤르메스는 사고로 할아버지를 죽게 한 페르세우스를 집에 데려다주고 나서 헤어졌습니다. 그는 이제 놀라운 말 페가수스가 어떻게 됐는지 궁금했습니다.

헤르메스는 공기의 흐름에 몸을 맡기며 천천히 하늘을 날았습니다. 그가 전령의 신이 된 이래 처음으로 수행해야 할 임무가 없었습니다. 전해야 할 편지도 없었고, 지옥으로 데려가야 할 죽은 자들의 그림자도 없었습니다. 드디어 그가 마땅히 누려야 할 꿈같은 휴식이 찾아온 것입니다. 그가 구름에 누워 한가로이 허공을 바라보고 있을 때 갑자기 올림포스 산꼭대기에서 지상으로 내려가는 작은 흰 점이 보였습니다. 그 흰 점은 점점 커지더니 두 개의 거대한 하얀 날개가 됐습니다. 그의 머릿속을 온통 차지하고 있던 날개 달린 말, 페가수스가 분명했습니다. 하지만 흰 날개는 이내 구름 속으로 사라져버렸습니다. 헤르메스는 '꿈이었을 거야…'라고 생각하면서도 확인해보고 싶어서 구름에서 일어나 흰 점이 사라진 방향으로 날아갔습니다. 그는 구름 바로 아래 지상에 착륙했습니다. 그곳에는 샘이 있었고, 그 앞에는 아름답고 윤기 나는 신선한 풀이 자라고 있었습니다. 헤르메스의 심장이 뛰었습니다. 그 풀밭 한가운데서 페가수스가 조용히 풀을 뜯고 있었습니다. 하얀 날개가 달린 멋진 말이 맛있는 풀을 먹고 깨끗한 물을 마시려고 지상으로 내려왔던 것입니다.

헤르메스는 넋 놓고 페가수스를 바라보다가 그늘에 숨어 있는 또 다른 페가수스의 숭배자를 발견했습니다. 제멋대로 머리가 헝클어진, 겨우 열댓 살쯤 된 사내아이였습니다. 소년은 손에 황금 고삐를 들고 있었습니다. 그것을 본 헤르메스가 속으로 중얼거렸습니다. "저런! 저 고삐는 아테나의 것인데, 왜 내 누이가 저 아이에게 자기 보물을 줬을까?" 하지만 더 생각할 겨를도 없이 소년이 그늘에서 뛰어나왔습니다. 한가롭게 풀을 뜯던 말이 갑자기 고개를 들고 갈기를 흔들며 거친 울음소리를 냈습니다. 말의 모든 근육이 긴장했습니다. 소년이 말을 잡으려고 황금 고삐를 던지자 말은 쏜살같이 달아났습니다. "페가수스, 가지 마! 나는 코린토스 왕의 아들 벨레로폰이야. 오래전부터 내

가 얼마나 네 꿈을 많이 꿨는지, 아테나 여신이 날 가엾이 여겨 네가 유일하게 채우기를 허락한다는 자기 황금 고삐를 내게 빌려줬어. 그러니 달아나지 마!" 페가수스는 황금 고삐를 보자 다시 한 번 울음소리를 냈지만 이번에는 기뻐서 지르는 소리 같았습니다. 그때 헤르메스는 믿을 수 없는 광경을 목격했습니다. 페가수스는 아이가 자기 주둥이에 고삐를 씌우는데도 거부하지 않고 가만히 있었습니다. 그뿐 아니라 아이가 자기 등에 올라타기 쉽게 무릎을 꿇었습니다! 잠시 후 벨레로폰은 페가수스를 타고 하늘을 전속력으로 날았습니다. 헤르메스는 질투에 사로잡힌 채 곧바로 올림포스로 돌아갔습니다.

아무도 길들이지 못한 페가수스를 길들인 벨레로폰은 자만심에 도취해서 새로운 도전을 해보고 싶었습니다. 염소의 뿔과 뱀 꼬리, 사자 머리가 달린 괴물 키마이라를 죽이기로 한 것입니다. 키마이라는 불을 뿜어 사람들을 죽이고, 가축들을 쫓고, 들판과 집을 불태웠습니다. 날개 달린 말의 등에 올라탄 벨레로폰은 세상의 지배자라도 된 듯이 우쭐했습니다. 페가수스를 얻어 무적이 됐다고 생각한 그는 키마이라를 죽이러 곧바로 출발했습니다.

제우스는 올림포스 궁전 테라스에서 팔꿈치로 턱을 괸 채 지상 세계를 내려다보고 있었습니다. 그의 곁에서 헤르메스가 불평을 늘어놓았습니다. "아테나 누이가 왜 저 소년에게 페가수스에 올라탈 유일한 사람이 되는 특권을 줬는지 이해할 수 없어요!" 제우스가 미소 지으며 물었습니다. "헤르메스, 너 지금 질투하는 거야? 날개 달린 샌들이 있는 네게 왜 날개 달린 말이 필요하다는 거냐? 그러지 말고 여기서 벨레로폰이 어떻게 난관을 헤쳐나가는지 함께 구경이나 하자꾸나. 난 용기 있는 사람이 좋아. 봐라, 저 아이가 벌써 키마이라에게 가까이 가고 있잖니…."

– 다음 편에 계속

벌을 받은 오만한 벨레로폰

전편 요약 : 젊은 벨레로폰은 날개 달린 말 페가수스를 길들여 타고 다닐 수 있게 되자 이제는 무시무시한 키마이라를 죽이겠다고 나섰습니다.

키마이라가 입을 벌리고 꼬리를 흔들며 다가오자, 벨레로폰은 머리칼이 쭈뼛 섰습니다. 그는 조금 전 키마이라가 살진 소 떼를 순식간에 집어삼키는 장면을 목격했습니다. 또 키마이라가 불을 내뿜어 눈앞에 보이는 모든 것을 태워버리는 장면도 목격했습니다. 벨레로폰은 페가수스의 목덜미를 손으로 쓸어주며 진정시키고 나서 창을 거머쥐고 말에게 도약하라는 신호를 보냈습니다. 괴물은 날개 달린 말과 젊은 전사가 하늘 높은 곳에 나타나자 깜짝 놀랐습니다. 벨레로폰의 첫 번째 공격을 받아 창에 찔린 괴물은 비명을 지르며 그들을 향해 고개를 돌리고 사납게 울어대며 불을 뿜었습니다. 하지만 페가수스는 힘찬 날갯짓으로 공중으로 날아오르며 괴물의 불 공격을 피했습니다. 기수는 말과 하나가 돼 괴물을 창으로 찔렀다가 달아나기를 반복했습니다. 키마이라는 피를 흘리며 결사적으로 대항했습니다. 그때 괴물이 뿜은 불이 납으로 된 벨레로폰의 창끝에 닿자, 금속이 열에 녹으면서 키마이라의 머리에 떨어졌습니다. 그렇게 납덩어리에 맞아 치명적인 충격을 받은 키마이라는 결국 숨을 거두고 말았습니다. 페가수스는 기뻐서 공중에서 재주를 넘었고, 벨레로폰이 지른 승리의 함성이 올림포스까지 울렸습니다. "하하하! 나를 당할 자 누구냐? 내가 최고다!" 제우스는 귀를 막으며 옆에 있던 헤르메스에게 말했습니다. "저 아이는 대담하고 용감하지만 너무 우쭐대서 몹시 언짢구나."

헤르메스는 대답하지 않았습니다, 아니, 아버지의 말을 듣고 있지도 않았습니다. 지상을 내려다보는 그의 시선은 벨레로폰과 키마이라의 싸움이 벌어지는 현장이 아니라 어느 산골 폭포에서 매혹적인 처녀가 몸을 씻는 모습에 고정돼 있었기 때문입니다. 몸의 곡선을 타고 물이 흐르고, 곱슬거리는 머리카락에 물방울들이 진주처럼 맺혀 있었습니다. 처녀가 노래를 부르자 감미롭고 순수한 소리가 여름의 더운 바람을 타고 들려왔습니다. 헤르메스는 난생처음 충격이라고 할 정도로 강하게 감동했습니다. 제우스는 평소와 달리 줄곧 입을 다물고 있는 아들의 반응이 이상해서 그의 시선이 향한 쪽으로 고개를 돌려 바라봤습니다. "하하, 아들아! 아비를 닮아 여자 보는 안목이 있구나. 저 처녀는 아주 매혹적이구나!" 헤르메스는 잘못을 저지르다가 들킨 아이처럼 깜짝 놀라 중얼거렸습니다. "어… 그래서… 벨레로폰은 어떻게 됐어요?" 제우스는 빙글빙글 웃으며 아들을 내려다보다가 대답했습니다. "키마이라를 무찔렀단다. 하지만 대부분 인간이 그러듯이 승리감에 도취해서 기고만장해졌지. 봐라, 올림포스로 오겠다고 페가수스를 설득하고 있어."

페가수스는 처음으로 벨레로폰의 명령을 거부했습니다. "오, 나의 명마 페가수스! 제발 날 올림포스에 데려다줘. 난 신들의 궁전에 들어갈 자격이 있단 말이야. 내가 얼마나 강한지 너도 봤지? 난 신이 될 수도 있어, 안 그래?" 하지만 그가 아무리 간청해도 페가수스는 꼼짝도 하지 않았습니다. 그러자 벨레로폰이 명령했습니다. "페가수스! 날 제우스의 집으로 데려가라. 이건 명령이다. 난 보통 인간보다 월등하고, 신들과 대등한 존재야. 내게 아테나의 황금 고삐가 있으니, 넌 내 말에 복종해야 해." 페가수스는 질책하는 듯한 슬픈 시선으로 젊은이를 오랫동안 바라봤습니다. 하지만 아테나의 고삐에 복종해야 했던 페가수스는 어쩔 수 없이 오만한 주인을 태우고 하늘 높이 날아올랐습니다. 그제야 만족한 벨레로폰은 기쁨에 들떠 웃음을 터트렸습니다. 그는 올림포스가 눈앞에 보이자 무척 만족한 듯이 다시 한 번 큰 소리로 웃었습니다. 올림포스 테라스에서 그를 내려다보던 제우스가 한숨지으며 중얼거렸습니다. "안타깝구나, 모처럼 마음에 드는 녀석이었는데…." 그는 우레와 같은 소리로 외쳤습니다. "오만하다! 하찮은 인간 주제에 감히 자신을 신과 비교하다니!" 올림포스의 주인은 날아오는 말을 향해 삼지창을 휘둘렀습니다. 요란한 천둥 소리와 함께 번개가 치자, 페가수스는 이를 피하려고 격한 동작으로 몸을 옆으로 틀었고, 벨레로폰은 중심을 잃고 말에서 떨어졌습니다. 추락한 그의 몸은 땅에 부딪혀 처참하게 부서졌습니다. 페가수스는 슬피 울며 제우스의 마구간으로 돌아갔습니다. 제우스는 헤르메스를 돌아보며 말했습니다. "아들아, 내가 저 허풍쟁이에게 벌을 내렸단다." 하지만 헤르메스는 이미 어디론가 사라져서 보이지 않았습니다.

그는 이미 지상 세계로 내려가 폭포에 몸을 씻던 아름다운 처녀 안티아네이라를 만나고 있었습니다. 드디어 그도 첫사랑에 빠졌던 것입니다.

— 다음 편에 계속

헤르메스, 첫사랑을 경험하다

전편 요약: 키마이라를 이기고 오만해진 벨레로폰은 자신이 신과 대등하다고 생각하고, 페가수스에게 자신을 올림포스로 데려가라고 명령했습니다. 제우스는 오만한 그에게 벌을 내렸습니다. 그사이에 헤르메스는 아름다운 처녀와 첫사랑에 빠졌습니다….

헤르메스는 안티아네이라의 머릿결에서 특별한 매력을 느꼈습니다. 부드럽고 윤기 나는 이끼처럼 독특한 그 머리카락에 손가락을 넣어보고 싶었습니다. 그렇게 직접 만져보고 싶은 욕망을 참지 못하고 그는 자석에 끌리듯이 올림포스를 떠나 지상으로 내려왔습니다. 그리고 나무 뒤에 숨어 그녀를 관찰했죠. 그녀는 폭포 아래서 몸을 흔들어 물기를 떨어내고 머리카락을 비틀어 짜고 나서 풀밭에 누웠습니다. 그녀는 그렇게 햇볕에 물기를 말리며 나른한 행복을 음미하고 있었습니다. 헤르메스는 그녀의 피부에 맺힌 보석처럼 영롱한 물방울을 바라보며 이 순간이 영원히 계속되기를 바랐습니다.

하지만 때는 이미 태양 신 헬리오스의 마차가 운행을 마친 저녁이었습니다. 안티아네이라는 추위에 몸을 떨며 벌떡 일어났습니다. 헤르메스는 갑자기 그녀가 사라질 수도 있다는 생각이 들자 견딜 수 없이 두려워졌습니다. 그는 충동적으로 그녀 앞에 불쑥 나타났습니다. 혼비백산한 처녀는 소리를 지르고 허둥대다가 얼른 튜닉으로 알몸을 가렸습니다. 헤르메스가 속삭였습니다. "겁내지 마!" 하지만 이내 말문이 막혀버렸습니다. 말재주 좋기로 소문 난 헤르메스에게는 그야말로 굴욕의 순간이었습니다! 안티아네이라도 슬퍼 보이는 눈을 크게 떴지만 그녀의 입에서는 아무 말도 나오지 않았습니다. 그들은 그렇게 마주 보다가 서로 강렬하게 마음이 끌리는 것을 느꼈습니다. 하지만 그들은 무슨 말을 해야 할지 몰랐습니다. 사랑하는 자들의 언어는 남들과 나눌 수 없는, 남들은 들을 수 없는 그들만의 비밀입니다.

밤이 됐습니다. 안티아네이라는 헤르메스의 어깨에 머리를 기대고 앉아 함께 별을 바라봤습니다. 헤르메스의 몸을 달구는 열기, 그의 관자놀이를 떨리게 하는 감미로움, 그리고 그의 마음속에 자리 잡은 그녀에 대한 갈망과 비교하면 그가 그때까지 알았던 행복은 아무것도 아니었습니다. 곁에 있는 안티아네이라의 얼굴이 이미 오래전부터 자기 마음속에 있었다는 듯이 그는 보자마자 그녀를 곧바로 알아봤습니다. 사랑은 바로 그런 것이었습니다. 헤르메스는 아름다운 어머니 마이아와 아버지 제우스를 떠올리며 어둠 속에서 슬며시 미소 지었습니다.

다음 날 올림포스로 돌아온 헤르메스는 여전히 안티아네이라 생각뿐이었습니다. 그러다 보니 아버지가 전하라고 하신 메시지도 몇 개나 잘못 배달했습니다. 그는 고모 헤스티아가 말할 때도 온통 안티아네이라 생각뿐이어서 고모가 말을 중단한 것도 모르고 있었습니다. 심지어 아직 죽지 않은 영혼을 지하 세계로 데려갈 뻔한 적도 있었습니다! 그의 정신은 온통 사랑하는 안티아네이라에게 팔려 있었습니다. '그녀도 날 여전히 사랑할까?' '내가 그녀의 사랑을 받을 자격이 있을까?' 그는 난생처음 사랑을 잃을지도 모른다는 불안에 떨었습니다. 안티아네이라 역시 온 정신이 헤르메스에게 쏠렸습니다. 그녀는 늘 하던 길쌈을 하면서도 계속해서 실을 끊어트려 어머니에게 쫓겨났습니다. 그토록 재미있었던 동무들과의 놀이도 지루하게만 느껴졌습니다. 수다를 떨거나 장난을 치기보다는 동무들이 읊어주는 시에 더 마음이 끌리고 감동했습니다. 그리고 헤르메스와 떨어져 있는 시간이 길게만 느껴졌습니다.

각자 하루 일이 끝나고 다시 만나는 것보다 큰 기쁨은 없었습니다. 두 연인은 지칠 줄도 모르고 끊임없이 상대에게 자신에 관해 이야기했습니다. 그들은 매일 저녁 만났습니다. 헤르메스는 그녀의 시선으로 세상을 바라보게 됐고, 그 세상은 훨씬 더 아름다워 보였습니다. 안티아네이라도 그의 시선으로 바라보자 세상이 더 위대해 보였습니다.

시간이 흐를수록 그들의 사랑은 깊어졌고, 그들은 아이를 갖고 싶었습니다. 어느 날 저녁 안티아네이라는 헤르메스를 해변에서 만났습니다. 젊은 여인은 갑자기 자기 안에서 누군가가 부르는 듯이 파도처럼 밀려오는 낯선 진동을 느꼈습니다. 그녀는 놀라서 헤르메스의 손을 가져다 자기 배에 얹었습니다. 헤르메스가 놀라서 물었습니다. "왜 그래? 무슨 일이야?" "쉿!" 안티아네이라는 그의 손을 놓지 않았습니다. 잠시 시간이 흘렀습니다. 갑자기 헤르메스의 손가락이 안티아네이라의 배 속에서 뭔가 가볍게 움직이는 것을 감지했습니다. 새 생명이 신호를 보낸 것입니다. 헤르메스는 넋이 나간 듯 꼼짝하지 못했습니다. 낙관적인 안티아네이라가 행복한 미소를 지었습니다. 하지만 그는 온몸이 떨렸습니다. 그의 마음 깊은 곳에서 작은 목소리가 들렸습니다. '헤르메스, 네게 무슨 일이 생긴 거지? 아빠? 네가 아빠가 된다고?'

— 다음 편에 계속

아빠, 헤르메스

전편 요약 : 헤르메스는 안티아네이라와의 아름다운 첫사랑을 경험했습니다. 그들은 아이를 원했지만, 헤르메스는 자신이 아빠가 될 수 있을지 걱정스러웠습니다.

그날 아침, 헤르메스는 안절부절못했습니다. 그는 조리실에서 넥타를 가지고 나와 떨리는 가슴을 진정시키려고 꿀떡꿀떡 마셨습니다. 그러고는 아버지를 만나러 대회의실로 갔습니다. 그는 멋쩍은 듯 한두 번 헛기침을 하고 나서 말을 꺼냈습니다. "저, 아버지는 모든 걸 다 아시잖아요. 그러니까 제게 어떻게 아빠가 되는지 알려주실 수 있죠?" 제우스는 깜짝 놀라 아들을 바라봤습니다. 아직 어리다고만 생각했던 아들이 어느새 멋진 젊은이가 되어 있었습니다. "그렇죠? 말씀해주실 수 있죠?" 초조해진 헤르메스가 닦달했습니다. 제우스는 어떻게 대답해야 할지 몰라 망설였습니다. "아빠는… 아들이 존경할 수 있게 체통을 지켜야 해. 지금은 내가 좀 바쁘구나. 한가하게 너와 이런 유치한 이야기나 하고 있을 시간이 없어." 적당한 말을 찾지 못해 당황한 제우스는 헤르메스를 돌려보냈습니다. 마음이 상해 회의실을 나온 헤르메스는 복도에서 궁전의 안주인인 다정한 헤스티아를 만났습니다. "헤스티아 고모, 어떻게 해야 아빠가 되는지 말해줄 수 있어요?" 하지만 헤스티아는 바빴습니다. 빨래를 한아름 안고 걸어가며 그녀가 겨우 대답했습니다. "아빠라고? 아빠는 온화해야 해. 자기 아이를 온화하게 돌볼 줄 알아야 한단다!" 점점 더 불안해진 헤르메스는 용기를 내어 아프로디테에게도 똑같은 질문을 던졌습니다. 하지만 아름다움의 여신은 그를 비웃었습니다. "이런! 덩치는 어른인데 마음은 아이인 겁쟁이가 바로 여기 있군! 난 네가 안티아네이라와 멋진 사랑을 나누고 있는 줄 알았는데 고작 그런 걸 묻는 거야? 아빠한테는 사랑만 있으면 돼." 그러고는 어쩔 줄 몰라 하는 그를 복도에 홀로 남겨두고 가버렸습니다. 절망한 헤르메스가 중얼거렸습니다. "체통, 온화, 사랑? 난 절대 아빠가 될 수 없겠군…"

그때 탄생의 여신 아르테미스를 수행하는 님프들이 급하게 달려왔습니다. 헤르메스는 전속력으로 그들을 따라갔습니다. 그들이 도착한 지상에서는 안티아네이라가 이끼와 고사리로 만든 침대에 누워 있었습니다. 왕관처럼 펼쳐진 그녀의 머리카락, 창백한 얼굴, 검은 눈, 붉은 입술을 보자 헤르메스는 다시 한 번 마음이 흔들렸습니다. 그녀 곁에 있던 아르테미스가 조그만 아기 둘을 안고 헤르메스에게 다가가 내밀며 말했습니다. "네 쌍둥이 아기들이야, 헤르메스!" 헤르메스는 깜짝 놀랐습니다. 아기가 둘이라니! 아르테미스가 미소 지으며 말했습니다. "그래, 아폴론과 나처럼 쌍둥이 아기란다!" 헤르메스는 떨리는 손으로 아기들을 받았습니다. 그는 먼저 오른팔에 안은 아기를 들여다봤습니다. 아르테미스가 말했습니다. "그 아이 이름은 에키온이란다. 어때? 예쁜 이름이지?" 이번에는 왼팔에 안은 아기를 들여다봤습니다. 아르테미스가 말했습니다. "그 아이는 에우리토스야." 헤르메스는 두 아이를 번갈아 봤습니다. 저 밑바닥에서부터 큰 감동이 밀려오며 목이 메었습니다. 제우스의 깜찍한 아이였던 그가 벌써 이렇게 자라 아버지가 됐습니다.

그때 아기들이 울기 시작했습니다. 울음소리가 전혀 귀에 거슬리지 않고 마치 뭔가를 이야기하듯이 다정하게 들렸습니다. 아기들은 벌써 이야기를 만들어 노래하고 있는 것만 같았습니다. 헤르메스는 안티아네이라 곁에 무릎을 꿇고 앉았습니다. 그리고 조심스럽게 그녀의 팔에 쌍둥이를 내려놓고, 이마에 입맞추고 밖으로 나갔습니다.

헤르메스는 마음을 진정시키려고 애썼습니다. 생각을 정리할 필요가 있었습니다. 그는 걸으면서 속으로 중얼거렸습니다. "이제 난 아빠야. 아빠가 됐어. 난 이전과 같은 존재일까, 다른 존재일까?" 그는 갑자기 불안해졌습니다. "이제부터 난 저 아이들을 책임져야 해! 내 아이들은 어떤 삶을 살게 될까? 아이들한테 나쁜 일이 생기지 않게 온 정성을 기울여야 해!" 수많은 질문에 시달리며 걷던 헤르메스는 샘에 도착했습니다. 그는 에키온과 에우리토스의 미래를 읽으려고 오래전 유모가 알려준 대로 돌멩이를 주워 물에 던졌습니다. 헤르메스는 몸을 숙여 샘을 들여다봤습니다. 그러고는 흡족하다는 듯 미소를 띠며 고개를 들었습니다. 에키온과 에우리토스가 이아손이라는 영웅이 황금 양털을 찾아 나선 대모험에 참여한 모습을 봤던 것입니다. 헤르메스는 자기 자식들에게 이런 미래가 기다리고 있다는 사실이 자랑스러웠습니다. 하지만 그들이 겪게 될 위험이 벌써부터 걱정스러웠습니다. 아! 그는 정말로 아빠가 됐습니다. 그렇다면 머지않아 그의 아들들이 따르게 될 모험가 이아손은 누구일까요? 그리고 그들은 왜 황금 양털을 차지하고 싶어 하는 것일까요? 헤르메스는 그것을 알아보기로 했습니다.

- 다음 편에 계속

이아손

전편 요약 : 헤르메스는 쌍둥이 에키온과 에우리토스의 아빠가 됐습니다. 그는 이들이 나중에 황금 양털을 차지하려는 이아손의 모험에 참여한다는 사실을 알아내고 이아손에 관해 좀 더 자세히 알아보기로 했습니다.

헤르메스는 이아손에 대해 조사를 시작한 지 얼마 지나지 않아 많은 것을 알게 됐습니다. 어느 산속에 케이론이라는 반인반마 켄타우로스가 살고 있었습니다. 그는 가장 연로하고 가장 현명한 켄타우로스였습니다. 심지어 명망 높은 왕들이 앞다투어 왕자의 스승으로 초빙할 정도로 박식했습니다. 그의 명성은 대단했죠. 케이론은 제자들에게 음악과 시는 물론이고 다양한 분야의 학문을 가르쳤고, 정의롭고 올바르고 용기 있게 살아가는 법을 가르쳤습니다. 그의 제자 중에서 특히 비범한 재능을 보인 젊은이가 있었는데, 그가 바로 이아손이었습니다.

헤르메스는 케이론이 사는 동굴 앞에서 놀라운 광경을 목격했습니다. 추운 날씨에 주위에 눈이 쌓여 있었지만 다섯 명의 어린 소년이 거의 알몸으로 레슬링을 연마하고 있었습니다. 그들은 마치 풀밭에서 뒹굴듯이 거리낌 없이 눈 위에서 훈련을 계속했습니다. 케이론은 가끔 나서서 절도 있는 목소리로 제자들에게 싸우는 방법을 가르쳤습니다. "상대의 약점을 이용하지 마라. 싸움을 다시 시작하기 전에 상대가 일어나서 준비할 시간을 줘라." 그러고는 다른 제자를 향해 "반칙하지 마라, 경기 규칙을 지켜라."라고 명령했습니다. 헤르메스는 케이론의 지도 방법에 매료되어 오랫동안 그들을 지켜봤습니다. 그는 제자들에게 남을 존중하고 스스로 자신감을 갖추라고 가르쳤습니다.

헤르메스는 케이론에게 다가가서 인사했습니다. "안녕하세요, 위대한 스승님! 명성이 자자하신 스승님을 찾아뵙고 인사하려고 들렀습니다." 연로한 반인반마는 하얗게 센 긴 수염을 손으로 쓸어내리며 미소 지었습니다. "전령의 신, 과찬에 몸 둘 바를 모르겠구려. 난 그저 보잘것없는 선생일 뿐이오. 내 제자들을 소개하지요." 그렇게 헤르메스는 이아손과 만났습니다. 케이론이 이아손에 관한 이야기를 들려줬습니다. "이 아이는 태어난 지 넉 달 만에 내게 맡겨졌습니다. 벌써 열여덟 살이 됐군요. 이제 곧 세상으로 나갈 수 있을 거

요. 난 이 아이를 전적으로 신뢰합니다." 헤르메스는 이아손의 대담하고 솔직한 시선이 마음에 들었습니다. 그의 얼굴에서 삶에 대한 욕구와 세상에 대한 갈망이 엿보였습니다. 헤르메스가 이아손에게 말했습니다. "언젠가 내 도움이 필요하거든 주저하지 말고 날 찾아와." 헤르메스는 연로한 스승과 함께 저녁 시간을 보내고 안심하면서 올림포스로 돌아갔습니다. 그는 자기 아들들이 언젠가 이 용감한 젊은이와 함께하리라는 사실이 자랑스러웠습니다.

그날 저녁 케이론은 헤르메스가 떠난 뒤에 이아손을 찾아갔습니다. 젊은이는 칼로 화살대를 다듬고, 쇳덩이로 창끝을 만들고 있었습니다. 케이론이 그의 곁에 앉으며 말했습니다. "이아손, 이제 네게 네 출생의 비밀을 알려줄 때가 됐구나. 넌 왕의 아들이다. 네 아버지는 이올코스의 왕이었어. 하지만 네 숙부 펠리아스가 왕권을 찬탈했지. 그리고 네가 장성해서 왕국을 되찾으려고 할까 봐 널 죽이려고 했단다. 그래서 네 부모님은 음흉한 펠리아스로부터 널 보호하려고 내게 맡겼던 거란다." 이 말을 들은 이아손은 자리에서 벌떡 일어났습니다. 그리고 뾰족하게 갈고 있던 창끝을 바다를 향해 힘껏 던지며 말했습니다. "그럼 이제 제가 펠리아스에게 대가를 치르게 해야겠군요. 그는 제게 제 왕국을 돌려줘야 해요. 케이론, 그는 제게 제 왕국을 돌려주게 될 거예요." 수염에 가려 보이진 않았지만 연로한 켄타우로스가 미소 지었습니다. 그는 자신이 그토록 사랑하는 제자에게서 다른 반응을 기대하지 않았습니다. 이아손이 먼 곳을 바라보며 그에게 말했습니다. "내일 떠나겠어요." 케이론이 말했습니다. "적과 싸우는 데 네게 용기를 빌어줄 필요는 없겠지. 네게 용기는 부족하지 않으니까. 하지만 왕의 아들 주변에는 늘 돕는 사람들이 있다는 걸 잊지 마라. 그들과 형제같이 지내야 해. 그들과 함께라면 넌 모든 위험을 극복할 수 있을 게다." 그러나 이아손은 과연 연로한 켄타우로스의 충고만으로 승리자가 될 수 있을까요?

- 다음 편에 계속

아르고 원정대의 배

전편 요약 : 헤르메스는 케이론이 맡아 기른 청년 이아손을 만나러 갔습니다. 이아손은 작은아버지가 자기 왕위를 빼앗아갔음을 알고는 왕국을 되찾으러 떠났습니다.

그때까지 한 번도 케이론과 떨어져본 적이 없었던 이아손은 다음 날 아침 해가 뜨자마자 길을 떠났습니다. 풀어놓은 긴 고수머리가 바람에 나부꼈습니다. 그는 스승이 떠나는 제자에게 선물로 준 표범 가죽을 입고, 양손에 자기가 직접 다듬어 만든 창을 들었습니다. 케이론은 경쾌한 걸음으로 당당하게 떠나는 그의 뒷모습을 지켜봤습니다. 새로운 세상이 그를 기다리고 있었습니다.

한참을 걸어 강가에 도착해보니 강물이 범람하여 길이 끊겨 있었습니다. 이아손은 주변을 둘러보다가 남루한 옷을 입고 바위에 앉아 가엽게도 사시나무처럼 떨고 있는 노파를 발견했습니다. 젊은이는 동정심이 생겨 노파에게 물었습니다. "할머니, 강을 건네게 해 드릴까요? 제 등에 업히세요." 노파는 젊은이의 등에 업혔습니다. 이아손이 얼음처럼 차가운 물속으로 들어갔습니다. 등에 업힌 여인은 조금 전에 가엽게 떨고 있던 노파라고 믿기 어려울 만큼 센 힘으로 이아손의 목을 끌어안았습니다. 물살이 거셌지만, 이아손은 더 강했습니다. 진흙에 발이 빠진 이아손이 빠져나오려고 힘껏 다리를 잡아당기자, 샌들이 벗겨져서 급류에 떠내려갔습니다. 마침내 강을 건넌 그가 노파를 내려놓았습니다. 노파는 이제 떨지 않았습니다. 반짝이는 눈으로 젊은이를 뚫어지게 바라보며 고맙다고 인사하고 떠났습니다. 이아손은 그 노파가 제우스의 부인 헤라라는 사실을 몰랐습니다. 그녀는 이아손의 배려심을 시험했던 것이었습니다. 그의 태도가 흐뭇했던 헤라는 이아손의 수호신이 됐습니다.

이아손은 또 한참을 걸어 이올코스에 도착했습니다. 그곳에서 그를 아는 사람은 아무도 없었지만, 그가 지나가자 놀랍게도 모든 사람이 돌아보며 그에게 미소를 보냈습니다. 잔인한 폭군 펠리아스 왕은 샌들 한 짝을 신은 낯선 젊은이가 그를 무너뜨리리라는 신탁을 받은 바 있었습니다. 이올코스 사람들은 샌들을 한쪽만 신은 이아손이 자신들을 해방하리라 믿고 열렬히 환영했습니다.

이아손이 궁전에 도착하자 펠리아스는 불안에 떨었습니다. 그는 한쪽 샌들이 없는 젊은이의 발에서 눈을 떼지 못했습니다! 이아손이 자신을 소개했습니다. "안녕하세요, 전 조카 이아손입니다. 저는 이곳에 싸우러 오지 않았습니다. 작은아버지는 왕국의 모든 재물을 가지셔도 좋으니 제 왕좌만은 돌려주십시오." 펠리아스는 이아손과 대결할 생각이 전혀 없었지만, 그에게 왕좌를 돌려줄 생각 또한 없었습니다. 그는 이아손에게 한 가지 제안을 했습니다. "조카야, 왕이 되려면 용기를 증명해야 한다. 네게 그럴 만한 자격이 있다는 것을 증명해봐라. 내게 황금 양털을 가져오면 왕좌를 물려주마." 황금 양털은 그곳에서 아주 멀리 떨어진 콜키스라는 나라에 있었는데, 몹시 사나운 용이 지키고 있었습니다. 펠리아스는 그런 제안을 함으로써 이아손을 영원히 제거했다고 확신했습니다. 하지만 그것은 그가 조카를 잘 알지 못했기에 꾸민 계략이었죠. 이아손은 분명한 목소리로 대답했습니다. "알겠습니다, 반드시 황금 양털을 가지고 돌아올 테니 약속이나 잘 지키십시오!" 그는 그길로 궁에서 나와 떠날 준비를 하러 갔습니다.

이 소식은 금세 온 나라에 퍼졌습니다. 모험에 굶주린

용감한 젊은이들은 이아손을 따라가겠다고 나섰습니다. 이아손은 평생 그를 따를 준비가 된 오십 명의 젊은이를 골랐습니다. 그리고 그때까지 한 번도 본 적이 없는 웅대한 배를 만들었습니다. 이아손은 케이론 곁에서 평생을 보낸 떡갈나무 고목을 뱃머리에 썼는데, 그렇게라도 노스승의 지혜를 빌리고 싶었습니다. 실제로 조용한 밤에 이아손이 뱃머리 나무 기둥에 몸을 기대면 나무는 그에게 충고를 들려줬습니다. 그는 이렇게 만든 배에 아르고라는 이름을 붙였습니다. 그리고 그를 따르는 무리를 아르고 원정대(아르고나우타이)라고 불렀습니다.

드디어 출정 준비가 끝났습니다. 마지막으로 식량을 배에 싣고 있는데 형제라는 두 소년이 나타났습니다. 이아손은 아직 어리고 연약해 보여 미덥지 못한 소년들을 의심하는 눈초리로 바라보며 눈살을 찌푸렸습니다. "너희가 내게 어떤 도움이 될 수 있을까?" 그러자 형제 중 한 명이 대답했습니다. "여러분의 모험을 노래하고 이야기해서 후세에 남길 누군가가 필요하지 않겠어요?" 이아손은 미소 지으며 그들을 원정대에 합류하게 해줬습니다. 그들은 바로 헤르메스의 두 아들 에키온과 에우리토스였습니다. 태어난 후 금세 걷기 시작했던 헤르메스의 아들답게 에키온과 에우리토스도 생후 몇 달 만에 무럭무럭 자라 청년이 됐습니다. "전원 탑승 완료! 닻을 올려라! 황금 양털을 찾아 어서 떠나자!" 이아손이 외쳤습니다.

– 다음 편에 계속

제77화

여인들의 섬에 정박한 아르고 원정대

전편 요약 : 이아손이 펠리아스에게 자기 왕국을 돌려달라고 하자 그는 황금 양털을 가져오면 주겠다고 했습니다. 이아손은 50명의 원정대원과 함께 아르고호를 타고 떠났습니다.

출항하는 아르고호를 보려고 모여든 구경꾼들로 해변은 인산인해를 이뤘습니다. 헤르메스도 군중에 섞여 이 위대한 출정식에 참여했습니다. 그는 아르고 원정대원 중에서 노 가까이 앉아 있는 두 아들을 알아보자 매우 자랑스러웠습니다. 잠시 후에 감미로운 곡이 흘러나왔습니다. 아르고 원정대원 중 한 명인 오르페우스가 연주하는 리라 소리였습니다. 그의 곡은 마치 거대한 배를 넓은 바다를 향해 천천히 이끄는 것 같았습니다. 모든 사람이 박수를 보냈습니다. 물론 헤르메스도 이 광경을 즐겼죠.

바다로 나간 아르고호의 원정대원들은 열심히 노를 저었습니다. 배는 빠른 속도로 전진했습니다. 그렇게 몇 주가 지나 식량이 떨어지자, 이아손은 섬에 정박하기로 했습니다. 대원들이 배에서 내리려고 하는데 해변에 갑자기 무장한 전사들이 나타났습니다. 이아손은 싸우고 싶지 않았지만, 식량을 구해야 했습니다. 그때 어린 에키온이 앞으로 나서더니 배에서 뛰어내려 전사들에게 다가갔습니다. "이 섬의 고귀한 주민 여러분, 우리는 여러분의 적이 아니라 아르고 원정대입니다. 원하신다면, 제가 여러분에게 우리 이야기를 들려드리겠습니다…." 잔뜩 경계하던 전사들은 청년의 말을 듣고 긴장을 풀면서 창과 방패를 내려놓았습니다. 그들은 얼굴은 투구로 가려져 표정을 읽을 수 없었지만, 에키온의 말에 귀 기울이고 있는 것이 분명했습니다. 청년은 이아손이 펠리아스에게 빼앗긴 왕국을 되찾고자 아르고호를 만들고 황금 양털을 찾으러 긴 여행을 떠나게 된 사연을 장황하게 늘어놓았습니다. 그는 하나도 빠짐없이 차근차근 모든 것을 오랫동안 이야기했습니다. "우리 오십 명 대원은 이아손 대장의 통솔을 받으며 이올코스에서 출발했습니다. 대장은 고귀하고 용감한 영웅입니다. 우리 사명은 무시무시한 용이 지키고 있는 황금 양털을 빼앗아 오는 것입니다." 에키온이 이야기를 마치자 전사들은 자연스럽게 투구를 벗고 갑옷을 벗었습니다. 그 순간, 아르고 원정대원들은 깜짝 놀랐습니다. 왜 그랬을까요? 왜냐면 전사들이 남자가 아니라 모두 여자였기 때문이었습니다! 그들은 여자들을 몹시 학대한 이 섬의 남자들을 모두 죽이고, 여자끼리만 살면서 자신을 방어하려고 남편들의 갑옷을 입었던 것이었습니다.

에키온의 이야기를 듣고 놀란 여왕이 물었습니다. "아르고 원정대에는 여인이 단 한 사람도 없습니까?" 그러자 여성의 목소리가 응답했습니다. "아니요, 제가 있습니다!" 아르고 원정대는 남장을 한 아름다운 젊은 여인이 지나가도록 길을 비켜줬습니다. 그녀가 말했습니다. "저는 아탈란테입니다." 갈색 머리, 깨끗한 피부, 초록색 눈의 아탈란테는 사냥과 달리기 종목 챔피언이었습니다. 남자든 여자든 이 종목에서 아탈란테를 이길 수 있는 사람은 없었습니다. 그녀는 용감하고 바위처럼 튼튼했습니다. 끈질긴 그녀의 간청에 이아손도 결국 그녀를 데려가겠다고 허락하고 말았죠. 렘노스의 여왕은 이아손의 무리에 여인이 있다는 점을 높이 평가했습니다. 그제야 그녀가 말했습니다. "여러분 모두 환영합니다." 상대를 이해하게 된 그들은 경계심을 내려놓고 함께 웃었습니다. 렘노스의 여인들은 아르고 원정대를 그들의 집으로 초대했습니다. 대원들은 실컷 먹고 마시고 잤습니다. 여인들은 원정대원들이 떠나기를 바라지 않는 것 같았습니다. 그렇게 평화롭고 안락하게 지내는 사이 시간은 무심하게 흘러갔죠. 배에는 단 한 사람, 오르페우스만이 남아 있었습니다. 잃어버린 사랑 에우리디케만을 늘 그리워하는 그는 다른 여인의 집에서 자고 싶지 않았습니다. 매일 저녁 그는 리라를 연주했습니다. 그렇게 며칠이 지나자 오르페우스는 이런 상황이 걱정스러워지기 시작했습니다. 만약 이 섬이 함정이라면 어떻게 해야 할까요? 아르고 원정대가 렘노스의 여인들 품을 영원히 떠나지 않으려고 한다면 어떻게 할까요? 그래서 그는 열정적이고 초조한 감정을 불러일으키는 곡, 바다와 모험을 떠오르게 하는 곡을 연주했습니다. 밤새도록 계속되는 오르페우스의 연주를 듣자 이아손은 정신을 차렸습니다. 중단됐던 모험을 다시 시작하고 싶은 충동이 일었습니다. 그는 일어나서 대원들이 자고 있는 방문을 두드렸습니다. "자, 떠나자. 황금 양털이 우리를 기다린다!" 여인들이 울며 애원했지만 아르고 원정대는 씩씩하게 배를 타고 떠났습니다.

이아손은 다시 바다를 가로지르며 행복을 느꼈습니다. 다음 날 밤 그는 뱃머리 떡갈나무에게 말했습니다. "우리는 삶의 달콤한 유혹에 빠질 뻔했어. 난 그런 위험을 예상치 못했지! 또 어떤 위험이 우리를 기다리고 있는지 너는 아니?" 나무가 바람결에 대답했습니다. "검은 그림자들을 조심해…."

– 다음 편에 계속

거인 그림자들과 싸운 헤라클레스

전편 요약: 아르고호는 여인들의 섬 렘노스에 정박했다가 다시 떠나지 못할 뻔했습니다! 하지만 오르페우스 덕분에 정신을 차린 대원들은 다시 항해를 시작했습니다.

여행은 순조로웠습니다. 공기는 맑고 하늘은 푸르렀으며 대원들은 힘차게 노를 저었습니다. 이아손은 이처럼 용감하고 쾌활한 무리의 대장이라는 사실이 기뻤습니다. 바다는 두렵지 않았습니다. 아르고호는 그렇게 돌리오네스 땅에 도착했습니다. 항구는 바다로 길게 나와 있는 띠 모양의 땅에 있었습니다. 그 나라의 왕이 직접 그들을 맞이했습니다. 그날 그의 결혼식이 있었기에 옷차림은 아주 화려했습니다. "여러분, 환영하오, 우리와 함께 가서 마음껏 즐기시오!" 그는 이아손의 일행을 자신의 결혼 축하연에 초대했습니다. 헤라클레스만이 배에 남아 주변을 감시했습니다. 왕의 궁전을 향해 걷던 이아손은 그곳에서 멀지 않은 곳에 있는 위압적인 검은 산을 바라보다가 '그림자들을 경계하라'던 오래된 떡갈나무의 말이 생각났습니다. 왕이 놀라며 물었습니다. "무슨 걱정이 있는 것 같구려. 이 검은 산은 당신에게 아무런 해도 끼치지 않을 거요. 내 집에 있는 한 당신은 안전할 테니 걱정하지 마시오." 이아손은 긴 머리카락을 뒤로 넘기고 심호흡을 하며 어두운 생각을 흩어버렸습니다. 결혼식과 피로연은 성대했습니다.

작은 항구에 밤이 찾아왔습니다. 헤라클레스는 갑판에서 선잠이 들어 도심을 가로질러 오는 거인들의 무리를 보지 못했습니다. 그들은 검은 산에서 내려와 배를 향해 소리 없이 다가갔습니다. 마을 전체가 왕궁의 주연에 참가했기에 거리는 텅 비어 있었습니다. 헤라클레스의 시종 힐라스만이 슬그머니 궁에서 빠져나왔습니다. 헤라클레스를 진정으로 아끼는 그는 주인에게 주려고 포도주 항아리를 들고 가다가 바닥을 기어가는 거인들을 목격했습니다. 그들에게 걸려 넘어질 뻔하다가 간신히 뒤로 물러선 힐라스는 머리카락이 곤두섰습니다! 팔이 여섯 개나 달린 끔찍한 거인들이 항구를 향해 가고 있었습니다. 힐라스는 두려웠지만, 거인들보다 배에 먼저 도착하려고 벽에 바짝 붙어 달렸습니다. 다행히 달빛도 없었습니다. 그는 첫 번째 거인과 동시에 갑판에 뛰어오르며 재빨리 헤라클레스를 깨웠습니다. "어서 몽둥이를 들어요! 거인 부대가 공격하고 있어요!" 그가 소리치자, 놀라서 잠이 깬 헤라클레스는 생각할 겨를도 없이 벌떡 일어나 몽둥이를 휘둘렀습니다. 배에 기어오르던 거인의 머리가 몽둥이에 맞아 깨졌습니다. 헤라클레스는 그들이 무시무시한 팔을 사용할 시간도 주지 않고 한 명씩 차례로 때려눕혔습니다. 얼마 뒤에 갑판에는 여기저기 거인들이 널부러져 있었습니다. 힐라스는 한걸음에 궁전으로 달려가 이아손에게 이 소식을 전했습니다. 그러나 아르고 원정대가 배에 도착했을 때는 헤라클레스가 혼자서 거인들을 모두 쓰러트린 뒤였습니다. 거인들이 바닥에 나뒹굴고 있었습니다. 대원들이 어안이 벙벙해서 바라보고 있는데 헤라클레스가 말했습니다. "이제 배가 고픈데, 먹을 거 없어?"
왕과 그의 신하들은 기뻐했습니다.
검은 산의 거인들이 패배한 것은 이번이 처음이었습니다! 이아손이 왕을 질책했습니다. "왜 그 괴물들의 존재를 제게 미리 알려주지 않았나요?" 그러자 왕이 사과했습니다. "너무 원망하지 마시오, 우리는 단지 손님들을 초대하고 싶었을 뿐이오! 사실 외지인들이 오기만 하면 그 거인들이 공격하는 바람에 아무도 우리를 찾아올 엄두를 내지 못했소. 난 그대들도 다른 외지인들처럼 달아날까 봐 걱정했던 거요…. 그 거인들은 우리를 해치진 않지만, 지난 수십 년 동안 이곳을 지나가는 사람들을 환영하지 못하게 방해했다오…."
돌리오네스 사람들과

며칠간의 축제를 즐긴 후, 아르고 원정대는 다시 바다로 나갔습니다.

– 다음 편에 계속

제79화

아르고 원정대의 불행

전편 요약: 돌리오네스 왕이 궁에서 아르고 원정대를 대접하는 동안, 여섯 개의 팔이 달린 거인 그림자 군단이 배를 공격했습니다. 하지만 헤라클레스가 그들을 물리쳤습니다.

아르고 원정대의 여행은 시작부터 바다의 도움을 받는 것 같았습니다. 하지만 돌리오네스 땅을 떠난 이래 모든 것이 변했습니다. 아무것도 두려워하지 않는 이 젊은이들의 오만이 포세이돈을 화나게 한 것일까요? 거센 폭풍우가 일었습니다. 바다가 요동치자 파도가 아르고호를 이리저리 흔들었습니다. 배는 거센 물살에 잠겼다 떠오르기를 반복했지만, 아무도 조종할 수 없었습니다. 불길한 생각에 사로잡힌 이아손은 말하는 떡갈나무에게 미래를 물어봤습니다. 하지만 떡갈나무는 "다음 여정에서 동료를 여럿 잃게 될 것이다."라고만 말해줄 뿐이었습니다. 며칠 뒤에 폭풍우가 조금 잦아들었지만 이아손은 마음을 놓을 수 없었습니다. 포세이돈은 결국 이 젊은이들이 희희낙락하며 장난치기를 그치자 화를 거뒀습니다.

침울해진 대원들은 밤이 되어서야 어느 섬의 숲 가까이에 정박할 수 있었습니다. 헤라클레스는 이 기회에 시종 힐라스를 동반하고 폭풍에 부러진 노를 대신할 새로운 노를 만들 나무를 구하러 가려고 했습니다. 원정대원 중 한 명이 힐라스에게 말했습니다. "그럼, 이 항아리를 가지고 가서 신선한 물을 떠 와!" 헤라클레스가 노를 만들기에 가장 좋은 나무를 찾아 베는 동안 그의 시종은 샘을 찾아 관목 숲으로 들어갔습니다. 그는 헤라클레스가 나무를 다듬고 있는 공터 가까운 곳에서 신선한 물이 있는 샘을 발견했습니다. 하지만 그는 이 샘에 여러 명의 님프들이 살고 있다는 사실을 몰랐습니다. 그가 물을 푸려고 샘에 몸을 기울이자, 그를 본 님프들이 다정하고 멋진 이 청년을 유혹하려고 재빨리 그의 목을 잡아 빠트리고 물속으로 끌고 갔습니다. 힐라스는 외마디 비명을 지르고 물속으로 사라졌습니다. 헤라클레스는 비명을 듣고 벌떡 일어나 시종을 찾으려고 숲 속을 뛰어다니며 소리쳤습니다. "힐라스! 힐라스!" 하지만 들려오는 것은 새들의 지저귐뿐이었습니다. 절망한 그는 시종을 찾으려고 작은 풀숲까지 샅샅이 뒤지며 이리저리 미친 듯이 달리다 보니 일행으로부터 점점 멀어졌습니다.

아르고호는 이미 출항 준비를 마친 상태였습니다. 헤라클레스와 힐라스가 돌아오지 않자 몇몇 대원은 짜증을 내며 그들을 남겨두고 떠나자고 했습니다. 다른 이들은 헤라클레스의 엄청난 힘이 훌륭하게 쓰일 수 있으니 기다리자고 했습니다. 몇 시간이 지났습니다. 그리고 며칠이 지났습니다. 헤라클레스는 나타나지 않았습니다.

어느 날 밤 이아손은 뱃머리 떡갈나무와 상의했습니다. "어떻게 해야 하지?" 그러자 떡갈나무가 그에게 대답했습니다. "헤라클레스의 힘이 유용할 때도 있지만 지금은 그를 여기에 남겨둬야 해. 그는 황금 양털을 가져오는 데 필요하진 않아."

– 다음 편에 계속

권투 챔피언의 도전

전편 요약 : 아르고 원정대에 난처한 일이 생겼습니다. 그들은 정박했던 곳에 헤라클레스와 그의 시종을 두고 떠날 수밖에 없었습니다.

이아손은 황금 양털의 땅을 향해 다시 출항했습니다. 하지만 얼마 가지 않아 또다시 물과 음식이 부족해졌습니다. 그들은 식량을 확보하기 위해 가까운 섬에 정박하기로 결정했습니다. 아르고 원정대가 도착한 해변에서는 군중이 한 남자를 에워싸고 있었습니다. 그는 그 섬의 왕 아미코스였습니다. 이아손은 에키온을 대동하고 배에서 내려 왕에게 인사하러 갔습니다. 건장한 체구의 젊은 왕은 멋진 근육이 드러나는 옷을 입고 있었습니다. 이아손은 그의 거만한 태도가 거슬렸지만 공손하게 말했습니다. "안녕하십니까, 왕이시여. 우리는 콜키스로 가는 중인데 물과 양식이 필요합니다." 그러자 아미코스가 말했습니다. "우리에게는 지나가는 이방인들에게 권투 경기를 제안하는 풍습이 있네. 이기면 식량을 얻을 것이고, 그렇지 않으면…." 왕은 말을 마치기도 전에 얼굴에 의기양양한 미소가 번졌습니다. 에키온은 그 장면을 하나도 놓치지 않았습니다. 그는 자기 일행이 함정에 빠졌다는 사실을 눈치챘습니다. 아르고 원정대원 중 가장 힘이 센 헤라클레스는 배에 없었고, 그 섬에는 무서우리만치 강한 챔피언이 있는 것이 분명했습니다! 아미코스가 여전히 입가에 미소를 띠고 말했습니다. "저기 바다를 바라보고 있는 높은 절벽이 보이나? 저걸 잘 보게, 이 방인. 우리 챔피언과 싸우기를 거절한다면 곧바로 저 절벽에서 던져버릴 거라네!" 그의 말을 들은 에키온은 섬뜩한 기분이 들었습니다. 왕이 가리키는 절벽은 숨이 막힐 정도로 높았습니다. 절벽 아래 바다는 거센 파도로 거품이 들끓었습니다. 그곳에서 떨어진 사람들은 모두 바위에 부딪혀 처참하게 죽을 수밖에 없었습니다! 그는 잠시 눈을 감고 온 힘을 다해 아버지 헤르메스를 생각했습니다. 그에게도 아버지처럼 발에 날개가 달렸다면…. 그는 다시 눈을 떴습니다. 불행히도 위협적인 보초들이 여전히 그를 둘러싸고 있었습니다. 악몽은 계속됐습니다. 이아손이 말했습니다. "좋습니다, 우리도 우리의 챔피언을 보내겠습니다. 당신네 챔피언은 누구죠?" 아미코스 왕이 상체를 둥글게 구부리며 대답했습니다. "물론 나지. 나는 바다의 신 포세이돈의 아들이야. 세상에서 가장 세지." 그는 떠나기 전 권투 글러브를 이아손에게 던지며 말했습니다. "오늘 저녁 이 해변 뒤편에 있는 꽃 핀 계곡에서 만나자."
이아손은 깊은 생각에 잠긴 채 배에 올랐습니다. '아르고 원정대원 중에서 저 야만인과 싸워 이길 수 있는 자가 누굴까? 내가 이 모험에 용감한 그리스인들을 데리고 온 이유가 뭘까?' 그에게는 망설일 시간이 없었습니다. 에키온이 아르고 원정대 전원에게 이 이야기를 전하자 폴리데우케스가 앞으로 나서며 말했습니다. "난 지난 올림픽 경기에서 권투 챔피언이었어. 아미코스와 싸울 준비도 돼 있지. 그자가 나보다 젊고 강할지는 모르겠지만 권투는 통찰력이 필요한 운동이야."
저녁이 됐습니다. 약속 장소는 꽃이 만발한 멋진 계곡이었습니다. 리라를 들고 온 오르페우스는 아름다운 경치에 끌려 저절로 노래가 나왔지만, 자기 노래에 전혀 관심을 보이지 않는 섬사람들을 보고 깜짝 놀랐습니다. 아미코스 왕이 시합장에 도착하자 음악만이 아니라 아름다움도 순식간에 관심 밖으로 밀려났습니다. 황소 같은 목과 엄청난 근육을 자랑하는 왕의 모습은 압도적이었습니다. 마른 체구의 폴리데우케스는 몸무게가 그의 반밖에 되지 않았고, 나이는 그보다 두 배도 더 많았습니다. 그는 몇 분 후 절벽 밑으로 떨어질 처지에 놓여 있었습니다. 게다가 그는 보통 가죽 글러브를 끼고 있었지만 아미코스는 구리 징이 박힌 글러브를 끼고 있었습니다! 애초부터 시합은 불공평해 보였습니다.

마침내 시합이 시작됐습니다. 아미코스는 무서운 속도로 달려들어 상대를 때려눕히려고 했습니다. 폴리데우케스는 공격을 피하기만 하면서 아미코스가 싸우는 방식을 관찰하며 약점을 찾으려고 했습니다. 아미코스는 점점 더 흥분해서 소리를 지르고 이리저리 날뛰면서 쓸데없이 힘을 낭비했습니다. 폴리데우케스는 마치 싸움을 포기한 사람처럼 공격을 전혀 하지 않았습니다. 아미코스는 더 사납게 공격했습니다. 그의 글러브에 박힌 무시무시한 징이 매번 아슬아슬하게 폴리데우케스를 스치고 지나갔습니다. 시합은 그렇게 몇 시간 동안 계속됐습니다. 아미코스를 오랫동안 관찰하기만 하던 폴리데우케스는 날이 저물 때야 마침내 그의 약점을 찾아냈습니다. 실제로 아미코스는 두 팔을 너무 많이 벌려 허점을 드러냈습니다. 폴리데우케스는 그 순간을 이용해서 드디어 빠르고 강하게 주먹을 날렸습니다. 아미코스는 순식간에 얼굴을 얻어맞고 정신을 차리지 못했고, 폴리데우케스는 때를 놓치지 않고 연속으로 주먹을 날렸습니다. 아미코스의 엄청난 근육도 폴리데우케스의 정확한 공격에는 무용지물이었습니다. 비틀거리는 아미코스의 관자놀이에 폴리데우케스는 온 힘을 모아 최후의 한 방을 날렸고 아미코스는 바닥에 쓰러져 즉사했습니다. 아르고 원정대는 환호성을 질렀습니다. 그들은 배에 식량을 가득 싣고 먼바다로 나갔습니다. 떠나온 해안을 바라보며 에키온이 걱정 섞인 목소리로 이아손에게 속삭였습니다. "우리는 방금 포세이돈의 아들을 죽였습니다." 그러자 이아손이 낮은 목소리로 대답했습니다. "나도 알아." 바다의 신은 과연 어떤 반응을 보일까요?

– 다음 편에 계속

하르피이아와의 싸움

전편 요약 : 올림픽 권투 챔피언 폴리데우케스가 무시무시한 아미코스 왕과의 경기에서 이긴 덕분에 아르고호는 식수와 식량을 싣고 항해를 계속할 수 있었습니다.

아르고호가 다시 항해를 시작한 지 얼마 지나지 않았을 때 그들이 지나가는 항로 근처에 있는 작은 섬에서 온종일 가슴을 에는 듯한 울음 소리가 들려왔습니다. 가까운 곳에서 들리는 울음소리에 아르고 원정대는 모두 마음이 흔들렸죠. 이아손은 위험을 무릅쓰고 섬 가까운 곳에 배를 정박했습니다. 그리고 대원 열두 명이 섬에 내려 횃불을 들고 한밤중에 우는 남자를 찾아 나섰습니다. 에키온과 에우리토스 형제도 그 무리에 속했죠. 울음소리가 어찌나 큰지, 소리의 진원지를 찾는 데는 그리 오래 걸리지 않았습니다. 소리가 들리는 동굴에서 견딜 수 없는 악취가 났습니다. 혐오스러운 냄새를 참으며 동굴 안으로 들어간 이아손과 친구들은 처참한 몰골의 노인을 발견했습니다. 뼈에 가죽을 씌운 듯이 비쩍 마른 노인이 돌투성이의 바닥에 누워 끔찍한 신음을 토해내고 있었습니다. 그는 아르고 원정대가 들어오는 기척을 듣자 붉게 충혈된 눈을 번뜩이며 그들을 바라보면서 손짓으로 목마르고 배고프다는 시늉을 했습니다. 측은한 마음이 든 젊은이들이 달려가 조심스럽게 그를 일으켜 동굴 입구에 앉혀놓았습니다. 젊은이들이 봇짐에서 꺼내 건네준 물과 음식을 받으려고 노인이 떨리는 손을 내밀었을 때 끔찍한 일이 벌어졌습니다. 갑자기 날개 달린 두 괴물이 나타나서 먹을 것에 달려들었습니다. 노인이 외쳤습니다. "하르피이아다! 하르피이아야!" 그것은 여인의 머리, 갈고리 모양의 주둥이, 날카로운 발톱이 달린 거대한 독수리 괴물이었습니다. 제우스는 이 괴물들을 복종하지 않는 인간들을 벌줄 때 보내곤 했습니다. 하르피이아는 순식간에 음식을 먹어치우더니 남긴 음식에 똥을 싸고 물을 더럽히고, 고약한 냄새를 남기고 떠났습니다. 아르고 원정대는 분개했습니다. 이아손이 물었습니다. "당신은 누구죠? 무슨 짓을 했기에 제우스가 이렇게 벌을 주는 겁니까?" 노인이 떨리는 음성으로 대답했습니다. "난 피네우스라네. 내 유일한 잘못은 미래를 예언하는 능력이 있다는 것이지. 제우스는 내가 자기 비밀을 낱낱이 밝히는 걸 참을 수 없어서 내게 하르피이아를 보내는 거라네. 보다시피 난 악취가 풍기는 이곳에서 혼자 굶어 죽어가고 있고…." 지친 피네우스 왕의 뺨을 타고 눈물이 흘렀습니다.

아르고 원정대는 격분했습니다. 제테스와 칼라이스가 이아손에게 다가가 말했습니다. "우리는 바람의 신 보레아스의 아들입니다. 우리는 매우 빠르니 하르피이아를 쫓아보겠습니다." 이아손은 그러라고 했습니다. 피네우스가 받고 있는 고통은 너무도 부당했습니다. 아르고 원정대가 노인에게 먹일 음식을 꺼내자마자 끔찍한 하르피이아가 다시 나타났습니다. 제테스와 칼라이스는 칼을 뽑아 들고 그 자리에서 꼼짝도 하지 않고 기다리고 있었습니다. 괴물이 다가오자 그들은 곧바로 칼을 휘두르며 나섰습니다. 하르피이아는 큰 날개를 펄럭이며 달아났지만 바람의 아들 형제는 금세 괴물을 따라잡았고, 칼을 높이 들어 괴물의 머리를 내리치려고 했습니다. 바로 그 순간, 하늘에서 헤르메스가 나타나 그들의 칼을 막으며 말했습니다. "제우스의 명령이야. 하르피이아를 놔줘. 그 대신 너희 용기에 대한 상으로 늙은 피네우스를 풀어주라는 승낙을 받아 왔어." 하르피이아들은 멀리 사라졌습니다. 바람의 아들들은 헤르메스와 함께 일행에게로 돌아갔습니다. 에키온과 에우리토스는 아버지를 만나자 무척 반가워했습니다. 헤르메스는 두 아들을 품에 안을 때마다 마음 깊은 곳에서 폭발적으로 솟아나는 애정에 자신도 깜짝 놀라곤 했습니다. 그는 자식들을 생각하는 것만으로도 행복감에 젖었습니다. 배에서 원정대와 함께 보내는 저녁은 즐겁고 유쾌했습니다. 헤르메스는 아침 일찍 떠나며 두 아들에게 말했습니다. "나의 아들들아, 너희 용기가 무척 자랑스럽구나. 하지만 갈 길은 아직 멀고, 겪어야 할 모험은 아직 많이 남아 있으니 참을성을 길러야 한다."

– 다음 편에 계속

푸른 바위

전편 요약: 아르고 원정대원이자 바람의 신의 두 아들 덕분에 피네우스를 학대하는 끔찍한 하르피이아를 쫓아냈습니다.

다음 날 아르고 원정대가 가져다준 많은 음식을 게걸스럽게 먹고 얼마간 기력을 되찾은 노인이 그들에게 말했습니다. "내 생명을 구해준 여러분에게 어떻게 감사해야 할지 모르겠소." 그를 둘러싸고 있던 아르고 원정대는 자부심을 느꼈습니다. 그중 가장 거침없이 말하는 에우리토스가 그에게 부탁했습니다. "피네우스 왕이시여, 당신이 그토록 영험하게 미래를 예언한다고 하니 우리에게 닥칠 일을 미리 알려주시면 어떻겠습니까?" 그러자 피네우스가 대답했습니다. "인간은 자기 운명에 관해 모든 걸 알아선 안 된다네. 살아보기도 전에 자네가 어떻게 살게 될지를 미리 안다면, 자신이 원하는 대로 자유롭게 살지 못할 테니까. 하지만 자네들이 이번에 겪을 모험에 관해서는 내가 이야기해주겠네. 자네들은 곧 무시무시한 파란 바위에 도착하게 될 걸세. 그 안에 갇히지 않고 무사히 빠져나가려면 비둘기 한 마리를 날려 보내게. 비둘기가 지나가는 데 성공한다면 자네들도 지나갈 수 있을 게야. 비둘기가 실패한다면, 그 길을 포기하고 돌아가게. 하지만 지금껏 그 바위를 통과한 자는 아무도 없었다네. 자네들이 성공한다면 이제 그 바위들은 움직이지 않고 영원히 그 자리에 붙박혀 있을 테고, 다른 배들도 그 길로 지나갈 수 있을 걸세."

아르고 원정대는 그의 충고에 감사하고 떠났습니다. 하지만 피네우스는 이아손을 따로 불렀습니다. "사랑의 여신 아프로디테를 신뢰해야만 콜키스에서 황금양털을 가져올 수 있다네…." 이아손은 고개를 끄덕이고 그곳을 떠났습니다.

원정대의 분위기는 좋았습니다. 그들은 오르페우스의 경쾌한 노래에 맞춰 힘차게 노를 저었고, 앞으로 겪을 모험에 대해 벌써부터 떠들어대는 에키온의 호들갑 덕분에 큰 웃음이 터져 나왔습니다. 그러던 중 갑자기 푸른 안개가 아르고호를 둘러쌌습니다. 바다가 전혀 보이지 않았기에 그들은 노를 거둬야 했습니다. 이아손은 뱃머리에 서서 눈을 크게 뜨고 살펴보았습니다.

그 순간, "푸른 바위다!" 푸른 바위를 제일 먼저 발견한 에우리토스가 외쳤습니다. 침묵이 흘렀습니다. 찰랑거리는 파도 소리 말고는 아무것도 들리지 않았습니다. 이아손이 미리 준비했던 비둘기를 놓아주자 하늘 높이 날아갔습니다. 그는 안개 때문에 보이지는 않아도 앞을 가로막은 바위에 점점 더 가까이 다가가고 있음을 느낄 수 있었습니다. 배는 천천히 비둘기를 쫓았습니다. 비둘기는 자신을 가두려고 달려드는 바위들을 피하며 용감하게 날았고, 배는 필사적으로 비둘기의 뒤를 쫓으며 푸른 바위 사이로 나아갔습니다. 바위들은 번번이 배를 부술 듯이 위협적으로 다가왔다가 멀어지곤 했습니다. 하지만 비둘기와 배는 계속 전진했습니다. 덫에서 완전히 빠져나가려는 순간, 갑자기 둔탁하게 뭔가에 부딪히는 소리가 들렸습니다. 두 바위가 닫히면서 비둘기 꼬리의 깃털이 두 개 뽑혔습니다. 아르고호의 뒤쪽에도 충격이 전해졌습니다. 바위들이 닫히면서 배의 고물 끝이 날아갔습니다. 그래도 심각한 피해는 아니어서 배는 계속해서 전진할 수 있었습니다. 그렇게 아르고호는 마침내 푸른 바위 건너편에 도착했습니다. 대원들은 환호성을 질렀습니다. 그들은 악명 높은 푸른 바위의 함정을 무사히 빠져나왔던 것입니다! 자유롭게 날아가는 비둘기를 바라보며 이아손은 기쁨의 눈물을 흘렸습니다.

그 뒤로 며칠이 흘렀습니다. 아르고호는 카프카스산맥을 지났습니다. 산맥 봉우리에 머리카락이 길게 자란 거인이 묶여 있었습니다. 독수리 한 마리가 그에게 덤벼들어 간을 파먹었습니다. 고통받는 프로메테우스를 본 아르고 원정대원 중에서 에키온과 에우리토스가 가장 분개했습니다. 에키온이 외쳤습니다. "그를 저렇게 내버려둬선 안 돼!" 에우리토스도 외쳤습니다. "그가 우리를 창조했어, 그는 인간의 아버지야!" 하지만 이아손이 나무랐습니다. "쓸데없는 말을 하는군. 우리는 제우스의 뜻을 거스를 수 없어. 세상의 주인은 제우스야." 그는 프로메테우스를 구하러 가자는 형제의 제안을 거절했습니다. 헤르메스의 아들들은 처음으로 이아손에게 화가 났습니다. 아르고 원정대의 곁을 떠나지 않고 있던 헤르메스는 형제의 의로운 마음에 감동했습니다. 그 역시 프로메테우스에게 큰 애정을 품고 있었으니까요…. 다음 날 한밤중에 잠든 자식들을 찾아온 헤르메스는 귀에 대고 속삭였습니다. "걱정하지 마라. 헤라클레스가 곧 와서 프로메테우스를 사슬에서 풀어줄 거야. 너희 아르고 원정대는 무엇보다도 황금 양털을 가져와야 해. 게다가 그것으로 끝이 아니란다…."

– 다음 편에 계속

이아손 사건에 개입한 신들

전편 요약: 아르고 원정대는 비둘기를 뒤따라가면서 위험한 푸른 바위 사이로 빠져나가는 데 성공했습니다. 드디어 황금 양털의 땅으로 가는 길이 열렸습니다.

헤르메스는 소중한 자식들을 보호하려고 처음부터 아르고 원정대를 몰래 뒤쫓고 있었습니다. 그는 아르고호가 콜키스에서 불과 몇 시간 떨어진 지점에 다다랐을 때 그들을 조금 도와줘야겠다고 생각했습니다. 그는 이아손이 노파로 둔갑한 헤라가 거센 급류가 흐르는 강을 건너게 해준 뒤로 헤라도 아르고 원정대를 보호해주고 있다는 사실을 알고 있었습니다. 헤르메스는 아빠가 된 다음부터 큰어머니 헤라를 미워하지 않게 됐지만 그래도 경계를 늦추지는 않았습니다. 그런데도 그날 아침 그는 헤라에게 도움을 요청했습니다. 헤라는 기꺼이 도와주겠다면서 자기 계획을 그의 귀에 속삭였습니다. 헤르메스는 저도 모르게 감탄사를 내뱉었습니다. "아, 멋진 계획이에요! 하지만 아프로디테를 설득해야 하는데… 쉽지 않을 거예요!" 헤라가 대답했습니다. "그건 내가 알아서 할게."

사랑의 여신 아프로디테는 처음으로 그녀의 집을 방문한 시어머니를 보고 깜짝 놀랐습니다. 높으신 여신에게 비밀스러운 계획이 있고, 그 계획을 실현하려면 자기 도움이 필요하다는 것을 이해한 아프로디테는 은근히 자부심이 생겼습니다. 그녀는 계획에 참여하기로 약속하고 나서 아들 에로스에게 갔습니다. 에로스는 늘 활과 화살을 가지고 노는 사랑스러운 아이였습니다. 에로스의 화살에 맞은 자는 영원히 사랑에 빠졌습니다. 아프로디테는 푸른 줄이 그어진 금으로 만든 예쁜 공을 던지며 말했습니다. "아가야, 이 공은 네 할아버지 제우스가 어렸을 때 가지고 놀던 장난감이란다. 봐라, 이 공을 공중으로 던지면 유성처럼 황금빛 자취를 남기지." 신기한 공에 마음을 뺏긴 에로스는 처음으로 활과 화살을 내려놓고 눈을 크게 뜨고 공을 잡으러 달려갔습니다. 아이가 졸랐습니다. "엄마, 엄마, 그 공을 제게 주세요, 제발요!" 아프로디테는 헤라의 계획이 멋들어지게 진행되는 것을 보고 속으로 기뻐하며 말했습니다. "알았어, 그 대신 네 사랑의 화살을 누군가에게 쏘고 올 수 있겠니?" 에로스는 어서 공을 가지고 싶어 그렇게 하겠다고 고개를 끄덕였습니다. 아프로디테는 에로스의 귀에 대고 그 사람의 이름을 말해줬습니다.

그 사이에 아르고호는 콜키스에 도착했습니다. 원정 대원들은 기뻐하며 왕궁으로 갔고, 왕은 그들을 환대하면서 우선 씻고 식사한 뒤에 이야기를 나누자고 했습니다. 오랜 여행으로 지치고 더러워진 젊은이들은 기꺼이 그 제안을 수락했습니다. 시종이 그들을 궁전의 목욕탕으로 안내했습니다. 한 무리의 하녀들이 커다란 솥에 물을 데우는 동안, 다른 하녀들은 연회를 준비하느라 분주히 움직였습니다. 아르고 원정대는 시끌벅적하게 웃고 노래했습니다. 그들의 쾌활한 활력이 궁 전체에 전해졌습니다. 왕의 딸 메데이아가 왁자지껄한 소리에 끌려 그들에게 다가갔습니다. 함지에든 따뜻한 물에서 올라오는 수증기가 방 안을 가득 채웠습니다. 메데이아는 기둥 뒤에 숨어서 아르고 원정 대원들이 목욕하는 모습을 둘러봤습니다. 그녀의 시선은 곧 피곤한 몸을 따뜻한 물에 담그고 쉬고 있는 이아손에게서 멈췄습니다. 기둥 뒤에는 메데이아 말고도 염탐하는 자가 또 있었습니다. 그렇습니다, 바로 에로스였죠. 그는 임무를 수행하려고 메데이아가 상대를 바라보는 순간을 기다리고 있었습니다. 에로스는 활시위를 당겼고, 사랑의 화살은 메데이아의 심장에 정확하게 꽂혔습니다. 공주는 심장이 옥죄는 것을 느꼈고, 흥분해서 얼굴이 붉어졌다가 다시 창백해졌습니다. 사랑에 빠진 메데이아는 이아손에게서 눈을 뗄 수가 없었습니다. 올림포스 높은 곳에서 헤르메스와 헤라가 손뼉을 치며 기뻐했습니다. 그들의 계획이 예상대로 진행되고 있었으니까요. 자기 아들들이 목욕탕에서 소리를 지르며 서로 물을 끼얹고, 깔깔대며 웃는 모습을 내려다보며 마음이 훈훈해진 헤르메스가 중얼거렸습니다. "아직 어린아이일 뿐이야. 쟤들에게 나쁜 일도 생기지 않았으면 좋겠어…" 하지만 그는 메데이아 공주가 마법사이고, 마법에는 항상 위험이 따른다는 사실도 잘 알고 있었습니다.

– 다음 편에 계속

이아손을 기다리는 시련

전편 요약 : 아르고 원정대는 콜키스 왕의 궁전에서 환대를 받았습니다. 에로스의 화살에 맞은 메데이아 공주는 이아손을 보자마자 사랑에 빠졌습니다. 그것은 마법사 메데이아가 원정대를 돕게 하려는 아르고 원정대 수호신들의 계획이었습니다.

손님들이 목욕하고 식사하는 동안 콜키스 왕은 신하들에게 둘러싸여 넓은 접견실에서 기다렸습니다. 그리고 마침내 이아손과 그의 일행이 시끌벅적하게 웃고 떠들며 들어왔습니다. 아이에테스가 물었습니다. "그대들은 누구인가? 무슨 일로 내 왕국에 왔는가?" 이아손이 대답했습니다. "우리는 모두 부모가 왕이거나 신인 그리스 청년들입니다. 황금 양털을 얻으려고 수많은 위험을 이겨내며 용감하게 바다를 건너왔습니다." 이아손의 말을 듣자 왕은 분개했습니다. '이 건방진 젊은이가 대체 나를 어떻게 생각했기에 이런 터무니없는 요구를 하는 것일까? 이자가 대체 누구이기에 내 왕국을 세상에 널리 알리고 그 명예를 드높인 황금 양털을 내놓으라고 요구하는 것일까?' 표정이 굳어진 왕은 단호한 목소리로 대답했습니다. "나만큼 용감하다는 것을 증명한다면 소중한 황금 양털을 내줄 수도 있다. 나는 용감하고, 내 백성도 용감하지!" 이아손은 왕의 말을 끊으며 의연하게 말했습니다. "우리가 어떻게 해야 그걸 증명할 수 있는지 말씀해주십시오!" 왕은 내심 화를 억누르며 생각했습니다. '이들은 스스로 영웅을 자처하니 틀림없이 목숨이 위태로운 모험을 즐길 거야! 그렇다면 이들에게 위험한 일을 맡겨야겠군!' 그가 이아손에게 말했습니다. "우선 힘센 황소 두 마리를 길들여야 해. 이 소들은 대장장이의 신 헤파이스토스가 직접 만들었어. 그래서 발굽은 구리로 되어 있고, 불을 토하지. 이 소들에게 수레를 걸어서 밭을 갈아야 해. 그런 다음 그 밭에 용의 이빨을 심은 뒤, 그 이빨에서 태어날 무장한 전사들과 싸워 이겨야 해. 난 이미 이 모든 과제를 해냈어. 네가 성공한다면, 황금 양털을 주지." 접견실에 모인 사람들은 과제 내용을 듣고 전율했습니다. 왕의 뒤에 앉아 있던 메데이아 공주의 입에서도 작은 비명이 새어나왔습니다. 그녀는 아버지가 이아손을 죽음으로 몰아간다는 사실을 알고 있었습니다. 젊은이는 잠시 망설였지만 다른 선택의 여지가 없음을 알고는 곧 그 과제를 받아들이고 일행과 함께 물러갔습니다.

그날 저녁 아르고호에서는 서로 자기가 그 과제들을 해내겠다고 나섰습니다. 자기가 가장 힘이 세다고 자랑하는 이도 있고, 빠르다고 자랑하는 이도 있고, 민첩하다고 자랑하는 이도 있었습니다. 하지만 이아손은 아이에테스 왕이 자기에게 도전했으니, 자기가 그 도전에 응해야 한다고 생각했습니다. 그는 걱정하는 친구들을 남겨두고 아무렇지도 않은 척하며 잠자리에 들었습니다. 물론 그도 앞으로 닥칠 일이 무척 걱정스러웠지만, 여러 사람 앞에서는 전혀 내색하지 않았습니다. 그는 문제 해결을 위해 연로한 피네우스가 그에게 말했던 여신 아프로디테의 도움을 기대하고 있었습니다. 밤이 깊어갔지만 그는 잠이 오지 않았습니다.

그날 저녁 왕의 궁전에서 잠 못 드는 사람이 또 있었습니다. 메데이아 공주는 침대에서 몸을 이리저리 뒤척였습니다. 풀어헤친 그녀의 검은 머리카락이 베개 위에서 얽혔습니다. 안색이 몹시 창백해진 공주는 젊은 그리스인을 향한 사랑으로 마음이 몹시 들떠 있었습니다. 하지만 상상 속 무서운 장면들이 끊임없이 눈앞에서 아른거렸습니다. 공주는 이아손이 목욕할 때 얼핏 본 그의 멋진 몸이 무시무시한 두 마리 황소의 구리 발굽에 찢기는 장면을 상상했습니다. 그 짐승들이 토한 불이 이아손의 긴 머리칼을 태워 그를 살아 있는 횃불로 만드는 장면도 상상했습니다. 전사들이 활을 쏘아 그의 몸에 수많은 화살을 박아 넣는 장면도 상상했습니다. 그것은 사랑하는 사람으로서 도저히 참을 수 없는 광경이었습니다. 공주는 황금 양털을 그토록 자랑스러워하는 아버지도 생각했습니다. 이아손을 돕는다는 것은 아버지에 대한 배반을 뜻했습니다. 하지만 메데이아는 자신의 마법으로 사랑하는 남자를 구할 수 있다는 것도, 자신이 이아손에게 유일한 구원이라는 것도 잘 알고 있었습니다. 아버지에 대한 효성과 이아손에 대한 사랑 사이에서 그녀는 과연 어떤 선택을 할까요?

– 다음 편에 계속

제85화

이아손과 메데이아의 만남

전편 요약 : 황금 양털을 얻기 위해 이아손은 소름 끼치는 일련의 시험을 통과해야 했습니다. 메데이아 공주만이 이 위험에서 그의 목숨을 구할 수 있었습니다.

영원히 끝나지 않을 것 같은 이상한 밤이었습니다. 메데이아는 필요한 약초를 구하려고 희미한 달빛에 의지하여 궁 밖으로 나가 숲으로 갔습니다. 그녀는 프로메테우스가 흘린 첫 번째 피 한 방울이 떨어진 자리에서 자라는 풀을 찾아내자 눈물을 흘렸습니다. 그것이 기쁨의 눈물인지 슬픔의 눈물인지는 그녀 자신도 알 수 없었습니다. 이 풀만이 한나절 동안 한 남자를 무적으로 만들 수 있고, 따라서 그녀가 사랑하는 이방인을 구할 수 있으므로 그것은 기쁨의 눈물이었습니다. 하지만 그렇게 하는 것은 아버지에 대한 영원한 배신이므로 슬픔의 눈물이기도 했습니다. 그녀는 자기 방으로 돌아와서 밤새도록 불도 칼도 몸을 해칠 수 없게 하는 연고를 만들었습니다.

이아손도 잠을 이루지 못했습니다. 그는 대원들이 모두 잠든 뒤에 홀로 일어나 갑판에 서서 해변을 바라보며 이런저런 생각에 잠겨 있었습니다. 그 순간 어둠 속에서 그림자 하나가 배를 향해 다가오는 모습이 보였습니다. 이아손은 숨죽이고 기다렸습니다. 그림자는 두건이 달린 망토로 온몸을 가리고 있었습니다. 그림자가 사뿐히 배에 올라탔을 때 몸을 웅크리고 숨어 있던 이아손은 순식간에 뒤에서 달려들어 목을 죄며 거칠게 물었습니다. "넌 누구냐? 여기 왜 왔지?" 하지만 침입자가 부들부들 떨고 있는 것이 팔을 통해 느껴지자 그는 목을 죄고 있던 팔을 조금 풀어줬습니다. 그리고 그의 몸을 돌려 얼굴을 들여다보니 놀랍게도 침입자는 젊은 여인이었습니다. 두건이 벗겨지면서 여인의 어깨에 검은 머리가 물결처럼 출렁이며 퍼졌습니다. 깜짝 놀라 말문이 막힌 이아손에게 그녀가 말했습니다. "저는 아이에테스 왕의 딸 메데이아예요." 그녀의 쉰 목소리가 나지막하게 깔렸지만, 음색은 활기차고 빨랐습니다. "죽는 게 두렵나요?" 당혹한 이아손이 대답했습니다. "죽음이 두려웠다면 여기까지 오지도 않았소." 젊은 여인은 재빨리 주변을 살피며 말했습니다. "당신은 용감하군요. 좋아요, 하지만 용기만으론 충분하지 않아요. 제가 없으면 당신은 패배할 거예요. 곧 해가 뜰 테니 서둘러야 해요. 제가 당신을 하루 동안 무적으로 만들어줄 연고를 가져왔어요. 어서 씻고 이 연고를 온몸에 바르세요. 무기에도 바르세요. 그러면 아무도 당신을 이길 수 없을 거예요." 그녀가 이아손에게 작은 병을 내밀었습니다. 그는 한 손으로 병을 쥐고, 다른 손으로 여전히 여인의 손목을 잡고 있었습니다. 그는 아이에테스 왕의 계략일지 모른다고 의심하며 물었습니다. "왜 이런 짓을 하지? 왜 아버지를 배신하는 거야? 그 대가로 내게 무얼 원하지?" 메데이아가 단숨에 대답했습니다. "당신을 사랑하기 때문이에요. 그 대가로 절 여기서 멀리 데려가서 저와 결혼하겠다고 약속해주세요." 이아손은 그 순간 "사랑의 여신 아프로디테를 믿게."라고 했던 늙은 피네우스의 예언이 떠올랐습니다. 그는 경계심을 풀고 "약속하겠소."라고 대답하며 그녀의 손에 키스하고 놓아줬습니다. 공주는 다시 두건으로 얼굴을 가렸습니다. 배에서 내리기 전 공주는 이아손에게 한 가지를 더 당부했습니다. "용의 이빨에서 전사들이 태어나면, 그들 한가운데로 이 돌을 던져요. 그러면 그들은 당신을 공격하지 않고 서로 죽일 거예요." 말을 마친 그녀는 어둠 속으로 사라졌습니다. 이아손은 그녀의 뒷모습을 바라보며 온몸에 소름이 돋는 것을 느꼈습니다.

장미 손가락의 오로라가 등장하고 아르고 원정대원들이 하나둘 잠에서 깼을 때 이아손은 바다에서 몸을 씻고 있었습니다. 유쾌하고 자신감이 넘쳐 보이는 그는 동료에게 자기 방패, 투구 등 무기에 이상한 연고를 발라달라고 부탁했습니다. 그러고는 연고의 효능을 실험해보겠다고 했습니다. "자, 너희 검으로 날 힘껏 내리쳐봐." 대원 하나가 무기를 휘두르며 이아손을 내리쳤습니다. 하지만 그는 꿈쩍도 하지 않았습니다. 다른 대원이 더 세게 내리쳤습니다. 하지만 이아손은 여전히 아무렇지도 않았습니다. 또 다른 대원이 더 세게 내리쳤지만, 그는 털끝 하나 다치지 않았습니다. 환호성이 터져 나왔습니다! 이아손은 무적이었습니다! 이아손은 승리할 것입니다.

그는 대원들과 함께 아이에테스 왕이 알려준 약속 장소로 갔습니다. 오르페우스의 멋진 연주에 맞춰 대원들이 목청껏 노래를 불렀습니다. 에키온은 행인들에게 그들의 모험 이야기를 들려줬습니다. 그들은 모두 축제장에라도 가는 듯이 즐거워 보였습니다! "불쌍한 젊은이들, 이성을 잃었군. 저들은 죽음을 향해 걸어가고 있다는 사실도 모르는군." 그들과 마주치는 사람들은 한숨지으며 탄식했습니다.

– 다음 편에 계속

과제에 도전한 이아손

전편 요약 : 메데이아는 아무도 모르게 이아손을 찾아가 마법의 연고를 건네줬습니다.

아이에테스 왕이 지정한 장소는 넓은 밭이었고, 바닥에 엄청나게 큰 쟁기와 멍에가 놓여 있었습니다. 아이에테스가 비웃으며 말했습니다. "자, 이제 황소 두 마리에게 저 멍에를 씌우고 쟁기를 걸어라. 그리고 고랑을 파도록 해!" 이아손은 밭 한가운데 서 있었습니다. 갑자기 황소 두 마리가 나타나자, 밭을 둘러싸고 모여 있던 군중이 두려움에 떨면서 웅성거렸습니다. 황소가 구리 발굽으로 흙먼지를 일으키며 불을 뿜자 짙은 연기가 사방을 뒤덮었습니다. 두 황소는 꼼짝하지 않고 서 있는 이아손을 향해 돌진했습니다. 관중은 밭을 자욱하게 뒤덮은 연기 때문에 아무것도 보지 못했습니다. 이방인 청년은 소에 받혀 쓰러졌을까요? 소가 내뿜은 불에 탔을까요? 매캐한 연기가 사라지자 이아손이 황소 한 마리의 뿔을 잡아 어깨에 메고, 다른 황소 한 마리를 바닥에 쓰러트려 무릎으로 누르고 있는 모습이 드러났습니다. 관중은 깜짝 놀라 탄성을 지르며 술렁거렸습니다. 이아손은 소들에게 멍에를 씌우고 쟁기를 걸었습니다. 그리고 관중의 우레 같은 박수를 받으며 고랑을 팠습니다. 콜키스 주민도 그에게 박수를 보내지 않을 수 없었습니다. 아버지 곁에 앉아 있던 메데이아 공주는 끊임없이 보호 주문을 외었습니다. 그녀는 몹시 화가 나 있는 아버지와 시선을 마주치지 않으려고 애썼습니다. 아이에테스 왕은 일어나서 이아손에게 용의 이빨이 가득 든 주머니를 던지며 중얼거렸습니다. "이 마법의 전사들에게도 그런 술수를 쓸 수 있는지 어디 두고 보자."

이아손이 용의 이빨들을 조금 전에 파놓은 고랑에 심자 밭 전체가 물결치듯 흔들리며 위로 솟았습니다. 그리고 이빨은 투구를 쓰고 갑옷을 입고 창을 들고 있는 전사로 변신했습니다. 이런 무시무시한 전사가 무수히 태어났습니다. 겁에 질린 관중은 비명을 지르며 도망갔지만 이아손은 평정을 유지했습니다. 그는 아이에테스 왕과 그의 딸 메데이아가 앉아 있는 단상을 향해 정중하게 인사하고 나서 주머니에서 커다란 돌을

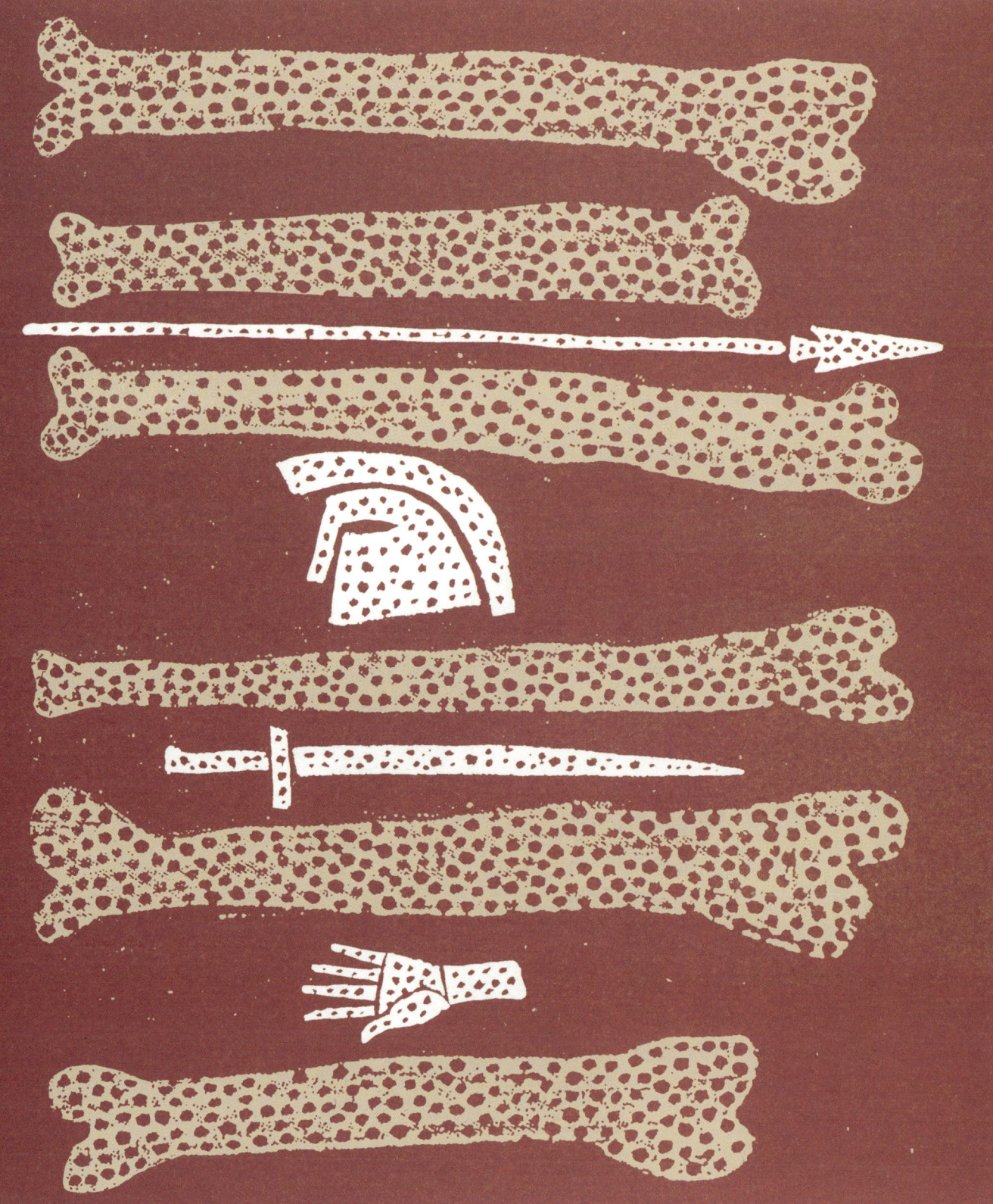

꺼냈습니다. 물론 그 돌은 메데이아가 전날 밤 그에게 선물한 것이었죠. 사나운 전사들이 열을 지어 이아손을 향해 달려들었습니다. 그들의 수는 땅이 흔들릴 정도로 많았습니다. 적들이 가까이 다가오자 기다리고 있던 이아손이 그들 한가운데에 돌을 던졌습니다. 그러자 그를 향해 다가오던 전사들이 갑자기 멈춰 섰습니다. 그리고 마치 그들 중 한 명이 그 돌을 던졌다는 듯이 서로 노려보고 싸우기 시작했습니다. 용의 이빨에서 태어났으니 얼마나 잔혹하게 싸웠겠습니까? 그들은 마지막 한 명이 남을 때까지 서로 처참하게 죽였습니다! 밭은 피로 붉게 물들었지만, 이아손은 단 한 방울의 피도 흘리지 않았습니다. 영웅은 아이에테스 왕에게 승리의 대가인 황금 양털을 요구했습니다. 하지만 아이에테스 왕은 불같이 화를 내며 말했습니다. "내일 얘기하지, 내일." 그러고는 궁으로 돌아갔습니다. 아르고 원정대는 승리에 도취했습니다.

그들은 해변에서 큰 잔치를 벌였습니다. 포도주가 흘러넘치고, 밤새도록 노래와 춤이 그치지 않았습니다. 에키온은 수없이 반복해서 이아손의 승리를 이야기했습니다. 무사태평한 아르고 원정대는 아이에테스 왕이 또 다른 음모를 꾸미고 있다는 사실을 짐작조차 하지 못했죠….

— 다음 편에 계속

지켜지지 않은 약속

전편 요약 : 메데이아의 마법 덕분에 이아손은 아이에테스 왕이 제시한 과제들을 모두 마쳤습니다. 왕은 이제 약속했던 대로 황금 양털을 그에게 넘겨줘야 했습니다.

아르고 원정대가 피운 환희의 불꽃이 해변을 붉게 물들였습니다. 그들의 노래와 웃음소리가 궁전까지 울려 퍼지자 아이에테스 왕의 분노는 점점 커졌습니다. 그가 외쳤습니다. "아, 저 악당들이 즐기고 있군! 아, 저 불한당 같은 놈들이 잔치를 벌이고 있어! 저자들이 승리했다고 생각한다면 그건 착각이지! 절대로, 절대로 저자들에게 황금 양털을 내줄 순 없어!" 신하들은 두려움에 떨었습니다. 그중 한 명이 용기를 내어 말했습니다. "하지만 전하, 이아손이 과제를 성공적으로 해냈고, 전하는 이미 약속하셨으니…." 아이에테스가 소리쳤습니다. "그래서? 난 왕이야! 왕은 자기가 원하는 대로 무엇이든 할 수 있어." 그리고 그는 아르고 원정대를 공격하려고 모든 병사를 소집하라고 명령했습니다. 그가 조소하며 말했습니다. "우리는 해가 뜨기 전에 그들을 기습해서 그들의 가증스러운 배를 불태울 것이다." 신하들은 약속을 지키지 않는 왕이 실망스러웠지만 아무 말도 못 하고 왕에게 복종할 수밖에 없었습니다. 메데이아는 커튼 뒤에 숨어서 모든 이야기를 엿들었습니다. 잠시도 허비할 시간이 없었습니다. 그녀는 배다른 남동생을 데리고 서둘러 궁을 빠져나왔습니다.

아르고호 주변에는 보초를 서는 사람이 아무도 없어서 메데이아는 어렵지 않게 이아손에게 접근할 수 있었습니다. 그녀는 숨을 헐떡이며, 쏜살같이 말을 쏟아냈습니다. "서둘러요, 어서요, 이아손. 우리 아버지가 당신들을 배신했어요. 지금 당신들을 급습해서 몰살할 준비를 하고 있어요. 제가 황금 양털이 있는 곳으로 안내할게요. 저를 따라오세요. 그리고 나서 빨리 도망가야 해요." 그녀 주위에 둥글게 모여 있던 아르고 원정대는 그녀를 믿지 않았습니다. 대원 중 한 명이 말했습니다. "이 여자는 마술사야. 무턱대고 따라갔다가 큰 봉변을 당할 수도 있어." 또 다른 대원이 걱정했습니다. "함정일지도 모르지." 하지만 이아손은 그녀를 믿어도 된다는 것을 알고 있었습니다. 그가 명령했습니다. "너희는 출항 준비를 하고 있어, 내가 다녀올 테니!" 그리고 그는 메데이아를 따라 어둠 속으로 사라졌습니다.

황금 양털은 그곳에서 꽤 멀리 떨어진 곳에 있는 성스러운 나무에 걸려 있었습니다. 어둠 속에서 뭔가가 신비하게 반짝였습니다. 그것은 그가 전에 한 번도 본 적이 없는 불빛이었습니다. 그 빛에 비하면 달빛도 희미해 보였습니다. 그 불빛에 매료되어 다가간 이아손은 평생 처음 보는 가장 아름다운 것과 가장 끔찍한 것을 동시에 발견했습니다. 나뭇가지에 걸려 있는 황금 양털은 그의 상상을 뛰어넘는 것이었습니다. 하지만 황금 양털이 걸려 있는 나무 기둥을 끔찍하게 생긴 용이 휘감고 있었습니다. 용은 아르고호만큼 컸으며, 비늘은 금속처럼 단단해 보였습니다. 주둥이로 불과 독을 뿜고, 기다란 발톱은 무엇이든 닿는 대로 갈가리 찢었습니다. 이아손은 두려움에 전율했습니다. 그가 이 괴물을 어떻게 무찌를 수 있을까요? 그때 메데이아가 속삭였습니다. "저

용은 죽지 않아요. 힘으로 싸우는 건 아무 소용 없어요. 내가 하는 걸 보세요." 젊은 여인은 용감하게 용에게 다가갔습니다. 용이 그녀를 향해 커다란 주둥이를 들었지만, 마법사가 춤을 추자 꼼짝하지 않고 바라봤습니다. 저음이 반복되는 메데이아의 노래에 매료된 듯했습니다. 그녀가 노래하면서 주문을 외우자, 용은 박자에 맞춰 고개를 흔들었습니다. 메데이아가 마법의 노래를 계속해서 부르며 용의 발치에 있는 노간주나무 가지를 몇 개 꺾어 흔들자 괴물은 그대로 잠이 들었습니다. 그녀는 이아손에게 가까이 오라고 신호를 보냈습니다. 이아손은 잠들어 쓰러진 용을 성큼 건너뛰고 나무에 올라가 떨리는 손으로 가지에 걸려 있는 황금 양털을 거뒀습니다. 그리고 이아손과 메데이아는 걸음아 날 살려라 하고 쏜살같이 달아났습니다. 황금 양털에서 나오는 강력한 빛이 어둠을 밝혔기에 그들이 왕의 군대에 발각되는 것은 시간문제였습니다….

- 다음 편에 계속

제88화

아르고 원정대를 구한 메데이아

전편 요약 : 메데이아는 이아손에게 왕의 군대가 공격하리라는 것을 미리 알렸습니다. 그리고 마법으로 용을 꾀어서 이아손이 황금 양털을 가져가게 도왔습니다.

그것은 무모한 질주였습니다. 이아손은 한 손으로 황금 양털을 가슴에 끌어안고, 다른 손으로 메데이아의 손을 꼭 붙잡았습니다. 아이에테스 왕의 병사들이 사방에서 해변으로 모여들었습니다. 그들이 빠져나갈 구멍은 없었습니다. 하지만 메데이아는 그 지역을 손바닥처럼 훤히 알고 있었습니다. 그녀는 매번 병사들을 교묘히 피해 이아손을 아르고호로 인도했습니다. 망을 보던 에키온이 제일 먼저 그들을 알아보고, 반가운 나머지 큰 소리로 외쳤습니다. "저기 온다!" 때는 바야흐로 장미 손가락의 오로라가 일을 마치고, 태양이 떠오르는 시각이었습니다. 아이에테스 왕의 군대가 추격해 와서 막 덮치려는 순간, 이아손과 메데이아가 아슬아슬하게 아르고호에 올라탔고, 배는 곧바로 출발했습니다. 미칠 듯이 화가 난 아이에테스 왕은 바람에 머리카락을 나부끼며 선미에 서 있는 자기 딸 메데이아를 발견했습니다. 그녀는 도전적인 표정으로 팔을 쭉 펴서 조롱하듯 황금 양털을 흔들어 보이며 외쳤습니다. "진정한 왕이라면 약속을 지켜야 해요!" 그 순간 메데이아 앞에 이복동생 아프시르토스가 뛰어나와 외쳤습니다. "아버지! 아버지! 전 누나와 함께 떠나고 싶지 않아요!" 아이에테스 왕이 울부짖었습니다. 메데이아는 이방인들과 함께 도망치기만 한 것이 아니라 그가 가장 소중히 여기는 황금 양털을 빼앗고 사랑하는 아들까지 데려갔습니다! 그는 즉시 아르고 원정대를 추격하라고 명령했습니다.

메데이아는 점점 멀어지는 해변에서 눈을 떼지 못했습니다. 이것이 고향을 마지막으로 보는 순간이라는 것을 잘 알고 있었기에 마음이 몹시 아팠습니다. 이아손이 도착한 이래 여러 가지 사건이 번개처럼 빠르게 일어나는 바람에 젊은 여인은 자기 운명을 생각할 겨를조차 없었습니다. 사랑에 빠진 여인은 이아손과 아버지 중에 누구를 택해야 할지 망설였습니다. 하지만 아버지가 약속을 어기자 선택은 쉬워졌습니다. 메데이아의 뺨에 눈물이 흘렀지만, 그녀는 자기 눈물을 누구에게도 보이고 싶지 않았습니다. 이아손이 소리 없이 다가와서 그녀의 어깨에 손을 얹으며 말했습니다. "고맙소." 배 안에서 벌어지는 일을 하나도 놓치지 않고 있던 에키온이 갑자기 외쳤습니다. "메데이아 만세!" 그러자 아르고 원정대 전체가 한목소리로 외쳤습니다. "메데이아 만세!" 그리고 그들은 더 열정적으로 노를 저었습니다.

아이에테스 왕은 자기가 가진 가장 빠른 배에 올라탔습니다. 그 배는 아르고호보다 훨씬 작았지만, 훨씬 빨랐습니다. 병사들을 실은 다른 배들이 그 뒤를 따랐습니다. 배가 어찌나 많았던지 바다가 마치 검은 짐승 떼로 뒤덮인 것 같았습니다. 아르고호와 적의 배들 사이의 거리가 점점 좁혀졌습니다. 아버지의 배들이 가까워지자 메데이아는 초조해졌습니다. 그들이 붙잡힌다면, 그녀와 이아손, 대원들은 모두 죽은 목숨이었습니다. 공포가 엄습하며 살고 싶은 욕망이 강하게 일었습니다. 어떤 대가를 치르더라도 살고 싶었습니다. 사랑하는 남자와 살고 싶었습니다. 그와 함께 아이를 낳고 기르면서 행복하게 살고 싶었습니다. 정말 살고 싶었습니다. 여인의 눈에 갑자기 광기가 번뜩였습니다. 이아손만이 메데이아의 시선에서 이 위험한 빛을 알아봤습니다. 그것은 공포와 생존의 욕망이 불타면서 발산하는 빛이었습니다. 하지만 그는 가만히 지켜만 보면서 그녀가 이성을 되찾게 하려고 애쓰지 않았습니다. 자신을 잃어버린 메데이아의 영혼은 광기로 치달았습니다. 그녀는 이복동생에게 달려가 그의 가슴에 칼을 꽂았습니다! 그리고 심장을 도려내고 조각내어 배 밖으로 한 조각씩 던졌습니다. 그녀는 첫 번째 조각을 던지며 추격하는 아버지에게 외쳤습니다. "자, 보세요! 아버지가 사랑하는 아들이 여기 있어요!" 그러고는 미친 듯이 웃었습니다. 아버지는 참을 수 없는 고통으로 비명을 지르며 배를 멈춰 세우고 조각난 아들의 시신을 수습했습니다. 메데이아는 아버지의 배가 다가올 때마다 이복동생의 살점을 배 밖으로 던졌습니다. 아르고호는 조금씩 멀어졌습니다. 아이에테스 왕은 아들의 시신 조각들을 건지느라 결국 추격을 포기했습니다.

아르고 원정대는 승리의 함성을 지르지 않았습니다. 죽음 같은 침묵이 흘렀습니다. 그들 눈앞에서 벌어진 처참한 장면에 소름이 끼쳐 그들은 모두 할 말을 잃고 노만 저었습니다. 한참이 지나서야 에우리토스가 눈물을 터트렸습니다. 에키온도 분노를 표출했습니다. 그는 이아손과 메데이아를 향해 외쳤습니다. "짐승들 같으니라고! 당신들은 짐승만도 못해! 어떻게 아프시르토스를 그렇게 죽일 수 있지? 그는 우리와 함께 가고 싶어 하지 않았어! 이 마녀야, 그는 나랑 동갑이야! 게다가 네 동생이잖아! 이아손, 넌 비겁자야. 왜 저 여자가 살인하는 걸 말리지 않았지? 난 이제 우리의 모험에 관해 이야기하지 않겠어! 신들이 너희에게 벌을 내리실 거야!" 메데이아의 얼굴은 여전히 광기로 변해 있었지만, 눈빛은 점차 정상을 되찾고 있었습니다. 그녀가 차분하게 대답했습니다. "아프시르토스가 죽지 않았다면, 우리 아버지에게 붙잡혀서 네가 죽었을 거야! 우리 모두 죽었을 거야." 이아손은 수치심에 고개를 떨궜습니다. 자신이 비겁하게 행동했다는 것을 잘 알고 있었으니까요. 이 여인은 자신을 파멸시킴으로써 대원들을 구했습니다. 하지만 신들이 이런 죄를 벌하지 않을 리 없었습니다….

— 다음 편에 계속

제우스의 분노

전편 요약 : 공포와 광기에 사로잡힌 메데이아는 이복동생의 시체를 조각내 바다에 던졌습니다. 추격대가 시체를 수습하는 틈을 타서 아르고호는 위험에서 벗어났습니다.

올림포스 산꼭대기에서 자식들의 외침을 듣고 달려간 헤르메스는 조금 전 발생한 끔찍한 사건을 모두 목격했습니다. 마법사가 아르고 원정대를 보호해주리라고 믿었던 자신이 너무 순진했다는 생각이 들었습니다. 늘 그러듯이 이번에도 흰 팔의 헤라가 품은 생각은 나쁜 결과를 불러왔습니다! 뒤에서 들리는 인기척에 고개를 돌려보니 역시 비명을 듣고 달려오는 헤라의 모습이 보였습니다. 그녀가 헤르메스에게 말했습니다. "네 아들들이 야단법석을 떠는구나." 그가 냉랭하게 말했습니다. "누군가를 죽여서 다른 사람들의 목숨을 구한다는 것은 용납할 수 없는 행동이에요. 게다가 이복동생을 죽이다니…." 그녀가 말했습니다. "메데이아가 이아손과 사랑에 빠지게 한다는 네 바보 같은 계략이 없었다면 사태가 이렇게 되지는 않았겠지. 그런 어리석은 생각을 하다니 정말 어이가 없다." 헤르메스가 강하게 항변하려는 순간, 갑자기 주변이 캄캄해졌습니다. 헤르메스가 놀라 물었습니다.

"아직 밤이 온 것은 아니죠?" 헤라가 대답했습니다. "물론 아니지, 아무래도 제우스가 몹시 화를 내고 있는 것 같구나…." 거대한 먹구름이 하늘에 몰려들었습니다. 사나운 번개가 치고 천둥이 우르릉거렸습니다. 제우스가 번개 삼지창으로 내리치자 아르고호는 폭풍에 휩쓸려 요동쳤지만 아슬아슬하게 피해 갔습니다. 헤르메스는 돛대에 매달린 아들들을 걱정하며 마음을 졸였습니다. 하지만 제우스의 분노는 진정되지 않았습니다. 제우스와 맞설 생각이 전혀 없었던 헤라는 서둘러 자리를 떴습니다. 이아손은 어떻게 해야 할지 몰랐습니다. 아무것도 보이지 않았습니다. 밤인지 낮인지조차 구별할 수 없었습니다. 그렇게 폭풍 속에서 며칠이 지나자 비바람이 점점 잦아들면서 안개가 짙게 깔렸습니다. 제우스의 분노는 아직 사그라들지 않았습니다. 뱃머리를 어느 쪽으로 돌려야 할지 전혀 알 수 없었습니다. 이처럼 짙은 안개 속에서 길 찾기는 불가능했습니다. 또 며칠이 흘렀습니다. 메데이아가 마술

의 도움을 받아 방향을 가늠하려고 했지만 소용없었습니다. 이아손은 그때까지 자신을 지지하던 신들이 등을 돌렸다는 것을 깨달았습니다. 그의 대원들조차도 이제 그를 지지하지 않았습니다. 오르페우스도 노래를 멈췄고, 에키온도 입을 다물었습니다. 에우리토스는 울기만 했습니다.

어느 날 저녁 이아손은 말하는 떡갈나무에게 조언을 구했습니다. "지혜의 나무야, 내가 어떻게 해야 하지?" 오래도록 나무는 침묵했습니다. 한동안 바람 소리만이 들리더니 마침내 나무가 답을 줬습니다. "너희는 죄 없는 생명을 죽였어. 제우스의 분노가 매우 커. 그를 진정시키려면 메데이아와 네가 마법사 키르케가 사는 섬으로 가야 해. 키르케는 메데이아의 고모야. 그녀만이 너희가 지은 죄를 씻어줄 수 있어." 이아손의 뒤에서 목소리가 들렸습니다. "나와 함께 가요." 메데이아 역시 떡갈나무의 충고를 듣기 위해 일어나 있었습니다. 이아손이 그녀를 바라봤습니다. 그토록 야만적인 행위를 하도록 그녀를 부추겼던 광기와 공포는 이제 얼굴에서 찾아볼 수 없었습니다. 숯처럼 검은 그녀의 눈과 머리카락이 두드러져 보일 만큼 그녀의 낯빛은 극도로 창백하기만 했습니다. 이아손은 그녀가 아름답다고 생각하며 그녀에게 미소 지었습니다. 그녀가 고향을 떠난 것도 그를 위해서였고, 아버지를 배반한 것도 그를 위해서였으며, 동생을 죽인 것도 그를 위해서였습니다. 그녀가 없었다면 그는 결코 황금 양털을 가져오지 못했을 것입니다. 그는 돌아가자마자 그녀와 결혼하기로 마음먹었습니다.

이튿날 아르고호는 안개 장막을 헤치며 키르케가 사는 섬을 향해 출발했습니다. 하지만 이아손은 그를 만나기가 두려웠습니다. 그 마법사는 매우 강력한 힘을 가진 여인이었죠. 이아손과 메데이아는 그녀가 홀로 살고 있는 아이아이에섬의 넓고 안락한 집으로 찾아갔습니다. 그녀는 문 앞까지 나와 조카를 환영하며 집 안으로 안내하고는 이아손을 향해 돌아서며 냉랭하게 말했습니다. "안 돼, 넌 밖에 있어. 메데이아는 내 가족이지만, 낯선 살인자들을 내 집에 들일 수는 없지." 그리고 문을 쾅! 닫았습니다.

– 다음 편에 계속

세이렌에게서 풀려난 아르고 원정대

전편 요약: 메데이아가 저지른 살인 때문에 격노한 제우스는 아르고호에 사나운 폭풍우를 보냈습니다. 이아손과 메데이아는 죄를 씻으려고 마법사 키르케를 찾아갔습니다.

마법사의 궁에서는 무슨 일이 벌어지고 있을까요? 메데이아와 그녀의 고모 키르케 사이에 어떤 협정이 맺어졌을까요? 이아손은 전혀 알 수 없었습니다. 메데이아는 하룻밤이 지나고 나서 새벽 일찍 불안에 떨며 희미한 미소를 머금고 그에게 다가왔습니다. "걱정하지 마세요. 이제 우리는 다시 바다로 나갈 수 있어요. 당신 나라로 무사히 돌아가도록 해보죠." 아르고호는 섬을 떠났습니다. 이아손도 메데이아도 그들을 배웅하는 키르케의 웃음소리를 듣지 못했지만, 절벽 높은 곳에서 그들을 바라보고 있는 검은 윤곽을 보고 이아손은 전율하지 않을 수 없었습니다.

얼마 가지 않아 배는 이름 모를 섬 근처를 지나갔습니다. 이 섬에서는 감미로운 곡이 들려왔습니다. 그것은 제아무리 냉혹한 마음도 녹여버릴 만큼 감미로운 음악이었습니다. 곡과 함께 아름다운 노래도 들렸습니다. 그토록 완벽하게 노래할 수 있는 존재는 반은 인간이고 반은 새인 세이렌뿐이었습니다. 오르페우스가 겁에 질려 속삭였습니다. "세이렌이다!" 그들이 얼마나 끔찍한 존재인지 전해 들어 알고 있던 그는 부들부들 떨었습니다. 선원들이 너무나 아름다운 그들의 노래를 듣고 매혹되어 전혀 저항하지 못하는 사이에 배가 바위에 부딪혀 산산조각 난다고 했습니다. 오르페우스가 대원들을 바라보았을 때 그들은 이미 모두 노래에 도취돼 있었습니다. 그들 모두 마법에 홀린 것 같았습니다. 그는 얼른 리라를 들고 연주하기 시작했습니다. 그는 그때까지 한 번도 연주해본 적이 없는, 가장 감동적인 곡을 생각해내려고 애썼습니다. 마음을 동요하게 하는 순수한 그의 노랫소리가 높아지자, 아르고 원정대는 조금씩 세이렌의 마력에서 풀려나 오르페우스의 아름다운 곡을 들었습니다. 그들은 한 명 한 명 죽음의 유혹을 피해 오르페우스의 생명의 음악으로 돌아왔습니다. 오르페우스의 리라가 멋진 곡을 연주하는 동안 배는 세이렌에게서 점점 더 멀어졌습니다. 저주의 섬이 시야에서 사라지자 지친 젊은 음악가는 연주와 노래를 그쳤습니다. 잠시 어색한 침묵이 흐른 뒤에 우레 같은 박수가 터져 나왔습니다. 아르고 원정대는 다시 생명의 길로 접어들었습니다.

하지만 기쁨도 잠시였습니다. 불길한 검은 점들이 바다에 솟아 있었습니다. 망을 보던 자가 외쳤습니다. "카리브디스와 스킬라다!" 선원들은 배가 어떤 위험을 향해 가고 있는지 잘 알고 있었습니다. 하지만 그것을 피할 길은 없었습니다. 배에 공포의 분위기가 흘렀습니다. 검은 점으로 보였던 바위 중 하나에 카리브디스라는 괴물이 살고 있었습니다. 그 괴물은 하루에 세 번 주변에 있는 엄청난 양의 바닷물을 들이마시는데, 근처를 지나가는 운 나쁜 배들이 물과 함께 그의 입속으로 휩쓸려 들어갔다가, 그 괴물이 삼켰던 물을 내뱉을 때에는 배는 잔해밖에 남지 않는다고 했습니다. 이아손은 대원들에게 각기 자기 자리에서 노를 붙잡고 온 힘을 다해 물결에 저항하라고 명령했습니다. 괴물이 길게 물을 빨아들이기 시작하자, 아르고 원정대는 미친 듯이 노를 저었습니다. 배에는 헐떡거리는 그들의 숨소리만이 들렸습니다. 그들은 물의 흐름을 거스르며 앞으로 나아가려고 모든 근육을 사용했습니다. 갑자기 흡입이 멈췄습니다. 온 힘을 다해 저항한 덕분에 아르고호는 물의 소용돌이에서 벗어날 수 있었습니다. 그들은 이제 위험에서 멀어졌습니다.

그들은 카리브디스에게서 벗어났지만 스킬라라는 또 다른 바다 괴물의 손아귀로 들어가고 있었습니다. 여인의 몸에 사나운 개 여섯 마리가 둘러져 있는 스킬라는 가까이 지나가는 배들에 달려들어 모두 먹어치우는 괴물이었습니다. 배가 다가오는 것을 본 개들이 벌써부터 침을 흘렸습니다. 올림포스 정상에서 자신의 아들들을 살피던 헤르메스는 갑자기 그들이 겪는 위험이 지긋지긋해졌습니다. 지나친 시련들이 아버지의 마음에 상처를 줬습니다. 그는 아르고호를 스킬라의 손아귀에서 벗어나도록 바람을 불어달라고 바람의 신 아이올로스에게 부탁했습니다. 전령의 신을 좋아했던 아이올로스는 그의 부탁을 들어주겠다고 약속했습니다. 그가 불어준 강력한 바람 덕분에 아르고호는 카리브디스와 스킬라가 버티고 있는 물에서 전속력으로 벗어날 수 있었습니다. 그리고 마침내 평온한 바다로 나왔습니다.

밤이 되자 아르고 원정대는 모두 지쳐 잠이 들었습니다. 이아손만이 깨어 있었습니다. 그는 벌써 며칠째 잠을 이루지 못했습니다. 황금 양털을 얻었고, 승리자가 됐지만, 이 승리는 쓰디썼습니다. 과연 이 시련들이 끝나는 날이 올까요? 그가 동료들을 목적지까지 안전하게 데려갈 수 있을까요?

— 다음 편에 계속

아폴론의 도움

전편 요약: 아르고 원정대는 집으로 돌아가려고 애썼습니다. 세이렌, 괴물 카리브디스와 스킬라의 손아귀에서 벗어났지만 이아손은 마음이 편치 않았습니다.

드디어 휴식할 수 있게 된 그들은 편안하게 잠을 자고 행복하게 잠에서 깼습니다. 그들은 멀리 보이는 크레타섬에 정박하기로 했습니다. 그런데 바로 그 순간, 어디서 날아왔는지 배 바로 옆에 거대한 바위가 풍덩! 하고 떨어지면서 튀긴 엄청난 양의 바닷물이 갑판을 뒤덮었습니다. 돌이 날아온 곳을 찾으려고 주변을 둘러보던 이아손은 섬의 해안 높은 곳에서 무언가 반짝이는 것을 발견했습니다. 눈이 부셔 손으로 해를 가리며 바라본 이아손은 놀라지 않을 수 없었습니다. 거대한 쇳덩이 같은 존재가 바위를 들어 아르고호를 향해 던지고 있었습니다. 곁에 있던 메데이아가 말했습니다. "헤파이스토스의 아들, 거인 탈로스예요. 크레타섬의 수호자예요. 저 거인을 이길 수 있는 사람이 거의 없어요." 하지만 살짝 미소 짓는 메데이아의 얼굴을 보고 이아손은 그녀에게 좋은 생각이 있다는 것을 눈치챘습니다. 그가 물었습니다. "이길 수 있는 사람이 거의 없다고? 왜 '거의'라고 말했지?" 메데이아는 거인에게서 눈을 떼지 않고 대답했습니다. "그의 금속 몸에는 약점이 하나 있어요. 바로 발목에 있는 작은 핏줄이죠. 그 핏줄이 터지면 탈로스는 죽어요." 하지만 아르고 원정대는 그녀 뒤에 서서 두려움에 떨었습니다. 메데이아는 두려워하는 기색이 전혀 없이 거인을 바라보며 정신을 집중해서 주문을 외우기 시작했습니다.

탈로스의 눈앞에 갑자기 여러 명의 남자가 나타나더니 그를 움켜잡았습니다. 미칠 듯이 화가 난 그가 몸을 흔들어 남자들을 떼어내고 발로 밟아 짓뭉개버린 순간, 다른 남자들이 다시 나타났습니다. 아니, 같은 사람들일까요? 그 자신도 헷갈렸습니다. 그들은 계속해서 그에게 기어오르려고 했습니다. 그들은 메데이아가 보낸 환영이었습니다. 그 환영이 탈로스를 광기로 몰아넣었습니다. 그는 공격자들을 떼어내려고 미친 듯이 다리를 사방으로 흔들다가 바위 끝에 발목을 부딪고 말았습니다. 치명적인 약점인 핏줄이 터지며 탈로스는 그 자리에서 쓰러졌습니다. 무거운 초대형 금속 동상이 죽었습니다. 그렇게 메데이아는 다시 한 번 아르고 원정대를 구했습니다.

하지만 그 순간, 태양이 사라지면서 아르고 원정대는 어둠의 나락으로 떨어졌습니다. 캄캄한 공간에서 배는 또다시 방향을 잃었습니다. 언제 암초에 부딪힐지 모르면서 어둠을 헤치고 앞으로 나아가기는 불가능했습니다. 죽음이 그들 주변을 어슬렁거리는 듯 불안이 엄습했습니다. 빛이 사라진 것이 그들이 치러야 할 최후의 시련일까요? 그들은 과연 위험에서 벗어날 수 있을까요? 그렇게 며칠이 지났습니다. 칠흑 같은 어둠이라 낮인지 밤인지 구별조차 할 수 없었습니다. 이제 먹을 것도 마실 것도 없었습니다. 항로를 찾을 수 없으니 식량을 구하러 어디 정박할 수조차 없었습니다.

이아손은 누구에게 도움을 청해야 할지조차 알 수 없었습니다. 그는 빛의 신 아폴론에게 애절하게 빌었습니다. "오, 위대한 아폴론이시여, 우리를 구해주소서! 우리를 이 어둠 속에 버려두지 마소서. 우리 죄가 크다는 것도, 우리가 많은 잘못을 저질렀다는 것도 압니다. 하지만 어둠에서 벗어날 길을 알려주소서, 우리에게 빛을 주소서." 아폴론은 올림포스에서 이아손의 외침을 들었습니다. 제우스의 분노가 아직 가라앉지 않았지만, 아폴론은 절망한 아르고 원정대원들에게 한 줄기 빛을 보내기로 했습니다. 그가 던진 불빛이 어둠을 갈랐습니다. 그리고 그 빛 덕분에 아르고 원정대는 방향을 돌려 섬으로 다가갈 수 있었습니다. 다행히 그들은 다시 한 번 구출됐습니다.

그날 밤, 대원들이 잠든 시각에 이아손은 홀로 깨어 있었습니다. 끝내 잠을 이루지 못한 그는 어둠 속에서 동정을 살폈습니다.

— 다음 편에 계속

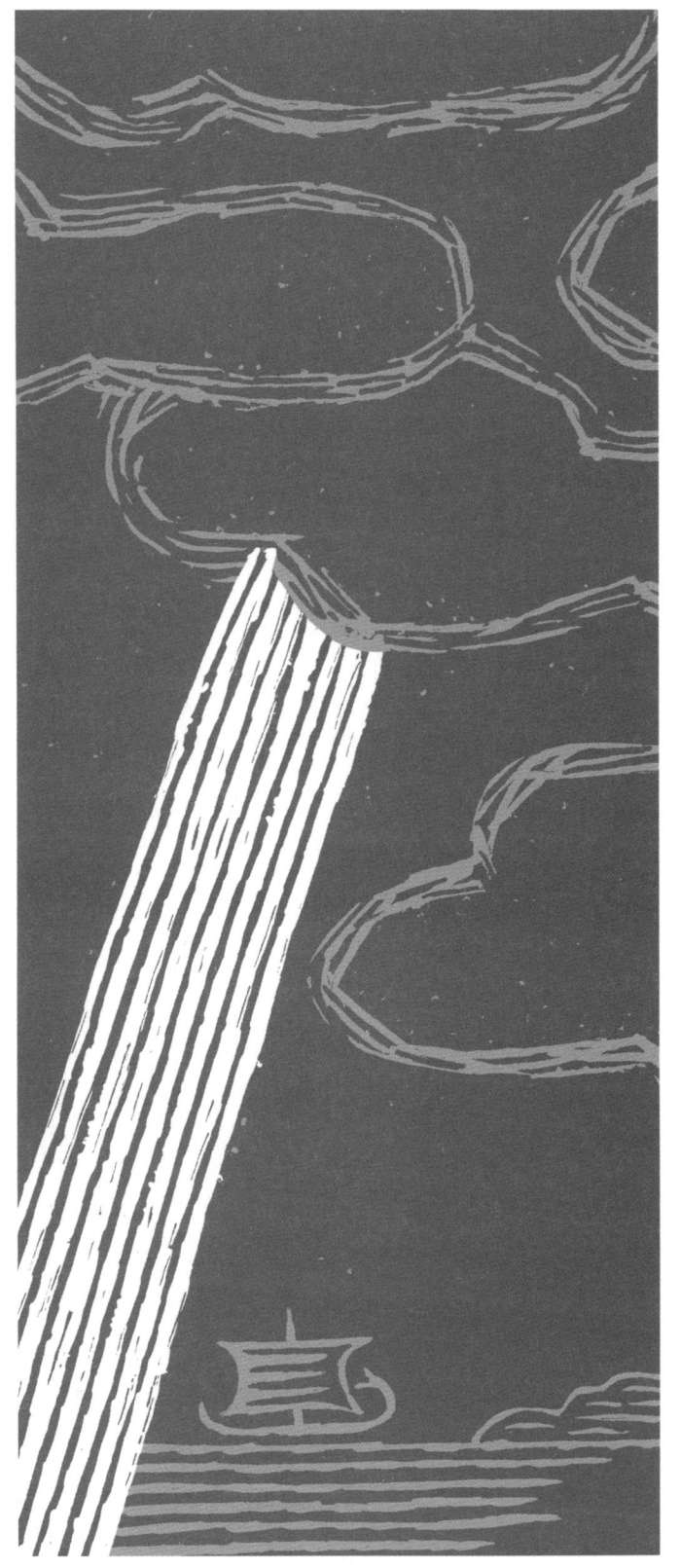

제92화

아르고 원정대의 이별

전편 요약 : 아르고 원정대는 메데이아의 주술 덕분에 거인 탈로스에게서 벗어났습니다. 그리고 어둠 속에서 헤매는 그들에게 아폴론이 약간의 빛을 던져줬습니다.

여행이 막바지에 이르면서 배는 직선으로 빠르게 항해했습니다. 멀리 고향이 보이자 아르고 원정대는 처음으로 안도하고 진심으로 기뻐했습니다. 서로 얼싸안으며 웃고, 울었습니다. 그들은 모험에 성공했습니다! 당당하게 살아서 돌아왔습니다! 이아손도 다른 대원들처럼 행복감으로 가슴이 터질 것 같았습니다. 그는 황금 양털을 어깨에 걸치고 점점 가까워지는 해안에서 눈을 떼지 못했습니다. 메데이아만이 그들과 함께 기뻐하지 못했습니다. 그녀는 스스로 모든 것을 포기하고 이아손이 성공을 거두고 고향으로 돌아갈 수 있도록 도왔습니다. 그녀는 아버지를 배반했고, 고향을 떠났고, 이복동생을 죽였습니다. 그렇다고 해서 그녀가 자신의 선택을 후회한 것은 아니지만 그들과 똑같이 즐길 수는 없었습니다.

황금 양털을 가져온 영웅들은 대단한 환대를 받았습니다. 대연회가 열렸습니다. 사람들은 노래하고 춤추며 영웅들에게 갈채를 보냈습니다. 그들의 모험담은 전설이 되어 이미 사람들 입에서 입으로 퍼져나갔습니다. 이아손은 그들의 명예로운 귀환을 축하하기 위해 마지막으로 아르고 원정대를 아르고호 앞 해변에 모이게 했습니다. 오르페우스는 마지막 곡을 연주했고, 에키온은 그들의 긴 모험을 이야기했습니다. 그들이 어떤 우여곡절을 거쳐 황금 양털을 가져왔는지, 사람들은 숨을 죽이고 이야기를 들었습니다. 헤르메스도 어둠을 틈타 그들에게 가까이 갔습니다. 그날 밤 그들은 모두 많이 웃고 많이 울었습니다. 날이 밝기 직전, 이아손은 대원들을 한 명씩 불러 포옹했습니다. 함께 숱한 위험과 맞서 싸운 그들 모두에게 작별은 고통스러웠습니다. 하지만 이제 각자 자기 길로 가야 했습니다. 헤르메스는 아들들이 자랑스러웠습니다. 그들은 그사이에 의젓한 남자가 된 것만 같았습니다. 이아손은 자기 역할을 다한 아르고호가 정박된 해변에 혼자 남았습니다. 그때 메데이아가 다가와 그의 어깨에 손을 얹으며 말했습니다. "당신이 해야 할 일이 하나

더 남았군요. 당신의 왕관을 되찾고 부모님의 복수를 해야죠. 당신이 원한다면 내가 펠리아스를 벌줄 수 있어요. 그 때문에 당신이 배를 타고 이 모험을 했잖아요…." 복수할 마음이 전혀 없었던 이아손은 길게 한숨을 내쉬며 말했습니다. "폭군 펠리아스가 없었다면 나는 이 모험에서 겪은 것들을 결코 얻지 못했을 거요. 생사고락을 함께한 동지들을 만나지 못했을 거요. 고된 시련들을 겪으며 난 다른 사람이 됐소." 하지만 메데이아가 고집했습니다. "당신은 펠리아스가 당신에게 부과한 과제를 훌륭하게 해냈고 황금 양털도 가져다줬지만, 펠리아스는 당신의 왕국을 절대 돌려주지 않을 거예요." 이아손은 말없이 생각에 잠겼습니다. 메데이아는 그의 은밀한 바람을 알고 있었죠. 그가 그녀를 향해 돌아서더니 낮은 목소리로 말했습니다. "그래요, 그대가 원하는 대로 합시다…."

– 다음 편에 계속

무시무시한 복수

전편 요약 : 대성공을 거두고 고향으로 돌아간 아르고 원정대는 해산했습니다. 그리고 메데이아는 펠리아스 왕을 상대로 끔찍한 복수를 준비했습니다.

메데이아는 새벽에 커다란 붉은 외투로 온몸을 가리고 펠리아스의 궁에 들어가 누구의 눈에도 띄지 않고 공주들의 방으로 갔습니다. 메데이아가 방문을 열어보니 소녀들은 벌써 일어나 함께 놀고 있었습니다. 그들은 이 긴 머리 여인을 경계하기는커녕 이런저런 이야기를 나누고 곧바로 친해졌습니다. 메데이아가 물었습니다. "너희 아버지 펠리아스는 이제 꼬부랑 할아버지가 됐지, 안 그래?" 소녀들이 한숨 쉬며 대답했습니다. "맞아요, 아버지는 많이 늙으셨어요…." 그러자 메데이아가 말했습니다. "난 마법사야. 내가 너희 아버지를 다시 젊게 만들어줄 수 있지. 이 마법 약초는 노인에게 젊음을 되돌려준단다…." 순진한 소녀들이 그녀의 말을 듣고 깜짝 놀라 소리를 지르며 그녀에게 다가갔습니다. 알케스티스만이 뒤로 물러나 있었습니다. 그녀는 메데이아의 마법에서 뭔지 모를 두려움을 느꼈습니다. 그녀는 마법사의 제안이 수상하다고 생각하며 물었습니다. "정말이에요? 그렇다면 우선 당신이 진짜 마법사라는 걸 우리에게 증명해보세요." 메데이아는 웃으며 물이 가득 든 커다란 냄비와 늙은 숫양을 가져오라고 했습니다. 하녀들이 그것을 가져오자 메데이아는 냄비의 물을 끓였습니다. 펠리아스의 딸들은 곁에 서서 그녀의 동작을 진지하게 지켜봤습니다. 메데이아는 눈을 감고 몇 가지 마법 약초를 냄비에 넣었습니다. 그리고 늙은 숫양을 잡아 조각을 낸 뒤에 냄비에 넣었습니다. 침묵이 흘렀습니다. 소녀들의 시선은 모두 냄비에 쏠렸습니다. 몇 분이 흐르자 끓는 물에서 늙은 양의 모습은 사라지고 어린 양이 나타났습니다! 소녀들은 손뼉을 치며 경탄했습니다. "너희에게 냄비와 마법 약초를 줄게. 내가 했던 대로만 하면 너희 덕분에 아버지가 젊음을 되찾을 거야." 메데이아는 이 말을 마치고 사라졌습니다.

펠리아스 왕의 딸들은 모두가 잠든 궁의 복도를 지나 아버지 방으로 갔습니다. 그들은 아버지를 무척 사랑했으므로 아버지가 늙어가는 것을 보는 것도, 곧 돌아가시리라는 생각도 견딜 수 없었습니다. 그들은 메데이아가 바로 눈앞에서 보여준 놀라운 마법의 힘을 완벽하게 믿었습니다. 그러나 알케스티스만은 그 마법을 아버지에게 시도하는 것에 반대했습니다. 물론 그녀도 아버지를 사랑했지만, 비록 그를 젊게 태어나게 한다고 해도 먼저 그를 죽여야 한다는 것을 받아들일 수 없었습니다. 그녀는 아버지의 주름과 하얗게 센 머리도 좋았습니다. 하지만 자매들은 그녀의 말을 듣지 않았습니다. 누가 제일 먼저 아버지를 죽일까요? 누가 사체를 조각조각 자를까요? 누가 마법 냄비에 아버지의 조각들을 넣을까요? 아무도 그런 생각을 하지 않았습니다. 알케스티스는 구석에서 혼자 울었습니다. 자매들의 눈에서 이글거리는 광기가 그녀를 오싹하게 했습니다. 몇 분이 흘렀습니다. 소녀들은 아버지를 삶는 냄비를 뚫어져라 바라봤습니다. 하지만 그는 다시 태어나지 않았습니다. 그들은 상황을 이해하지 못한 채 계속 기다렸습니다. 알케스티스가 부르짖었습니다. "미쳤어! 너희는 모두 미쳤어! 너희는 그 마법사에게 속았어! 아직도 모르겠어? 그 여자가 너희에게 마법을 건 거야! 너희가 무슨 짓을 저질렀는지 똑똑히 보라고. 너희가 아버지를 죽였어. 아버지는 저 끔찍한 냄비에서 절대로 다시 태어나지 않을 거야!" 알케스티스의 외침과 오열이 궁 전체를 깨웠습니다. 자신들이 저지른 짓에 극심한 공포를 느낀 소녀들은 비명을 지르며 달아났습니다. 그들은 다시는 돌아오지 않을 생각으로 섬을 떠났습니다. 하지만 부모를 죽인 자식들이 벌을 피할 수는 없었습니다. 끔찍한 복수의 여신 에리니에스는 그들이 죽을 때까지 쫓아다니려고 이미 길을 나섰습니다.

해변에 남아 있던 이아손은 메데이아가 그를 위해 또 한 번 끔찍한 일을 벌였다는 사실을 눈치챘습니다. 하지만 그는 모르는 척하며 사랑하는 여인이 하는 대로 내버려뒀습니다. 그에게로 돌아온 아름다운 마법사가 짧게 말했습니다. "제가 당신 대신 복수했어요." 이아손은 그녀를 바라보지도, 어떤 대답도 하지 않았습니다. 그는 동지들을 생각했고, 이제 막 끝나버린 자신의 청춘을 생각했습니다. 그는 한 손으로 메데이아의 손을 잡고 다른 손으로 자기 어깨에 걸친 황금 양털을 쓰다듬었습니다. 헤르메스는 이아손과 메데이아를 바라보며, 그들의 미래를 걱정하지 않을 수 없었습니다. 그는 이아손의 용기와 담력을 높이 평가했지만, 이제는 그의 허약함과 비겁함이 싫었습니다. 그는 메데이아의 열정을 좋아했지만, 그녀의 잔인함이 두려웠습니다. 그는 그녀가 언제든지 격분하고 광기에 사로잡힐 수 있다는 사실을 알고 있었습니다.

– 다음 편에 계속

메데이아의 광기, 살인

전편 요약: 메데이아는 이아손이 왕좌를 되찾을 수 있게 계략을 써서 펠리아스를 죽였습니다. 이아손은 그 사실을 눈치채고도 모른 척했습니다.

헤르메스는 이아손과 메데이아와 헤어지기 전, 그들의 운명이 너무도 궁금해서 견딜 수가 없었습니다. 그는 그들의 미래를 보기 위해 샘에 작은 돌멩이들을 던졌습니다. 물에 비친 장면은 그가 예상했던 가장 나쁜 결말 그대로였습니다.

창문 앞에서 무릎을 꿇고 우는 여인의 모습이 나타났습니다. 등을 돌리고 있는 이 여인의 어깨를 덮은 헝클어진 짙은 색 긴 머리카락 사이에서 반짝이는 흰머리가 눈에 띄었습니다. 헤르메스는 그녀가 고개를 들자 메데이아라는 것을 곧바로 알아봤습니다. 그는 메데이아가 우는 모습을 한 번도 본 적이 없었기에, 혹은 눈가에 생긴 주름이 생소했기에, 혹은 처음으로 그녀의 약한 모습을 보았기에 그녀가 측은했습니다. 메데이아의 표정에서 느껴지는 고통은 충격적이었습니다. 그녀는 창문 너머로 정원을 바라보고 있었고, 정원에서는 한 남자가 젊은 아가씨와 포옹하고 있었습니다. 그는 이아손이었습니다. 그의 검은 곱슬머리에도 은발이 섞여 있었지만, 헤르메스는 그를 금세 알아봤습니다. 이아손이 품에 안은 금발 아가씨가 깔깔대고 웃었습니다. 헤르메스는 젊고 탄력 있는 그녀의 피부를 보며 한없이 슬픔에 잠겼습니다. 이아손은 어떻게 자신을 위해 모든 것을 희생한 여인을 배반할 수 있단 말입니까? 자신을 결정적으로 승리자가 되게 해준 여인을 어떻게 그토록 간단히 속일 수 있단 말입니까? 젊은 아가씨의 목소리가 헤르메스의 귀에 들렸습니다. "이아손, 당신이 부인과 헤어지고 나와 결혼하겠다고 아빠한테 약속했다면서요?" 이아손이 웃으며 대답했습니다. "맞아, 내가 크레온에게 분명히 그렇게 말했지." 그녀는 약간 걱정스러운 말투로 말을 이었습니다. "하지만 당신 부인 메데이아가 가만히 있을까요?" 이아손의 얼굴에서 미소가 사라졌습니다. 그는 신경질을 내며 대답했습니다. "그 여자는 자기가 원하는 대로 하겠지!" 이 말을 들은 헤르메스는 여전히 창가에 있는 메데이아를 바라봤습니다. 그녀는 이제 무

를을 꿇고 있지 않았습니다. 눈물도 흘리지 않았습니다. 자존심에 상처입은 그녀는 이아손을 노려봤습니다. 그녀의 시선에서 너무나 끔찍한 번뜩임을 본 헤르메스는 최악의 상황이 벌어질 것을 걱정했습니다.

눈에 증오만 가득한 메데이아가 커다란 나무 상자에서 기다란 흰 드레스를 꺼내더니 이상한 주문을 외웠습니다. 그리고 하녀들을 불러 명령했습니다. "정원에 있는 젊은 여자에게 이 옷을 가져다줘라. 그리고 내 선물이라고 말해라." 그녀는 잠시 혼자 있었습니다. 그때 이아손이 그녀의 방으로 들어왔습니다. 그녀는 눈을 들어 그를 바라보며 그가 말하기를 기다렸지만, 이아손은 눈길을 돌리고 아무 말 없이 방에서 나갔습니다. 메데이아가 그를 붙잡으려 했지만, 그는 벌써 떠났습니다. 그 순간, 밖에서 갑자기 날카로운 비명이 들렸습니다. 사람들이 웅성거리는 소리도 들렸습니다. 메데이아는 소리 없이 웃었습니다. 이 장면을 목격한 헤르메스는 메데이아가 돌이킬 수 없는 광기에 휩싸였다는 것을 알아차렸습니다.

젊은 아가씨는 메데이아가 준 흰 드레스를 입자마자 불에 탔습니다. 그녀는 옷을 벗으려고 애썼지만, 그럴 틈도 없이 옷과 함께 불타버렸습니다. 그리고 불길은 점점 커져서 이아손의 궁 전체를 태웠습니다. 헤르메스는 세상에서 가장 끔찍한 광경을 보고야 말았습니다. 미쳐버린 메데이아는 이아손과 함께 낳은 두 아들에게 달려들어 울부짖으며 그들을 죽였습니다. "이아손! 이아손! 이것이 내 복수다! 난 모든 걸 파괴할 거야! 난 당신에게 가장 소중한 모든 걸 파괴할 거야! 왜냐면 당신이 날 파괴했으니까!" 헤르메스는 눈을 감고 귀를 막았습니다. 그는 아무것도 보고 싶지 않았고, 아무것도 듣고 싶지 않았습니다. 그는 미래를 읽게 해주는 작은 돌멩이들을 멀리 던져버렸습니다. 그렇습니다. 헤르메스가 원한 것은 절대로 이런 미래가 아니었습니다. 그는 충격으로 몸을 떨면서 하염없이 눈물을 흘렸습니다.

— 다음 편에 계속

제95화

헤르메스의 아들 판

전편 요약 : 샘에 돌멩이를 던져 미래를 읽은 헤르메스는 이아손과 메데이아의 끔찍한 최후를 알게 됐습니다. 그는 엄청난 충격을 받고 올림포스로 돌아갔습니다.

신들의 삶에는 놀라운 일이 많았습니다. 헤르메스는 다시 아빠가 됐습니다. 맑고 파란 하늘이 눈을 시원하게 해주는 화창한 어느 날 아침이었습니다. 부인이 아기를 낳으려 한다는 소식을 들은 헤르메스는 급히 출산 장소로 갔습니다. 그가 도착할 즈음 예리한 비명이 들렸습니다. 공포에 사로잡힌 비명이었습니다. 헤르메스는 서둘렀습니다. 산모는 숨을 헐떡이며 달아났고, 큰 나뭇잎으로 싼 아기가 풀밭에 혼자 누워 울고 있었습니다. 주변에 위험은 없었습니다. 대체 아기의 어머니는 왜 달아났을까요? 그러나 헤르메스는 아기를 감싼 나뭇잎을 벗겨보고는 기절초풍할 정도로 놀랐습니다. 아기의 온몸은 검은 털로 덮여 있었고, 이마에는 양쪽에 뿔이 솟아 있었습니다. 그리고 하체에는 염소 뒷다리가 달려 있었습니다! 아기는 괴물이었습니다. 어머니는 자기가 낳은 아기의 그 기괴함에 놀라 달아났던 것입니다. 헤르메스 역시 뒷걸음질쳤습니다. 대체 이게 무슨 변고란 말입니까? 어떻게 자신이 이런 괴물의 아버지란 말입니까? 하지만 아기는 귀여운 눈을 찡긋거리며 그를 바라봤습니다. 헤르메스는 그 순간, 못생긴 기형아라고 생모에게 버림받았던 동생 헤파이스토스가 떠올랐습니다. 그는 가방에서 토끼 가죽을 꺼내 아기를 감싸 안고 올림포스로 돌아갔습니다.

신들의 회의에 참석한 헤르메스는 아이를 제우스 곁에 놓고 선언했습니다. "이 아기는 제 막내아들입니다." 아기가 얼굴을 찡그리고, 혀를 내밀고, 옹알이를 하면서 우스꽝스럽게 볼을 부풀리자 신들은 모두 웃음을 터트렸습니다. 신들이 웃을수록 아기는 더 우스꽝스러운 표정을 지었고, 그러면 신들은 더 큰 소리로 웃었습니다. 올림포스가 이보다 더 즐거웠던 적은 없었습니다! "아기가 우리 모두의 마음을 즐겁게 했으니 '모두'를 뜻하는 '판'이라는 이름으로 네 아들을 부를 것이다." 제우스가 눈물이 나도록 웃으며 선언했습니다. 하지만 헤르메스는 그치지 않는 이 웃음을 좋게 받아들일 수만은 없었습니다. 그는 신들이 자기 아들을 조롱하는 것 같아서 아기를 되도록 올림포스에서 멀리 떨어트려 놓아야겠다고 생각했습니다. 그는 아이를 자기가 태어난 지역에 있는 아르카디아로 데려갔습니다. 판은 몸의 절반이 염소였기에 목동과 양 떼를 지키는 임무를 맡았습니다. 그렇게 사람들은 커다란 목동 지팡이를 손에 들고 숲을 달리는 판과 마주치곤 했습니다. 그가 누군가와 마주칠 때 기분이 좋으면 그 사람을 웃음이 그치지 않을 정도로 즐겁게 해줬지만, 기분이 좋지 않은 날에는 심술궂게 겁을 줬습니다. 그래서 사람들은 갑자기 느끼는 심한 두려움을 '판'이라는 그의 이름에서 따와 '패닉'이라고 부르기도 했습니다.

헤르메스는 이 아이가 비록 자신을 많이 닮지는 않았지만 여러 가지 재능을 물려줬습니다. 그래서 판은 특히 음악에 재능이 있었습니다. 어느 날 숲에서 젊은 님프와 마주친 판은 한눈에 반해서 그녀를 미친 듯이 사랑하게 됐습니다. 하지만 그녀는 판을 전혀 좋아하지 않았습니다. 판은 매일 그녀를 찾아갔고, 님프는 그때마다 달아났습니다. 님프는 어떻게 해야 이 성가신 구애자를 쫓아버릴 수 있을지 몰라 고민했습니다. 어느 날 숲에서 마주친 판이 또다시 자신을 쫓아오자, 그녀는 갈대로 변신했습니다. 판이 소리쳤습니다. "안 돼! 그러지 마!" 하지만 이미 늦었습니다. 님프는 판이 영원히 접근하지 못하게 하는 길을 택했습니다. 절망한 판은 아름다운 그녀를 추억하며 영원히 곁에 두고 싶어서 갈대를 잘라 조각내어 엮은 뒤에 그 안에 조심스럽게 입김을 불어 넣었습니다. 바로 그렇게 '팬플루트'라는 악기가 태어났습니다.

자신도 플루트를 발명한 적이 있는 헤르메스는 아들의 재능이 무척 자랑스러웠습니다. 그는 올림포스에서 신들의 조롱거리가 되기보다 숲과 들에서 자유롭고 멋진 삶을 사는 아들의 행복에 마음이 놓였습니다.

– 다음 편에 계속

원치 않는 아이

전편 요약 : 헤르메스의 아들 판은 추하고 기형이었습니다. 헤르메스는 아들이 다른 사람들의 웃음거리가 되기보다 양을 돌보는 목동으로 행복하게 살기를 바랐습니다.

매년 5월 초가 되면 헤르메스는 어머니를 만나러 갔습니다. 그때가 그녀의 생일이었는데, 그는 마이아의 품에 꼭 안기는 순간을 너무도 좋아했습니다. 그는 이미 오래전부터 아이가 아니었지만, 마이아의 무릎에 머리를 기대고 누워서 어머니가 뺨을 쓰다듬어주면 더없는 행복을 느끼곤 했습니다. 그는 그렇게 어머니에게서 위안을 얻고 행복감에 젖어 돌아갔습니다. 그러고 나면 어느 때보다도 활기차고 즐거워졌습니다.

그날, 그의 발아래 펼쳐진 경치는 눈부시게 아름다웠습니다. 봄날의 햇빛이 부드럽게 초록 잎사귀를 어루만졌고, 새싹이 바람에 흔들렸습니다. 헤르메스는 그가 태어나던 날 처음 세상을 발견했을 때 느꼈던 기쁨이 떠올랐습니다. 그는 수많은 모험을 했지만 여전히 호기심으로 세상을 새롭게 발견하고 작은 것에도 감탄하는 어린아이의 시선을 그대로 간직하고 있었습니다.

헤르메스가 따스한 봄날을 마음껏 즐기고 있을 때 저만치 떨어진 곳에 있는 개양귀비 밭을 걷는 한 여인에게 시선이 끌렸습니다. 그녀는 아름다운 금발을 머리 위로 말아 올린 우아한 자태로 활과 화살통을 어깨에 멘 채 혼자 거닐고 있었습니다. 하지만 그녀는 사냥하러 나온 것이 아니라 아름다운 자연을 만끽하고 있는 것 같았습니다. 그녀는 몸을 숙이고 꽃을 들여다보더니 비틀거리며 길을 갔습니다. 아름다운 젊은 아가씨에게 푹 빠진 헤르메스는 어떻게든 그녀에게 다가가고 싶었습니다. 그가 여인을 유혹할 방법을 찾고 있을 때 그녀 가까이 있던 관목 숲에서 뭔가가 빠르게 움직였습니다. 그림자는 나뭇가지 뒤에 숨어 있었습니다. 헤르메스가 중얼거렸습니다. "흥! 미녀에게 반한 경쟁자가 또 있었군." 그는 슬그머니 관목 숲 쪽으로 날아갔습니다. 그곳에 누가 숨어 있었을까요? 바로 아폴론이었습니다. 헤르메스는 엉뚱한 장소에서 형을 보고는 깜짝 놀랐습니다. 아폴론은 헤르메스의 존재조차도 알아채지 못할 정도로 여인에게 빠져 있었습니다. 전령의 신은 화가 났습니다. '왜 내가 가는 곳에는 늘 아폴론이 있는 거지? 왜 나보다 늘 앞서가는 거야?' 젊은 여인에게 완전히 매료된 헤르메스는 아폴론에 대한 질투로 이번만큼은 자신이 먼저 행동하기로 작정했습니다. 그는 형이 이 아름다운 여인을 놀라게 하지 않고 다가가려고 노파로 변신하는 현장을 목격했습니다. 노파가 된 아폴론이 그녀에게 다가가는 사이에 헤르메스가 형을 앞질러 갔습니다. 두 번의 날갯짓만으로 그녀에게 다가간 헤르메스가 놀라 도망가는 그녀를 지팡이로 건드리자, 그녀는 깊은 잠에 빠졌습니다. 잠에서 깼을 때 그녀는 헤르메스와 함께 풀밭에 누워있었지만, 전혀 두려워하지 않았습니다. 그녀가 웃으며 말했습니다. "당신은 도둑의 신 헤르메스죠? 난 언젠가 당신이 날 찾아오리라고 생각하고 있었어요. 당신은 누나 아르테미스를 좋아하죠? 사람들은 내가 아르테미스를 닮았다고 해요. 하지만 내가 훨씬 더 예쁘죠!" 이 말을 들은 헤르메스가 놀라며 물었습니다. "넌 누구지?" 그녀가 대답했습니다. "난 키오네 공주예요. 우리 아버지는 가장 위대한 사냥꾼이에요." 허풍을 좋아하지 않는 헤르메스는 몹시 실망해서 '세상에, 내가 이런 여자에게 반했다니! 잠시 미쳤었군!' 하고 생각했습니다. 헤르메스는 키오네에게 다시 돌아오겠다고 말하고 그녀와 헤어졌습니다. 하지만 그는 그럴 생각이 전혀 없었습니다.

아폴론은 헤르메스에게 선수를 뺏긴 것을 분하게 생각했지만 아름다운 키오네를 단념하지 않았습니다. 헤르메스가 올림포스로 날아가자마자 아폴론은 키오네에게 접근해서 그녀를 유혹했습니다. 그리고 아홉 달 후 어느 상쾌한 봄날, 키오네는 두 아이를 낳았습니다. 첫째는 헤르메스의 아들 아우톨리코스이고, 둘째는 아폴론의 아들 필람몬이었습니다. 예기치 않았던 아들이 생긴 헤르메스는 과연 어떻게 대처해야 할까요? 이 아들을 어떻게 받아들여야 할까요?

– 다음 편에 계속

헤르메스의 아들 아우톨리코스

전편 요약 : 헤르메스도 아폴론도 키오네라는 젊은 여인과 짧은 연애를 했습니다. 아홉 달 뒤 키오네는 헤르메스의 아들 아우톨리코스와 아폴론의 아들 필람몬을 낳았습니다.

아우톨리코스는 어려서부터 자신에게 특별한 재능이 있다는 것을 알았습니다. 그는 손을 대지 않고도 그의 손 아래에 있는 모든 것을 훔칠 수 있었습니다! 그가 이 재능을 처음으로 발견한 것은 겨우 걸음마를 시작했을 무렵이었습니다. 어머니 키오네는 침대에 누워 있었고, 그 옆에 과일 접시가 놓여 있었습니다. 그녀는 여느 때처럼 친구들과 함께 자신이 아르테미스보다 더 아름답다며 즐겁게 수다를 떨고 있었습니다. 어린 필람몬이 과일을 향해 팔을 뻗으며 다가오자 키오네가 저지하며 말했습니다. "안 돼, 아가야, 안 돼. 이 과일은 내 친구들을 위한 거란다. 다른 데 가서 놀아라…." 그러자 필람몬은 실망해서 밖으로 나갔습니다. 그때 그의 형 아우톨리코스도 과일 접시를 향해 다가갔습니다. 그는 과일 중 하나를 집었는데, 아무도 알아채지 못했습니다. 그가 두 번째 과일을 집었지만, 역시 아무도 알아채지 못했습니다. 대담해진 아우톨리코스는 과일 접시를 전부 비웠습니다. 하지만 그의 어머니도 그녀의 친구들도 아무것도 보지 못했습니다. 그는 마치 투명인간이 된 것 같았습니다! 아우톨리코스는 과일로 배를 채우고 나서 방을 나왔습니다. 그제야 빈 접시를 발견한 키오네가 자식들을 의심했지만, 아무것도 보지 못했기에 누가 범인인지 알 수 없었습니다. 그날 이후 아우톨리코스는 자신의 재능을 즐겨 발휘했습니다.

키오네의 두 아들은 서로 너무나 달랐습니다! 부산스럽고 익살스러운 아우톨리코스는 자주 동생을 놀려댔습니다. 반면에 늘 공상에 잠겨 있는 필람몬은 조용하고 다정한 아이였습니다. 그는 아버지 아폴론의 미모를 그대로 물려받았고, 예술적 재능도 뛰어나 사람들은 그가 읊는 시를 듣고자 그의 곁에 모여들곤 했습니다. 아우톨리코스는 필람몬의 재능을 시기했습니다. 왜 사람들은 동생에게만 관심을 보일까요? 질투심에 불탄 그는 동생 주변에 몰려들어 자신에게 시선조차 주지 않은 사람들을 후회하게 만들어야겠다고 마음

먹었습니다. 그들이 젊은 시인 주변에 모여 있는 동안 아우톨리코스는 몰래 그들 사이로 들어가 마음에 드는 것을 전부 훔쳤습니다. 금 허리띠, 지갑, 양가죽 외투… 심지어 주인이 알아채지 못하게 샌들의 끈을 풀어 가져가기도 했습니다! 그런데도 도둑의 정체를 밝혀낸 사람은 아무도 없었습니다….

시간이 흐를수록 필람몬은 자기 시에 열광하는 사람들이 계속해서 도둑맞는 상황을 견딜 수 없게 됐습니다. 하루는 그가 아폴론에게 도움을 청했습니다. "아버지, 제가 지금까지 아버지에게 아무것도 부탁한 적이 없지만, 오늘 한 가지만 부탁드릴게요. 도둑이 누군지 밝혀주세요!" 아폴론은 올림포스 정상에서 아들의 호소를 듣고 지상에서 무슨 일이 일어나는지 살펴보러 갔습니다. 그는 아우톨리코스가 어린 시절 헤르메스를 그대로 빼닮았다는 사실에 깜짝 놀랐습니다. 순진무구한 표정과 상대를 속이는 미소…. 의심할 여지 없이 범인은 아우톨리코스였습니다. 그는 곧장 헤르메스를 만나 이야기했습니다. "헤르메스, 네 아들 아우톨리코스가 너를 닮아 도둑질을 즐기는 것 같은데, 네가 이 문제를 해결해야 할 것 같다."

헤르메스는 그 아이를 자식으로 받아들일지조차도 결정하지 않은 상태에서 그에게 전혀 관심을 보이고 싶지 않았지만, 시간이 나는 대로 그를 만나보겠다고 아폴론에게 약속했습니다. 그러나 시간이 흐르면서 헤르메스는 그 약속을 잊어버리고 말았습니다.

한편 키오네는 자신이 아르테미스보다 더 아름답다고 여기저기에 자랑하고 다녔던 것이 결국 사냥의 여신을 자극하고 말았습니다. "건방진 것! 인간 주제에 감히 자신을 여신과 비교하다니! 넌 마땅히 벌을 받아야 해. 그것이 올림포스의 법이야." 아르테미스는 그녀를 벌주러 지상으로 내려왔습니다. 키오네가 평소처럼 사냥하는 동안 아르테미스가 쏜 화살이 그녀의 가슴 한복판을 꿰뚫었습니다.

키오네는 그 자리에서 숨을 거뒀고, 두 아들은 어머니의 죽음에 눈물을 흘렸습니다. 아우톨리코스가 필람몬에게 말했습니다. "우리는 이제 고아가 됐어." 필람몬이 흐느끼면서 그에게 대답했습니다. "아니야, 우리에게는 아버지가 계시잖아…." 아우톨리코스는 "그걸 말이라고 해? 나는 내 아버지 헤르메스를 본 적도 없어. 그에게 난 존재하지도 않아!"라고 말하면서도 동생이 새끼손가락에 끼고 있던 반지를 훔치고 말았습니다. 물론 필람몬은 아무것도 알아채지 못했습니다. 하지만 헤르메스는 모든 것을 듣고, 모든 것을 보고 있었습니다. 아르테미스에게서 키오네의 죽음을 미리 통지받은 헤르메스는 그제야 아우톨리코스를 만나러 갔습니다. 그를 본 순간, 헤르메스는 큰 충격을 받았습니다. 자기를 너무도 닮은 그 아이를 아들이 아니라고 부정할 수는 없었습니다. 그의 행동을 본 헤르메스는 자신도 모르게 미소 지었습니다. 의심할 여지 없이 그 아이는 헤르메스의 아들이었습니다. 그는 아이를 돌보기로 했습니다.

– 다음 편에 계속

헤르메스를 똑 닮은 아우톨리코스

전편 요약 : 키오네가 죽자, 헤르메스는 아들 아우톨리코스를 돌보기로 했습니다.

몇 년이 흘렀습니다. 헤르메스는 아폴론에게 했던 약속과 자신에게 했던 약속, 즉 아우톨리코스를 돌보겠다는 약속을 지켰습니다. 하지만 아버지로서 그가 자식을 돌보는 방법은 특이했습니다. 그는 도둑질을 금지하기는커녕 오히려 도둑질에 성공하는 여러 가지 방법을 가르쳐줬습니다!

헤르메스가 처음 나타난 날 아우톨리코스는 기뻐하지 않았습니다. 그는 날개 달린 샌들과 모자를 보고 그가 자기 아버지라는 사실을 곧바로 알았지만 모르는 척했습니다. 심지어 그는 아버지에게 등을 돌렸습니다! 당황한 헤르메스가 그의 어깨를 툭! 치며 인사해야 했습니다. "아, 안녕, 아들!" 아우톨리코스는 돌아보지도 않고 말했습니다. "아들이 있다는 사실이 이제야 생각났나요?" 헤르메스는 '흠… 이 녀석도 성격이 만만치 않군!'이라고 생각하며 대답했습니다. "미안하구나. 이제부터라도 잘 지내보자." 그러자 갑자기 아우톨리코스가 그의 품으로 뛰어들었습니다. 그 역시 아버지만큼 자존심 강하고 충동적이었습니다. 헤르메스가 그에게 말했습니다. "네가 동생의 반지를 훔치는 걸 봤다. 아폴론은 네가 상습적으로 도둑질을 한다고 말하더구나." 아우톨리코스는 반항하듯 고개를 들고 말했습니다. "그러는 아빠는 제 나이에 무엇을 했죠? 제가 왜 도둑의 신의 아들이겠어요?" 헤르메스는 뭐라고 대답해야 할지 알 수 없었습니다. 이것은 그에게 처음 있는 일이었습니다! 확실히 아들의 성격은 예사롭지 않았습니다. 고집 센 그의 얼굴을 바라보자 헤르메스는 웃음이 터졌습니다. "좋아, 네가 이겼다. 그럼, 네게 선물을 하나 하마. 네 마음에 드는 동물을 훔치는 능력을 줄게. 이제부터 네가 훔치는 동물은 모습이 바뀌어 원래 주인이 알아보지 못하게 될 게다." 아우톨리코스가 미소 짓자 헤르메스는 마음이 뭉클했습니다.

헤르메스는 가끔 지상에 내려와 아들이 무엇을 하는지 살펴봤습니다. 어느 날 밤 그는 아들이 이웃의 가축

을 훔치는 장면을 목격했습니다. 그는 도둑질을 들키지 않게 하려고 검은 소를 흰 소로 변신시키거나 길고 굽은 뿔을 짧고 바른 뿔로 바꿔놓았습니다. 물론 그에게 이보다 쉬운 일은 없었습니다. 그의 이웃은 의심을 품고 아우톨리코스의 외양간에 찾아와 자기 소들이 있는지 여러 차례 확인했습니다. 자기네 소의 숫자가 줄어든 만큼 아우톨리코스의 소들이 늘어났으니까요. 하지만 그는 모습이 달라진 자기 소들을 알아보지 못했고, 아무것도 증명할 수 없었습니다.

어느 날 밤, 아우톨리코스는 평소처럼 이웃 외양간에 가서 소 몇 마리를 훔쳤습니다. 그러자 다음 날 그의 이웃이 친구 여러 명을 데려와서 그의 집 대문을 두드리며 외쳤습니다. "아우톨리코스, 이 못된 도둑놈아! 내게서 훔쳐 간 소들을 어서 내놔!" 그러나 아우톨리코스는 자신 있게 대답했습니다. "이봐, 떠들지 말고 내 소들을 조사해봐. 자네 소는 여기서 한 마리도 찾지 못할 거야." 그러자 그의 이웃이 비웃으며 말했습니다. "그럴 필요 없어. 이번엔 증거가 있으니까. 내가 소 발굽에 '아우톨리코스가 훔치다'라고 새겨놨지. 자, 이걸 보라고!" 그는 바닥의 흔적을 가리켰습니다. 소들이 걸어온 길바닥에는 '아우톨리코스가 훔치다'라는 발굽 자국이 선명하게 찍혀 있었습니다. 그리고 이 흔적은 아우톨리코스의 외양간으로 곧바로 이어져 있었죠. 도둑 아우톨리코스는 난생처음 현장에서 붙잡혔습니다! 도둑의 신인 헤르메스도 도둑질하면 벌받는 것이 마땅하다고 생각했기에 웃기만 할 뿐, 아들 편을 들어 개입하지 않았습니다.

– 다음 편에 계속

제99화

헤르메스의 증손자, 오디세우스

전편 요약 : 헤르메스의 아들 아우톨리코스는 교묘하게 이웃의 소를 여러 마리 훔쳤습니다. 하지만 결국 발각되어 붙잡혔습니다!

그로부터 긴 세월이 흘렀습니다. 아우톨리코스도 성장해서 결혼하고 자식을 낳았습니다. 그리고 그도 늙었습니다. 이타카섬으로 이주한 그의 딸은 그의 첫 손자를 낳았습니다. 아우톨리코스는 이 소식을 듣자마자 딸에게 갔습니다. 그리고 생애 첫 손자를 만나는 감동을 감추지 못하고 아기에게 다가갔습니다. 유모가 아기를 할아버지의 무릎에 올려놓으며 말했습니다. "할아버지가 아기 이름을 지어주세요." 아우톨리코스는 주저하며 말을 아꼈습니다. 아기에게 익숙하지 않은 그는 아기를 안는 것도 서툴러서 아기는 울고 또 울었습니다! 아기를 달래려고 이리저리 몸을 뒤틀며 움직였지만 아기가 울음을 그치지 않자 그는 몹시 당황해서 유모의 품에 아기를 돌려주며 말했습니다. "아가야, 네 이름은 오디세우스다! '화가 난 자'라는 뜻이지. 네 화가 먼 훗날 큰일을 하는 데 도움이 되기 바란다." 유모는 웃으며 아이를 흔들어 달래고 진정시켰습니다. 아우톨리코스는 아기에게 입을 맞추고 말했습니다. "네가 자라 어른이 되면 이 할아버지가 귀중한 보물을 줄 테니 나를 찾아오너라." 유모가 미소 지었습니다. 이제 그녀에게는 오디세우스가 성장했을 때 이 이야기를 상기시킬 임무가 생겼습니다.

그때 누군가가 슬그머니 아기를 보러 왔습니다. 바로 헤르메스였습니다. 헤르메스는 신이므로 늙지도 죽지도 않지만 세월이 흐르면서 자신이 변했음을 느꼈습니다. 어쨌거나 그는 자기가 아기의 증조할아버지가 됐다는 사실이 놀라웠습니다. 그는 유모가 자리를 비운 틈을 타서 요람에 다가갔습니다. 갓난아기 오디세우스는 예리한 시선으로 헤르메스를 올려다봤습니다. 헤르메스는 이 아이가 할아버지 아우톨리코스의 재주를 물려받았음을 직감했습니다. 그는 이 재주가 바로 그 자신에게서 왔음을 알고 있었기에 뿌듯했습니다. 오디세우스는 앞으로 그 재주를 어떻게 사용할까요? 그는 그의 운명을 조심스럽게 지켜보기로 했습니다.

오디세우스는 별 탈 없이 무럭무럭 자랐습니다. 별로 용감하지도 않았고, 늘 진실만을 이야기하지도 않았고, 여기저기서 도둑질도 했지만 그렇다고 영리하지도 않았습니다. 어느 날 그가 할아버지 아우톨리코스를 혼자 찾아갈 수 있을 만큼 컸을 때 유모는 그가 태어난 날 할아버지가 그에게 했던 약속을 알려줬습니다. 오디세우스는 그 말을 듣자마자 곧바로 할아버지를 찾아갔고, 아우톨리코스는 그를 반갑게 맞아줬습니다. 그는 약속을 지켜 오디세우스에게 보물을 주면서 그와의 만남을 축하하고자 파르나소스산에서 사냥대회도 열었습니다. 사냥감은 풍부했고, 수확도 좋았습니다. 오디세우스는 뛰어난 궁수가 아니어서 비록 사냥감을 많이 잡지는 못했지만, 할아버지와 함께 보내는 시간이 즐거웠습니다. 그런데 갑자기 덤불 속에서 거대한 멧돼지가 나타나 그를 향해 돌진했습니다. 겁을 집어먹은 젊은이는 멧돼지와 맞설 생각을 하기보다는 어떻게든 피하려고만 했습니다. 하지만 제대로 피하지 못해서 멧돼지에 물려 무릎을 찢기고 말았습니다! 상처에서 많은 피가 흘렀습니다. 한순간도 그의 곁을 떠나지 않던 유모가 그에게 달려오며 소리쳤습니다. "세상에! 또 무슨 짓을 한 거야!" 유모는 마치 어린아이를 꾸짖듯이 그에게 핀잔을 줬습니다. 그녀는 그의 무릎에 약을 바르고 붕대를 감아줬지만, 결국 큰 상처가 남았습니다. 그는 자신이 민첩하지도 않고 용기도 부족하다는 사실을 떠올리게 하는 이 상처를 감추려 했지만 유모가 웃으며 말했습니다. "오디세우스, 이 상처 덕분에 네가 아무리 늙어도, 오랫동안 너를 보지 못해도, 아무도 네 얼굴을 알아보지 못해도, 내 눈이 먼다고 해도, 난 언제나 널 알아볼 수 있을 거야!"
사고를 목격한 헤르메스는 손자가 걱정스러웠습니다. 이 어설프고 서툰 사내아이가 과연 험한 인생을 잘 헤쳐나갈 수 있을까요?

— 다음 편에 계속

헤르메스의 가장 멋진 발명품

전편 요약 : 헤르메스는 오디세우스의 증조할아버지가 됐습니다. 그는 미숙하고 어설픈 오디세우스의 미래를 걱정했습니다.

헤르메스는 증손자 오디세우스의 미래에 대한 걱정을 떨쳐버리고자 그의 미래를 알아보기로 했습니다. 그렇게 작은 돌멩이들을 맑은 물에 던진 헤르메스는 인간의 이름으로 시도한 가장 멋진 모험의 장면들을 목격했습니다. 자기 후손이 시대를 초월해서 가장 위대한 영웅이 되리라는 사실을 알게 됐던 것이죠. 오디세우스는 수천 명의 병사가 십 년간 싸운 트로이 전쟁에 참전하게 될 것입니다. 그는 이 세상 모든 바다를 넘나들고, 그의 이름을 빌려 '오디세이아'라고 부르게 될, 웅장하고 영웅적인 대서사가 묘사하는 모험에서 무훈을 쌓게 될 것입니다. 그는 수많은 시련을 이겨낸 승리자로서 명예롭게 고향으로 돌아갈 것입니다. 그리고 멧돼지가 남긴 무릎 상처 덕분에 늙은 유모가 그를 알아보고, 그의 왕좌를 되찾게 될 것입니다! 그가 이처럼 놀라운 운명의 주인공이라는 사실을 알게 된 헤르메스는 기쁘고 손자가 자랑스러웠습니다. 그는 이 상상을 초월하는 모험을 온 세상에 알리고 싶었습니다. 하지만 어떻게 해야 오디세우스의 놀라운 이야기를 영구히 보존할 수 있을까요? 사람들은 자기 생전에 일어난 대단한 사건을 이야기합니다. 하지만 사건의 주인공이 죽고 나면, 그 사건은 서서히 잊히게 마련이죠. 비록 그의 이야기가 전해진다고 해도 세월이 흐르면 희미해지고 사람들은 잊어버립니다. 그렇게 죽음은 모든 것을 지우고, 기억은 사라집니다. 헤르메스는 오디세우스가 체험할 모든 모험이 어느 날 사람들의 기억에서 사라지게 내버려둘 수 없었습니다. 그는 이 이야기를 사람들이 천년만년 기억하기를 바랐습니다. 그러려면 무언가를 고안해내야 했습니다. 그때 갑자기 인간의 수명을 실로 짜던 모이라이의 동굴 벽에 모든 인간의 이름이 적혀 있던 것이 생각났습니다. 분명히 그들은 영원히 기억에 새기는 방법을 알고 있을 것입니다. 헤르메스는 그들에게서 영감을 얻어야 했습니다.

그는 불을 발명했습니다. 거북이 껍데기로 리라를, 갈

대로 플루트를 발명했습니다. 이번에 그에게 영감을 준 것은 새들이었습니다. 그가 해변에 누워서 하늘을 바라보고 있을 때 석양은 구름을 붉게 물들였습니다. 그 하늘을 가로질러 우아한 학 떼가 커다란 날개를 펄럭이며 위풍당당하게 날아가고 있었습니다. 새들은 한 점 흐트러짐 없이 가늘고 긴 몸을 허공에서 활짝 펼쳤습니다. 그 순간, 헤르메스는 낮게 휘파람을 불었습니다. 새들이 하늘에 새긴 자국에서 영감을 받은 그는 멀어지는 새들을 바라보며 계속해서 휘파람을 불었습니다. 그는 드디어 찾고자 하던 것을 찾았습니다.

그는 벌떡 일어나 지팡이로 모래에 이상한 기호를 그리기 시작했습니다. 그가 그린 각각의 기호는 각각의 소리를 표현했습니다. 그리고 그 소리들이 어우러져 언어가 됐습니다. 헤르메스는 기호를 그리고, 그리고, 또 그렸습니다. 기호들은 차츰 의미를 갖게 됐습니다. 기호들의 결합은 단어가 됐고, 단어들의 결합은 문장이 됐으며, 문장들의 결합은 이야기가 됐습니다. 헤르메스는 기쁨의 탄성을 질렀습니다. 그렇습니다, 그가 알파벳을 발명한 것입니다! 글로 쓴 이야기는 이제 사라지지 않을 것입니다. 사람들은 직접 만나지 않고도 의사를 소통하고, 서로 누구인지 몰라도 상대를 이해하고, 수백수천 년을 가로질러 서로 사랑할 수 있게 됐습니다. 헤르메스는 기쁨에 취해 처음 비행을 배웠던 날처럼 이리저리 마음껏 날아다녔습니다. 그는 인간을 창조한 프로메테우스가 틀림없이 자신을 무척 자랑스럽게 여기리라 확신했습니다.

허공을 날아다니면서 그는 파르나스산을 내려다봤습니다. 안탈리아, 로잔나, 포자니아… 세 늙은 유모의 모습이 보였습니다. 그들이 널어놓은 흰 천이 바람에 펄럭이는 소리가 들렸습니다. 유모들은 그에게 크게 손짓했습니다. 안탈리아가 그에게 외쳤습니다. "오늘의 인간들을 대신해서 말한다! 고맙다, 헤르메스!" 로잔나가 외쳤습니다. "난 내일의 인간들을 대신해서 말한다! 고맙다, 헤르메스!" 포자니아도 외쳤습니다. "나도 어제의 인간들을 대신해서 말한다! 고맙다, 헤르메스!" 알파벳 덕분에 사람들은 현재의 삶, 미래의 삶, 그리고 과거의 삶을 읽고 쓸 수 있게 됐습니다. 헤르메스는 세 번 재주를 넘고 크게 웃으며 날아갔습니다.

끝

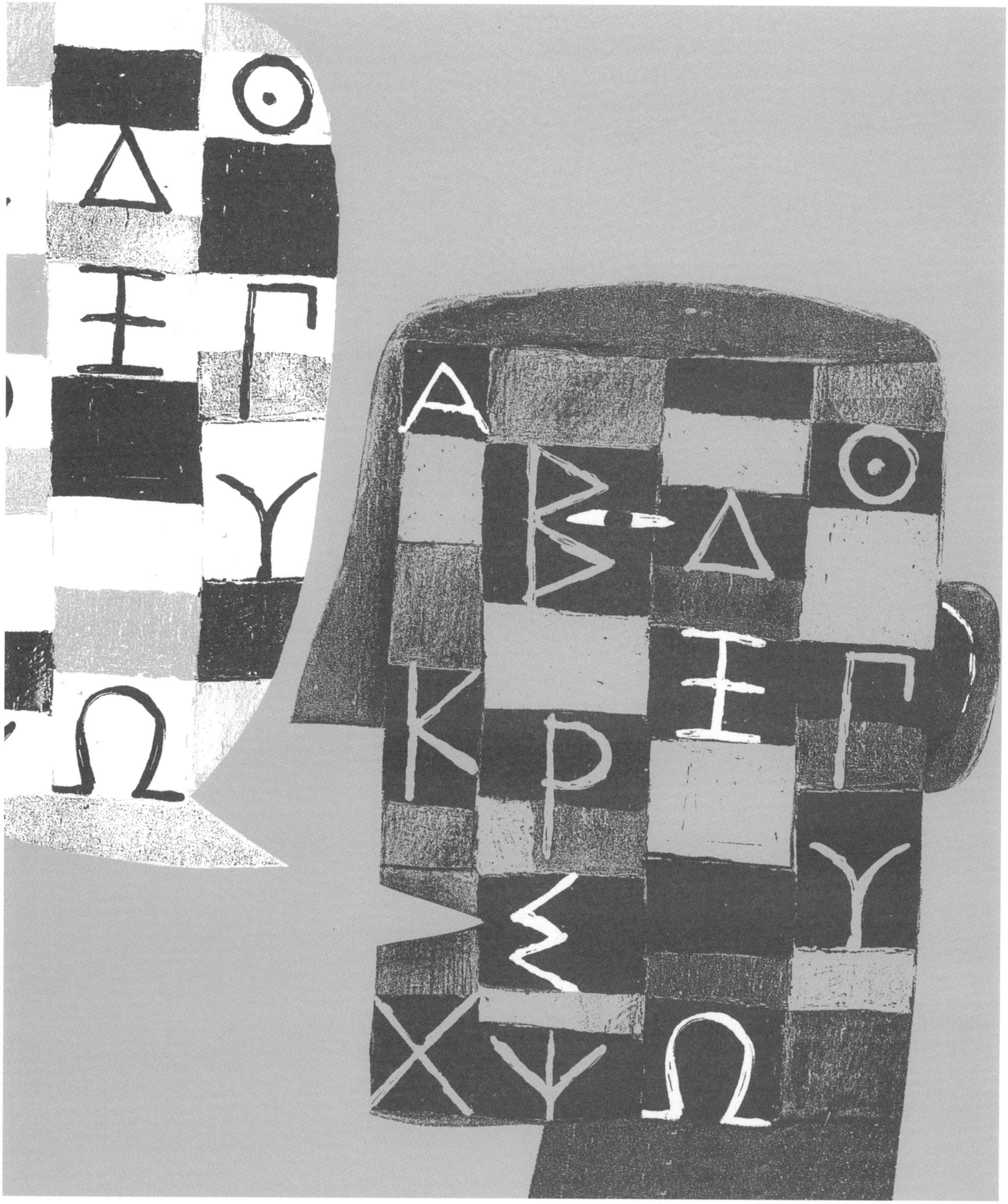

헤르메스 이야기

1판 1쇄 발행일 2017년 11월 30일

글 | 뮈리엘 자크
그림 | 장 마뉘엘 뒤비비에
옮긴이 | 김희경
펴낸이 | 김문영
편집주간 | 이나무
펴낸곳 | 이숲
등록 | 2008년 3월 28일 제301-2008-086호
주소 | 서울시 중구 장충단로8가길 2-1(장충동 1가 38-70)
전화 | 2235-5580
팩스 | 6442-5581
홈페이지 | http://www.esoope.com
페이스북 | http://www.facebook.com/EsoopPublishing
Email | esoopbook@daum.net
ISBN | 979-11-86921-51-7 73920
ⓒ 이숲, 2017, printed in Korea.

▶ 이 도서의 국립중앙도서관 출판시도서목록(CIP)은 e-CIP홈페이지(http://www.nl.go.kr/ecip)와 국가자료공동목록시스템 (http://www.nl.go.kr/kolisnet)에서 이용하실 수 있습니다.(CIP제어번호 : 2017028379)

▶ 어린이제품안전특별법에 의한 제품 표시 : **제조국** 대한민국 | **사용연령** 8세 이상 | **주의사항** 책의 모서리가 날카로우니 다치지 않도록 주의하세요. KC마크는 이 제품이 공통안전기준에 적합하였음을 의미합니다.